FREIES DEUTSCHES HOCHSTIFT
REIHE DER SCHRIFTEN

Begründet von Ernst Beutler
Herausgegeben von Detlev Lüders

Band 21

HALLERS LITERATURKRITIK

HERAUSGEGEBEN

VON

KARL S. GUTHKE

MAX NIEMEYER VERLAG TÜBINGEN

Freies Deutsches Hochstift
Reihe der Vorträge und Schriften 1939–1958
Fortgeführt als
Reihe der Schriften seit 1966

Anschrift der Redaktion: Freies Deutsches Hochstift
6 Frankfurt am Main, Großer Hirschgraben 23–25

ISBN 3 484 10120 2

© Max Niemeyer Verlag Tübingen 1970
Satz und Druck: Allgäuer Zeitungsverlag GmbH Kempten
Einband von Heinr. Koch Tübingen

INHALT*

---

* Bandzahlen werden im Inhaltsverzeichnis nur dann angegeben, wenn die Besprechung lediglich einen Teil eines mehrbändigen Werks betrifft.

VIII

X

EINFÜHRUNG

»Wir wollen weniger erhoben, und fleißiger gelesen sein« – Lessing schrieb
es über Klopstock; heute könnte man es über Haller sagen. Kaum einer
Gestalt der deutschen Geistesgeschichte des achtzehnten Jahrhunderts
stünde es besser an als ihm. Denn wenn es nicht so leicht wäre, Haller zu
bewundern, dann wüßten wir zweifellos genauer über ihn Bescheid.
Leider ist es jedoch immer noch so, daß die meisten, die sich mit ihm beschäftigen, der Vielseitigkeit seines Geistes und seiner Leistung die Ehrfurcht entgegenbringen, die dem letzten europäischen Universalgelehrten
vollauf gebührt, aber zurückschrecken vor der Erforschung mancher Teil-
gebiete seines umfassenden Schaffens, die heute noch mehr oder weniger
terra incognita sind. Der Grund dafür mag sein, daß man ahnt, es hänge
bei einem universalen Geist auch das Entfernteste miteinander zusammen,
so daß man sich also rasch auf fachfremde Territorien geführt sähe, vor
denen schon anstandshalber die Waffen zu strecken seien. So liegt es nahe,
es bei dem Lob der heute nicht mehr nachvollziehbaren Vielseitigkeit zu
belassen, allenfalls noch nach einem interdisziplinären »Team« zu rufen,
das allein dieser Erscheinung »gerecht« werden könne, und im übrigen den
lieben Gott unbesehen im Detail steckenzulassen. Von den Details eröff-
nen sich aber Perspektiven, stellen sich Fragen, die die Hallerforschung noch
nicht beantwortet hat. Und zwar auch darum nicht, weil die dazu erforderlichen dokumentarischen Materialien noch nicht genügend erschlossen
sind. So stellen sich dem Haller-Studium noch große Themen: Wie ist es
um Hallers Theologie bestellt, namentlich in der Zeit zwischen den frühen *Gedichten* und den apologetischen Schriften der Spätzeit? Wie verhält
sich diese zu seinen naturwissenschaftlichen Überzeugungen, und wie ent-
wickelt sich dieses Verhältnis? Wie steht es um seine pädagogischen Anschauungen? Wie um seine politischen Ansichten in der Zeit vor den
Staatsromanen des letzten Lebensjahrzehnts? Wie hat er über die zeitge-
nössischen Philosophen gedacht? Welcher Art und von welcher Bedeutung ist bei ihm das historische Denken?
   Wir beschränken uns hier auf ein anderes, wenig bekanntes und so gut
wie unerschlossenes Teilgebiet von Hallers Tätigkeit, auf seine Beurtei-

lung der Literatur, genauer: der nachantiken »schönen« Literatur im weitesten Sinne des Wortes.

Daß der Berner Arzt, der Göttinger Professor und schließlich der Beamte im bernischen Staatsdienst auch als Literaturkritiker hervorgetreten ist, ist heute – vielleicht bis vor kurzem[1] – fast völlig aus dem Bewußtsein geschwunden, selbst aus dem der Literaturgeschichtsschreibung. Dem steht die hohe Schätzung gegenüber, die gerade dem »Kunstrichter« Haller von seinen Zeitgenossen entgegengebracht wurde. Erinnert sei an das Wort Herders in den *Briefen zur Beförderung der Humanität*, Haller habe »auch als Prosaist so viel Verdienst um den beßern Geschmack im Vortrage der Wißenschaften, daß ihm auch die Deutsche Kritik vielleicht den Ersten Kranz reichet.«[2] Eberhard Friedrich von Gemmingen anerkannte schon um die Jahrhundertmitte, daß »die gründlichste und redlichste Kritik in Teutschland« von keinem andern als Haller geschrieben werde.[3] Und noch ein Dutzend Jahre nach Hallers Tod zählte ein Göttinger Kollege, Johann Friedrich Blumenbach, dessen Rezensententätigkeit, die zu einem Gutteil den Belleslettres galt, zu »seinen wichtigsten und größten Verdiensten.«[4]

Heute, nahezu zweihundert Jahre nach Hallers Tod, weiß man wenig davon. Die Gründe sind nicht weit zu suchen. Aus den in die Geschichte eingegangenen literarischen Streitigkeiten seiner Epoche hat Haller sich herausgehalten, und ein systematisches Werk über Fragen der Literatur hat er nicht verfaßt. Das ausschlaggebende Moment ist aber wohl, daß seine literaturkritischen Äußerungen nicht verfügbar waren. Sie sind zum kleineren Teil verstreut in Briefen und Tagebüchern, in Anmerkungen und Vorreden zu seinen *Gedichten* und in einem gelegentlichen kleinen Aufsatz; der mit weitem Abstand größte Teil hingegen und der, dem die eigentliche Wirkung auf die Zeit zuzuschreiben ist, wurde anonym veröffentlicht, in den *Göttingischen Zeitungen von Gelehrten Sachen* oder *Göttingischen Anzeigen von Gelehrten Sachen*, wie sie seit 1753 hießen *(GGA)*. Es handelt sich dabei um Besprechungen zeitgenössischer Bücher (nicht notwendigerweise zeitgenössischer Autoren). Die ersten dieser Rezensionen erschienen 1746, die letzten 1778, ein Jahr nach Hallers Tod. Er schrieb sie von Jahr zu Jahr mit stetiger, eher zunehmender als nachlassender Intensität, und es sind mit einer Ausnahme, der *Clarissa*-Re-

---

[1] Karl S. Guthke, *Haller und die Literatur*. Göttingen 1962. – Christoph Siegrist, *Albrecht von Haller*. Stuttgart 1967 (Sammlung Metzler: Realienbücher für Germanisten). Kap. III.

[2] *Sämtliche Werke*, hrsg. von Bernhard Suphan. Berlin 1877 ff. XVIII, S. 129.

[3] *Briefwechsel zwischen Albrecht von Haller und Eberhard Friedrich von Gemmingen*, hrsg. von Hermann Fischer. Tübingen 1899. S. 3 (1751).

[4] Vorrede zu *Des Herrn von Hallers Tagebuch der medicinischen Literatur*, hrsg. von J. J. Römer u. P. Usteri. Bern 1789–1791. I, Teil 2, S. viii.

zension von 1749, die er in den *Kleinen Schriften* wiederdruckte, die einzigen Buchbesprechungen literarischen Inhalts, die Haller veröffentlicht hat. Den Gepflogenheiten der Zeit entsprechend, wurden sie ohne Angabe des Verfassers gedruckt; und seit dem achtzehnten Jahrhundert, seit J. G. Heinzmanns *Albrechts von Haller Tagebuch seiner Beobachtungen über Schriftsteller und über sich selbst*, 1787, hat man nicht nur über die Gesamtzahl von Hallers Besprechungen in den *GGA*, sondern vor allem auch über die Frage spekuliert, welche Beiträge im einzelnen von ihm verfaßt sind. Seit 1962 liegt jedoch eine Liste aller literaturkritischen Artikel im Druck vor, die Haller nachweislich für die *GGA* verfaßt hat.[5] Wenn seitdem trotzdem noch keine weitausgreifende Beschäftigung mit Hallers Literaturkritik eingesetzt hat, so liegt das ohne Zweifel vor allem auch daran, daß Hallers Literaturkritik mit der Veröffentlichung der genannten Übersicht zwar identifiziert und bibliographisch erfaßt, aber dadurch nicht zugänglicher geworden war. Diesem Mangel will die vorliegende Text-Publikation abhelfen.

Da sich die Gesamtzahl von Hallers literaturkritischen Rezensionen in den *GGA* auf rund tausend Artikel beläuft, mußte eine Auswahl vorgenommen werden. Sie war allerdings um so weniger schmerzlich zu treffen, als ein beträchtlicher Teil der Besprechungen nicht über das bloße Referat hinauskommt oder Gleichgültiges in gleichgültiger Weise erörtert. Überhaupt neigt Haller dazu, Belangloses mehr zu referieren, Wichtiges aber zu beurteilen. Die Auswahl ist vornehmlich darauf angelegt, Hallers Einstellung zu den wichtigsten Gestalten der nachantiken Geschichte der europäischen Literatur und namentlich der Literatur des achtzehnten Jahrhunderts sichtbar zu machen; aber es wurde auch hin und wieder nicht darauf verzichtet, solche Äußerungen zu bringen, die, an sich in unwesentlichem Zusammenhang, seine Ansichten über Themen, Gattungen und literarische Richtungen zu erkennen geben, die damals von Bedeutung waren. Für die Jahre 1748 bis 1752 ist es dabei nicht immer möglich, mit absoluter Sicherheit anzugeben, welche Rezensionen in den *GGA* von Haller herrühren, da die für die Identifizierung der übrigen Beiträge Hallers benutzten direkten, handschriftlichen Hilfsmittel für diese Zeit versagen

---

[5] *Haller und die Literatur*, S. 49–84. Über die Methoden und Hilfsmittel zur Ermittlung von Hallers Autorschaft s. ebd. S. 37–49. Haller besprach natürlich auch andere Bücher als Schöne Literatur. Über die seit langem umstrittene Gesamtzahl seiner *GGA*-Rezensionen vgl. ebd. S. 37–39. Meine Kalkulation wird weiter gestützt durch den unten zitierten Brief Hallers an Bonnet, der die Zahl der bis 1757 geschriebenen Rezensionen mit etwa 2500 angibt. Vgl. auch Gerhard Rudolph, Hallers Rezensionen. In: Sudhoffs Archiv für Geschichte der Medizin und der Naturwissenschaften XLIX. 1965. S. 199–203.

(von sehr wenigen Ausnahmen abgesehen). Wenn sich Hallers Autorschaft von Rezensionen aus diesem Zeitraum also nur durch einen Indizienbeweis ermitteln oder wahrscheinlich machen läßt, sind die Gründe für die Zuschreibung jeweils angegeben. Bei der Erwägung solcher Autorschaftsfragen wurde größte Zurückhaltung geübt, daher bringt diese Ausgabe unverhältnismäßig wenige Rezensionen aus den Jahren 1748–1752. Die stilistischen, inhaltlichen und »inneren« Identifikations-Kriterien, die frühere Haller-Forscher benutzt haben, erwiesen sich als unzuverlässig, und da auch das Vorkommen von handschriftlichen Korrekturen in Hallers Handexemplar der *GGA* nicht als unumstößliches Indiz für Hallers Verfasserschaft gewertet werden kann, wurde auch auf den Abdruck von solchen korrigierten Rezensionen (aus den Jahren 1748–1752) verzichtet, sofern nicht ein anderes Indiz hinzukam. (Die Seitenangabe ist bei den ungesicherten Rezensionen mit einem Sternchen versehen.)

Ergänzt wird das vielfältige Bild von Hallers Literaturkritik, das die *GGA*-Artikel bieten, durch die Veröffentlichung von handschriftlichen Buchbesprechungen, die für die *GGA* gedacht waren, aber dort nicht gedruckt wurden, weil andere Rezensenten Haller zuvorkamen oder weil, wie im Falle der *Werther*-Besprechung, aus Gründen der persönlichen Rücksicht vom Druck abgesehen wurde.[6] Hinzu kommen schließlich die handschriftlichen Rezensionen aus der Zeit vor der Tätigkeit für die *GGA*, die bisher nur zitatweise zur Kenntnis genommen werden konnten und hier erstmals in extenso – und komplett, soweit sie nachantike Literatur betreffen – veröffentlicht werden. Es sind dies die sogenannten *Judicia*, die Haller seit 1728 nicht für die Publikation, sondern für den Privatgebrauch angefertigt hat.[7] Das heißt aber keineswegs, daß sie für den Autor von zweitrangiger Bedeutung gewesen wären. Im Gegenteil: sie sind nicht weniger sorgfältig und kritisch als die für die Publikation vorgesehenen und wurden, wie u. a. aus Hallers handschriftlichem Register seiner veröffentlichten und unveröffentlichten Rezensionen, aus dem sogenannten *Index Judiciorum*, hervorgeht, »in Hallers Arbeitssystem gleichberechtigt nebeneinander verwendet.«[8] Wie wenig er zwischen gedruckten Buchbesprechungen und privaten *Judicia* einen Unterschied zu machen geneigt war, ist auch aus einem bisher unbekannten Brief an Charles Bonnet vom 4. November 1757 zu entnehmen: »Je conviens avec vous de l'utilité des Extraits; j'y suis intéressé, en ayant fait un nombre qui n'est guère

---

[6] Die Handschriften sind in der Burgerbibliothek Bern. Vgl. *Haller und die Literatur*, S. 34–36.

[7] Ebenfalls in der Burgerbibliothek Bern. Vgl. *Haller und die Literatur*, S. 33–34. »Seit 1728« nach Methodus Stud. Med., 1751, Vorrede.

[8] Georg Theodor Schwarz, Die systematische Arbeitsweise Albrecht von Hallers. In: Centaurus II. 1953. S. 329.

croyable. C'est que des 1725 [sic] j'en ai fait de tous les Livres qui me sont tombés sous la main, et que je les ai conservés tous. Il y en a 2500 environ dans les *Goettingische Anzeigen von gelehrten Sachen,* depuis 1745. J'y ai trouvé de l'utilité pour moi: il faut bien lire pour savoir faire un Extrait, et ce travail fixe un peu le trop de volatilité de la lecture qui fait assez le défaut de quiconque veut beaucoup lire.«[9]

Aus diesen Zeilen spricht zugleich eine recht hohe Einschätzung seiner kritischen Tätigkeit durch den Autor selbst; und die wird bestätigt durch die Sorgfalt, mit der er sich bemüht hat, über seine Rezensionen, die gedruckten und die ungedruckten, Buch zu führen. Die ungedruckten hat er über fast ein halbes Jahrhundert hin mit der ihm eigenen Akribie gesammelt, geordnet, eingebunden und katalogisiert, die anonym gedruckten aber der Nachwelt als sein geistiges Eigentum kenntlich gemacht, indem er über einen Teil davon das schon erwähnte handschriftliche Register anlegen ließ und eigenhändig weiterführte[10] und darüber hinaus in seinem Handexemplar der *GGA*[11] die von ihm selbst stammenden Artikel mit dem Anfangsbuchstaben seines Namens versah, systematisch leider erst von 1753 an, während er für drei frühere Jahre, 1745, 1746, 1747, Listen seiner *GGA*-Beiträge anlegte.[12] Haller hat sogar daran gedacht, eine Auswahl aus seinen *GGA*-Rezensionen in Separatbänden noch einmal zu veröffentlichen, hat den Plan aber aus unbekannten Gründen wieder aufgegeben.[13]

Was immer die Gründe dafür gewesen sein mögen: Bedenklichkeit gegenüber der Öffentlichkeit der Kritik war es nicht. Denn von der Notwendigkeit, die Kritik, und namentlich auch die Literaturkritik, zu einer Sache des öffentlichen Lebens zu machen, ist Haller schon als junger Mann überzeugt gewesen, nicht erst als Herausgeber der *GGA*, des führenden Rezensionsorgans der Zeit. Schon im Tagebuch der Englandreise (1727) deutet sich die Einsicht an, daß die isolierte und daher unvermeidlich einseitige kulturelle Selbsteinschätzung einer Nation berichtigt werden könne

---

[9] Bibliothèque publique et universitaire, Genf. Ms. Bonnet, 53, Blatt 107. Abschrift in der Burgerbibliothek Bern (Mss. Haller 91. 1).

[10] Burgerbibliothek Bern (Mss. Haller 55). Vgl. *Haller und die Literatur,* S. 34, 43. (Sehr selten scheint der *Index* auch Fremdes zu verzeichnen.)

[11] Dazu *Haller und die Literatur,* S. 44–45.

[12] Burgerbibliothek Bern (Mss. Haller 38, 39, 40). Vgl. *Haller und die Literatur,* S. 43. Für 1745 verzeichnet Haller keine literaturkritischen Artikel. Die beiden wichtigsten sonstigen Hilfsmittel, die Verfasserangaben im *GGA*-Exemplar der Universitäts-Bibliothek Göttingen und in dem der Universitäts-Bibliothek Tübingen, kommen erst für die Zeit von 1769 bzw. 1770 an in Betracht. S. o. Anm. 5.

[13] Dazu *Haller und die Literatur,* S. 44.

durch eine weite Kreise erreichende kritische Berichterstattung über die geistigen, und besonders die literarischen Leistungen anderer Völker. Solange das nicht geschieht, verachten z. B. die Engländer »die sonst so berühmte Franzosen aufs äußerste« und »zehlen [...] die semtlichen Teutschen kaum zu Leuten.«[14] In der Vorrede zum Jahrgang 1748 der *GGA* zögert Haller dann sogar nicht, das große Wort in den Mund zu nehmen, durch die Kritik werde das »Wohl der Welt« befördert, indem sie nützliche »Wahrheiten« verbreite. »Eine billige und gegründete Critik ist ein unentbehrliches Amt in der gelehrten Welt.« Sie bilde den Geschmack und schaffe damit ein Klima, das dem Gedeihen der Literatur selbst günstig sei. »Ohne die Critik würden die schönen Künste in Frankreich nicht so blühen.« Gerade das muß nun aber seinen Blick auf die deutsche Situation zurücklenken. Die deutsche Kritik hat noch alles zu leisten. Die Dichtung blühe in Deutschland eben darum nicht, weil die Kritik mit den Mittelmäßigen zu milde verfahren sei. Noch dreißig Jahre später äußert er sich darüber ganz genau so in den *GGA:* Kritik muß geübt werden, »da ohne eine billige Kritik eine Nation niemals zu einem Uebergewicht in den Werken des Witzes kommen kan; und vielleicht hatte die wenige Aufnahme der Dichtkunst in den hundert nach Opitzen verflossenen Jahren den Mangel der Kritik zur vornehmsten Ursache« (1777, 326).[15]

Hier macht sich zugleich das patriotische Moment in Hallers Literaturkritik geltend, das sie von früh an in mehr oder weniger ausgesprochener Weise beherrscht. Die führende Rolle der französischen Kultur wird unumwunden zugestanden, zugleich aber sucht Haller den Schriftstellern deutscher Sprache Mut zu machen, sich in »Werken des Witzes« mit den Franzosen zu messen. Und das dafür erforderliche gesunde, nämlich aus kritischer Selbsterkenntnis stammende Selbstbewußtsein zu stärken, ist für Haller eine der wichtigsten Aufgaben der Kritik. Im Alter, nach fast fünfzig Jahren literaturkritischer Tätigkeit, ist es ihm dementsprechend eine große Genugtuung, daß es mit der deutschen Literatur sichtlich bergauf geht. In der Besprechung von Millers *Siegwart* triumphiert er mit der Prognose: »Bald werden die Deutschen Romanen die allzu kahlen Französischen, und die einander viel zu ähnlichen, heutigen Englischen, Romanen verdrängen« (1777, 623); und über Kretschmanns *Kleine Gedichte* läßt er sich 1776 mit taktvoll verhülltem Stolz vernehmen: »Wir haben ohne Nationalstolz, der eigentlich an uns ungegründet wäre, dieses und mehrere Bardenlieder mit dem französischen Lyrischen verglichen, und mit Vergnügen uns überzeugt, daß die deutschen Gedichte [...] die gerühm-

---

14 Hallers *Tagebücher seiner Reisen nach Deutschland, Holland und England, 1723-1727*, hrsg. von E. Hintzsche. St. Gallen 1948. S. 123.
15 Derartige Quellenhinweise, auch bloße Seitenangaben, wenn im einleitenden Satz eine Jahreszahl genannt ist, beziehen sich auf die *GGA*.

ten Franzosen überhaupt übertreffen« (Zugabe CCCXCI). Wie sehr aber trotzdem die Franzosen immer noch den geltenden Standard bedeuten, geht nicht nur aus der großen Zahl der französischen Bücher hervor, die er rezensiert, sondern besonders vielsagend auch aus einer Bemerkung über Rochon de Chabannes' Nachahmung der *Minna von Barnhelm, Les Amants généreux* (1774). Haller hatte sie 1775 »mit Vergnügen« begrüßt (1775, Zugabe CCLXXI). Als die Klever *Theaterzeitung* sie bekrittelt, entrüstet er sich: »Eine Undankbarkeit gegen einen Franzosen, der einen Deutschen würdig geschätzt hat, seine Fabel nachzuahmen« (1776, Zugabe LXXXVIII).

In der zitierten Vorrede zum Jahrgang 1748 der *GGA* sprach Haller von der Notwendigkeit einer »billigen«, einer gerechten Kritik, und Fairneß darf er für seine eigenen Buchbesprechungen denn auch durchaus in Anspruch nehmen, wenn er es auch gelegentlich nicht für einen Raub gehalten hat, sich im Schutze der Anonymität in den *GGA* gegen Kritik an seinen eignen Schriften zu verteidigen, obwohl die Selbstverteidigung erklärtermaßen den eignen hohen Anforderungen an das Rezensententum widersprach.[16] »Die Furcht, den Agathon mit günstigen Augen zu lesen«, schreibt er am 26. Dezember 1773 an Heyne, den damaligen Herausgeber der *GGA*, »meine Misbilligung der Wieland. Wollustlehre [...] haben mich bisher gehindert, den Agathon zu recensiren, ich will es aber thun und trachten zu verhüten, daß meine Reizung mich nicht verführe.«[17] In den Besprechungen selbst legt er nicht selten eine gewisse vornehme Largesse an den Tag, die bei aller persönlichen Reserve auch das ihm Ungemäße jedenfalls gelten läßt, wenn nicht gar von einer Seite zu sehen bemüht ist, von der es anerkennend behandelt werden kann. So heißt es 1766 über die von Ramler herausgegebenen *Lieder der Deutschen:* »Sie gehören alle zum Vergnügen, und eigentlich zu Wein und Liebe. Wir wollen uns zwar über die Güte der Classe und ihre Unschuld nicht einlassen. Aber wann man einmahl Lieder von dieser Art haben soll, so sind diese allerdings von den angenehmsten, und aufgewecktesten« (624). »Man muß wiederum sich zuerst vergleichen, ob man die Classe von dergleichen Reimen leiden wolle«, sagt er über Dorats *Mes fantaisies*, »Hr. Dorat besingt nicht nur bloß Wein und Liebe; er besingt von der letztern bloß den Genuß [...] Hr. D. hat anbey ziemlich den Wolstand verletzt, den man der Religion schuldig ist. [...] Dieses vorangesetzt, und weder gebilligt noch

---

[16] 1753, 305 f. betont er, Selbstverteidigung sei mit den Grundsätzen der *GGA* nicht vereinbar. Selbstverteidigung etwa 1764, 61; 1765, 417; 1771, 1012; 1771, 1045. *Usong* und *Alfred* hat Haller durch Heyne gegen Angriffe verteidigen lassen: vgl. die Briefe an Heyne vom 10. Okt. und 24. Nov. 1773 bei Emil F. Rössler, *Die Gründung der Universität Göttingen*. Göttingen 1855, S. 372.   [17] Ebd. S. 373. Vgl. die Rezension 1774, Zugabe CX.

entschuldigt, kan man dem Verfasser einen leichten und lebhaften Schwung und einen echten Witz nicht absprechen« (1770, Zugabe CCXXXIX f.). Gern rückt er auch das Angekreidete in die richtige Perspektive, etwa mit der Bemerkung: »Noch ein Fehler, doch nur am Pantoffel« (1767, 304). Sehr genau nimmt er es mit den Grenzen zwischen Werk und Autor: »Ein schlechter Reim, eine übel angebrachte Metaphore, ein irriger Grundsatz, ein Stück von einer schädlichen Sittenlehre, können billig durch die Kritik gestraft werden; nicht aber muß man deswegen einen ganzen Dichter, in seiner völligen Person, bey vielleicht andern wahren Verdiensten, verhaßt abmahlen« (1771, 1010 f.). Selbst dem verhaßten Voltaire gegenüber wahrt Haller seine Objektivität: »Wir sind nicht eben Bewunderer des schäd-lichen Dichters von Fernex, so bald man aber urtheilen will, so muß man einem jeden Theile eines Gedichts Gerechtigkeit wiederfahren laßen« (1771, 306). Kritik und Unparteilichkeit müssen vereinbart werden: »Uns aber dünkt es ein leichtes, in einem jeden das Schöne zu fühlen, und sowohl den Schönheiten eines Noah oder Wielands, als dem einfältigen Reize eines einnehmenden Gellerts oder den feurigen Schwüngen unsers Lyri-schen Dichters [Uz] Gerechtigkeit wiederfahren zu lassen« (1755, 1132). Polemik liegt ihm nicht; mit einer gewissen Noblesse, nicht etwa aus Arro-ganz, vermeidet er es oft, den Namen des Angegriffenen zu nennen; und wenn es sich doch nicht umgehen läßt, in die Querelen der Zeit, besonders in die zwischen Gottsched und den Schweizern, die ja zu einem guten Teil um Hallers Gedichte gingen, einzugreifen, dann geschieht es mit aller Mäßigung und Sachlichkeit, die ihm dann auch später, 1769, die Worte in die Feder diktiert: »Und nunmehr, da das Schauspiel ausgespielt ist, und Gottsched, mit seinen meisten Anhängern im Grabe liegt, dünket uns die Geschichte des Krieges minder wichtig: bald würden wir so gar wünschen, er wäre vergessen« (1006).

Den Kritiker Haller bewahrt also sein Sinn für Proportionen vor Klein-lichkeit, so sehr er selbst häufig den Anschein des Gegenteils erweckt, wenn er sich nämlich mit gelehrter Pedanterie bei den minutiösen Details des »Kostüms«, also der historischen Richtigkeit der vorkommenden Fakten, aufhält (»Aber wie kömmt ein Theeschälchen zu früh in dieses Lustspiel?«, 1778, Zugabe 127) oder wenn er sich bei der Erörterung des Prosodischen hartnäckige Beckmessereien leistet. Letztlich gilt für ihn doch: »So sehen wir nicht auf dieses für uns fremde Aeusserliche [...] wir sehn auf das Herz, auf die edeln Gesinnungen« (1771, 957). Darin allerdings ist er von Anfang an unerbittlich. Mit der Moral versteht er keinen Spaß. Dichtung, die eine falsche, unchristliche ethische Maxime nicht nur mit unterlaufen läßt, sondern sich in den Dienst einer solchen gefährlichen Moral stellt, wird rigoros abgeurteilt, so schon 1746 Popes *Essay on Man* (550). Wäh-rend Schiller in der Vorrede zur ersten Auflage der *Räuber* couragiert

8

erklärt: »Wenn ich vor dem Tiger gewarnt haben will, so darf ich seine schöne, blendende Fleckenhaut nicht übergehen«, so verwendet Haller dasselbe Bild für die Inkongruenz des Ästhetischen und des Moralischen in genau umgekehrtem Sinn: »Man setzt Preise auf die Vertilgung der Tieger, ihre Stärke und ihre Schönheit entschuldiget sie nicht, so bald sie schädlich sind« (1772, Zugabe CCCLVII). Unfehlbar werden moralische Unzulänglichkeiten literarischer Gestalten mit hochgezogenen Augenbrauen angemerkt. Dafür nur ein Beispiel. Über den *Merchant of Venice* lesen wir 1777: »Aber daß Bassanio seinen treuen Freund vergißt, der ihm zu Liebe sich in die größte Gefahr gestürzt hat, und erst sich erinnert, daß Antonio eben wegen seiner Versäumniß sterben muß, das ist ein wahrer Fehler. Es wäre leicht gewesen, diesen Fehler zu vermindern, und des Bassanio Character nicht mit einer Vergeßlichkeit zu beflecken, dabey ein wahrer strafbarer Undank ist« (739–740). Kein Wunder, daß Haller auch sehr viel an der Wahrung der poetischen Gerechtigkeit gelegen ist (1767, 168; 1768, 767; 1772, 1128; 1773, Zugabe CCCLIV).

Fragen wir nach diesen allgemeinen Kennzeichnungen nach den Themen, denen Hallers Literaturkritik vornehmlich gilt, so ergibt sich die Antwort schon aus der Erinnerung daran, daß sich sein Rezensieren über ziemlich genau ein halbes Jahrhundert hinzieht, von 1728 bis in sein Todesjahr, 1777, und daß es, eben weil es sich hier in einem exakten Sinne um Journalismus handelt, all das umgreift, was in dieser Zeit an wesentlichen Entwicklungen in der europäischen Literaturgeschichte vorgeht. Das bedeutet jedoch nicht, daß er sich auf die Produkte der unmittelbaren Zeitgenossen beschränkte: er bezieht vielmehr auch frühere Literatur ein, soweit sie im literaturgeschichtlichen Horizont des achtzehnten Jahrhunderts erscheint und relevant wird für die damalige Gegenwart. Also ist z. B. des öfteren von Shakespeare die Rede; Haller hat ihn seit 1746 mit kritischer Bewunderung oft genannt und sich so zu einem seiner ersten Fürsprecher im kontinentalen Europa gemacht. Milton ist ein weiteres häufiges Thema, häufiger, als eigentlich durch die zu rezensierende Literatur gerechtfertigt ist, da Haller nicht gern eine Gelegenheit versäumt, empfehlend auf das christliche Epos hinzuweisen. Ebenso gern benutzt er jede sich bietende Möglichkeit, einen warnenden Zeigefinger vor den Werken Molières zu erheben, der – im Gegensatz zu den Verfassern der von Haller hochgeschätzten, weil nützlichen weinerlichen Komödie – das »witzige Laster« triumphieren läßt und die naive Unschuld lächerlich macht. (Daß Haller in solchen Zusammenhängen auch gern auf Plautus' *Captivi* als Vorläufer der *comédie larmoyante* zu sprechen kommt, – darin erschöpfen sich mit Ausnahme einer längeren Äußerung über Aristoteles schon fast die Bemerkungen über die antike Literatur in den *GGA*. Das hat auch den Grund, daß Neudrucke antiker Literatur den Rezensenten Haller in erster Linie, und so gut wie

9

ausschließlich, zu mehr philologischer Kritik wie auch zur Beurteilung der Übersetzung als Übersetzung veranlassen.) Aber um auf das siebzehnte Jahrhundert zurückzukommen: zu den häufig genannten Namen aus dieser Zeit gehören natürlich noch Corneille und Racine: Corneille erscheint meistens in negativem, Racine in der Regel in positivem Licht. Boileau gibt immer wieder Anlaß zur Reserve gegenüber der mechanischen Dichtungsauffassung. Von deutscher Barockdichtung ist, abgesehen von einem ausführlichen Opitz-*Judicium,* so gut wie nicht die Rede, auch von europäischer Literatur der vorausliegenden Jahrhunderte nur sehr spärlich. Für den deutschen und französischen Minnesang hat Haller wenig Sinn; er steht ihm mit seinen starren Moralanschauungen befremdet gegenüber.

Die Einstellung zur Literatur der Zeitgenossen ist, wie zu erwarten, zunächst bestimmt durch den Umstand, daß seine eigene Dichtung einer der Zankäpfel in der Leipzig-Zürichschen Auseinandersetzung war. Bevor diese zum Ausbruch kam, war das Verhältnis zu Gottsched durchaus von freundlicher Kollegialität bestimmt, aber sobald man in Leipzig über den *Versuch Schweizerischer Gedichte* herzufallen beginnt, wendet sich das Blatt, und in den frühesten veröffentlichten Buchbesprechungen nimmt Haller schon gegen die Gottschedische Richtung Stellung, allerdings niemals im Ton der Beschimpfung oder der schönen Kunst des literarischen Ehrabschneidens, der zwischen den eigentlichen Kontrahenten üblich war. Für Bodmer und Breitinger tritt er umgekehrt nun aber nicht mit der engagierten Blindheit des Parteigängers ein, vielmehr weiß er auch gegenüber ihren Werken bei aller Sympathie kritische Distanz zu wahren.[18] Und seine lebenslange Verehrung für Milton und besonders Klopstock ist sicher nicht nur als Beziehung einer Position im Geplänkel zwischen Leipzig und Zürich zu verstehen. Im übrigen macht ihn diese Verehrung nicht unempfindlich für die Reize der Anakreontik, obwohl er an einer Stelle (1771, 956) den Anschein erweckt, als könne er Klopstock nur auf Kosten der Anakreontiker loben. Tatsächlich ist er Hagedorn und Uz, um nur diese beiden zu nennen, immer mit freudiger Achtung begegnet und hat auch Wieland nicht durchweg ablehnend beurteilt, so sehr er das Leidenschafterregende mancher seiner Werke unmißverständlich als Gefahr für die Nation anzuprangern liebt. Selbstverständlich schätzt er, besonders in der Frühzeit, den aufklärerischen Dichtungstypus der gedankenreichen kraftvollen Kürze, den man in der Zeit als »körnicht« und »gedrungen«, als die »schwere Dichtkunst«[19] bezeichnet, – selbstverständlich, weil der Autor

---

[18] Es sei daran erinnert, daß solche Stellungnahmen (vgl. auch oben S. 8) sämtlich anonym veröffentlicht wurden; unter Nennung seines Namens hat Haller sich nicht an den Streitigkeiten beteiligt (s. o. S. 2). Vgl. Haller bei Hirzel (s. u. Anm. 19) S. 399.
[19] Vorrede zur vierten Aufl. des *Versuchs Schweizerischer Gedichte,* 1748

des *Versuchs Schweizerischer Gedichte* da *pro domo* spricht. Weniger zu erwarten aus der Kenntnis von Hallers eigener philosophischer Lyrik ist vielleicht seine mit den Jahren immer entschiedener zu Tage tretende Bevorzugung aller *der* Literatur, die aus dem weiteren Umkreis der Empfindsamkeit stammt, die statt der »witzigen« Wirkung auf den Verstand den rührenden Appell an das Herz sucht: Rousseaus *Nouvelle Héloise* (mit kritischen Einschränkungen), Richardson, Young, Gray, Ossian, Diderot, Klopstock, Geßner, Gellert, natürlich auch die *comédie larmoyante* und das bürgerliche Trauerspiel sowie die empfindsamen Reiseromane der Zeit und Millers *Siegwart*. Gerade anläßlich dieses Buches sagte er der deutschen Romanliteratur eine große Zukunft voraus. Rührung wird eins seiner Lieblingswörter. Rührung und Vergnügen bedingen sich gegenseitig: »Wir haben diesen Band mit noch mehrerer Rührung, und folglich mit noch grösserem Vergnügen, gelesen, als den ersten«, schreibt er 1777 über den zweiten Band des *Siegwart* (623).

Auch über Lessing hat Haller sich in den *GGA* mehrfach geäußert. Man kann daraus erkennen, wie sich in ihren Beziehungen das Lehrer-Schüler-Verhältnis merkwürdig umkehrt. Hatte Lessing anfangs, in seiner frühen Gedankenlyrik, sich den *Versuch Schweizerischer Gedichte* zum Vorbild genommen, so stellt er sich im *Laokoon* kritisch dazu, jedenfalls zu einem Aspekt dieser Hallerschen Lyrik. Nun ist es interessant zu sehen, wie Haller sich seinerseits über diese Kritik äußert und in seiner *Laokoon*-Rezension Lessing – einigermaßen überzeugend – über den eigentlichen Gegenstand der poetischen Malerei belehrt (1766, 903).

Wenn es im Deutschland des achtzehnten Jahrhunderts einen Standard gibt, von dem aus die Literaturkritik der Zeit zu beurteilen ist, so ist das Lessing. Hallers Besprechungen wird man nun zwar im ganzen sicher nicht mit Lessings Leistung auf eine Stufe stellen. Aber es ist unverkennbar, daß er hier und da doch, wenn nicht über Lessing »hinauskommt«, so doch eine, wie wir heute wissen, sachlich angemessenere Stellung einnimmt. Zwei Beispiele mögen das erläutern.

Beide, Lessing und Haller, setzen sich nachdrücklich für das bürgerliche Trauerspiel ein. Während aber Lessing die Rang- und Standesfrage völlig bagatellisiert, da für ihn Rang und Stand das spezifisch Tragische nicht im geringsten mitbestimmen, verhält sich Haller bei aller Begeisterung für die neue Gattung, die er zur »nützlichsten von allen« erklärt (1771, 1012), besonnener, schüttet das Kind nicht mit dem Bade aus und wird daher dem historischen Sachverhalt gerechter: Beaumarchais wolle »das gewöhnliche Trauerspiel, worinn Fürsten die Rollen spielen, vom Vorzug berauben, daß der Zuschauer an dem Schicksale dieser ausser seinem Range stehenden

---

(Haller, *Gedichte*, hrsg. von Ludwig Hirzel. Frauenfeld 1882. S. 248). In den Anmerkungen zu den Texten bezieht sich »Hirzel« stets auf diese Ausg.

Personen einen Antheil nehme. Hierinn geht er offenbar zu weit. Die Bedrängniß der sterbenden Iphigenie ist eben deswegen grösser, weil sie eine Tochter des Agamemnons und Achillens Braut ist, und Andromache rührt mehr, als eine Bürgers Witwe, weil sie Hectors Witwe ist« (1768, 560). Lessing stritt eben dieses noch kurz vorher, im 14. Stück der *Hamburgischen Dramaturgie*, mit den berühmten Worten ab: die fürstlichen Personen erweckten nur als Menschen, als Väter, Mütter, Töchter, Söhne den Anteil des Publikums. Haller hingegen spürt offenbar etwas Richtigeres: daß gerade durch die Welt der großen Geschichte, der Sage und des Mythos jener Schicksalsraum geschaffen wird, in dem sich das Tragische ganz anders ausnimmt als im Kontor des Kommerzienrats. Das andere Beispiel: wenn Lessing, besonders im 17. Literaturbrief, das »Artige« an der französischen Tragödie verurteilt und damit die Beherrschung der Figuren durch die Formen der Konvention meint, so liegt, wie man seit langem weiß, eine Verkennung der stilistischen Intention jener Tragödie vor, für die gerade die persönliche Gehaltenheit und Beherrschtheit im Gegensatz zu der von Lessing gewünschten Natürlichkeit im Ausdruck der Gefühle einen wesentlichen Wert darstellt. Haller urteilt hier sachgerechter, zwar nicht in direkter Auseinandersetzung mit Lessing, sondern in seiner Rezension von Homes *Elements of Criticism*, die die Lessingsche Kritik wiederholen (1765, 94).

Hallers Literaturkritik reicht nicht nur in die Zeit des Sturm und Drang hinein; sie beschäftigt sich auch mit zahlreichen wesentlichen Werken der jungen Generation, namentlich Goethes *Werther*, Lenzens *Neuem Menoza*, Wagners *Kindermörderin*, Leisewitzens *Julius von Tarent*. Auch Herders Literaturfragmente bespricht Haller. Das Erstaunliche ist, daß er dieser Richtung, die ja nicht nur auf die Formel einer Radikalisierung der von ihm so geschätzten Empfindsamkeit zu bringen ist, keineswegs schroff ablehnend gegenüber gestanden hat, sondern eher mit einer Sympathie, der allerdings auch die distanzierte Reserve des Älteren und fester im Leben Stehenden nicht fehlt.

Aber wir müssen hier abbrechen. Zu viele Namen wären zu nennen. Für eine ins einzelne gehende Auswertung von Hallers Literaturkritik ist diese Textpublikation nicht der Ort; die Grundzüge und Prinzipien seiner literaturkritischen Anschauungen und seines Geschmacks sind ohnehin bereits an anderer Stelle in Umrissen beschrieben, was hier nicht wiederholt werden soll. Der Zweck dieser Veröffentlichung ist vielmehr der, Unterlagen für weiterführende Spezialuntersuchungen bereitzustellen und zugleich Hallers vielfältige Beziehungen zu seinem gesamten literarischen Umkreis in Erscheinung treten zu lassen, während in *Haller und die Literatur*, wo im übrigen nur Zitate und eine Handvoll ungekürzter Rezensionen gedruckt sind, der Akzent auf sein kritisches »System« und seine

Position in der Geschichte der deutschen Poetik des achtzehnten Jahrhunderts gesetzt wurde. Wir haben es zwar, wie gesagt, notgedrungen nur mit einer Auswahl, wenn auch einer sehr umfassenden zu tun. Aber wenn man sich von ihr anregen läßt, Hallers Haltung gegenüber dem einen oder anderen Autor näher nachzugehen, als es an Hand der hier gedruckten Texte möglich ist, so ist es mit Hilfe der in *Haller und die Literatur* veröffentlichten Liste sämtlicher Literaturkritiken und des dortigen Namenregisters möglich, sich das gesamte Material zusammenzustellen. In diesem Zusammenhang ist darauf aufmerksam zu machen, daß auch in der vorliegenden Veröffentlichung das Namenregister einen wesentlichen Bestandteil ausmacht, da die Angabe des Titels des besprochenen Buches (als Überschrift der Rezension) insofern irreführend sein kann, als sich die Rezension nicht immer oder nicht immer ausschließlich mit dem eigentlich zu besprechenden Werk befaßt, sondern auf anderes, Verwandtes oder Entgegengesetztes, eingehen mag. Manche Buchtitel sind auch zu unbestimmt; so verbergen sich unter der Überschrift ›Théâtre anglais‹ Hallers früheste Shakespeare-Rezensionen usw.

Zur Textgestaltung

1. Handschriften. Die *Judicia* sind sämtlich von Hallers eigener Hand, während die Hss. der ungedruckten Rezensionen von Abschreibern stammen. (Die Dancourt-Besprechung hat Haller eigenhändig korrigiert und in Kleinigkeiten ergänzt, die anderen offenbar nicht). Die Textgestalt der Manuskripte wird hier mit allen ihren orthographischen Inkonsequenzen gewahrt; nur folgendes wurde vereinheitlicht: die Großschreibung der Substantive ist in den deutschen Texten systematisch durchgeführt. Satzzeichen sind, wo nach dem gegenwärtigen Gebrauch zur Erleichterung der Lektüre erforderlich, eingefügt, aber nicht gestrichen, wo sie heute unnötig sind. Da das doppelte s und ß in den Schreiber-Hss. oft gleiches Aussehen haben, ist nach heutigem Gebrauch unterschieden worden. Ganz eindeutige Verschreibungen sind in den deutschen Texten stillschweigend verbessert, nicht hingegen in den französischen, für Haller fremdsprachigen; nur gelegentlich erleichtert ein Zusatz in eckigen Klammern das Verständnis. Lateinische und deutsche Schrift wird drucktechnisch nicht unterschieden. [...] bezeichnet Streichungen durch den Herausgeber, im Überschriftteil der *Judicia* regelmäßig die Auslassung belangloser bibliographisch-bibliothekarischer Angaben. Ergänzungen in eckigen Klammern stammen vom Herausgeber. Die bibliographischen Angaben zu Beginn der *Judicia* stammen jeweils von Haller selbst, während diejenigen über den ungedruckten Rezensionen vom Herausgeber hinzugefügt wurden; im Ma-

nuskript tragen die ungedruckten Rezensionen als einzige Überschrift den Druckort.

2. Gedruckte Texte. Bei der Herstellung des Textes der *GGA*-Artikel wurden nicht nur Hallers eigenhändige Korrekturen in seinem Handexemplar (Stadtbibliothek Bern), sondern auch die – unvollständigen und nicht für jedes Jahr gedruckten – Erratalisten in den *GGA*-Bänden herangezogen. Darüber hinaus sind andere, durch diese Hilfsmittel nicht faßbare Druckfehler berichtigt; Satzzeichen sind nach dem gleichen Prinzip wie bei den Manuskripten eingefügt bzw. belassen. Die als Überschrift dienenden Städtenamen (Erscheinungsort des betr. Buches) wurden in diesem Abdruck beibehalten, weil der Text sich des öfteren darauf bezieht. Das ist auch in den Fällen geschehen, wo die abgedruckte Rezension Bestandteil eines Sammelreferats ist, das als Ganzes nicht wiedergegeben wird; dann ist jedoch der Druckort in eckige Klammern gesetzt, es sei denn, daß die ausgewählte Besprechung unmittelbar auf die Druckort-Überschrift folgt. Die bibliographischen Angaben über dem Druckort stammen vom Herausgeber; die Rechtschreibung ist hier normalisiert. [. . .] bezeichnet Streichungen durch den Herausgeber. Dieser Hinweis wurde nicht angebracht, wo es sich um den Abdruck einer in sich vollständigen Rezension handelt, die Teil eines Sammelreferats ist. Auch in den gelegentlich in den Fußnoten gebrachten Zitaten aus *GGA*-Texten ist dieser Hinweis am Anfang und Ende des Zitats weggelassen worden. Sämtliche in den Fußnoten zitierten *GGA*-Stellen stammen von Haller.[20] Im Original-Text sind fremdsprachige Wörter (einschließlich Namen, Zitate und Titel) oft, wenn auch nicht konsequent, in Antiqua statt Fraktur gesetzt; diese Differenzierung wird hier nicht beibehalten. Zusätze in eckigen Klammern rühren vom Herausgeber her. Die gelegentliche Inkongruenz des im Text und in der darüber stehenden bibliographischen Angabe vermerkten Erscheinungsdatums eines Buchs erklärt sich entweder durch einen Irrtum Hallers oder die Nachlässigkeit des Druckers. Zahlreiche orthographische und drucktechnische Inkonsequenzen bezeugen, von den Druckfehlern ganz abgesehen, daß die *GGA* im 18. Jahrhundert sehr flüchtig gedruckt wurden. Hinzu kommt im Falle Hallers, daß die Druckvorlage wohl immer, sicherlich aber in der überwiegenden Zahl der Rezensionen, von verschiedenen Abschreibern, nach Hallers notorisch unleserlicher Handschrift hergestellt und offenbar nur selten von Haller durchgesehen wurde. Darüberhinaus sind redaktionelle Eingriffe anzunehmen. Korrekturen hat Haller, wenn überhaupt, nur in Göttingen, also bis 1753,

---

[20] Über die Bedeutung des Sternchens vor der Seitenzahl vgl. oben S. 4. Verweise in den Fußnoten auf *GGA*-Stellen bezeichnen (sofern nicht anders angegeben) ebenfalls Hallers – z. T. in diesem Buch wiedergedruckte – Beiträge.

gelesen. Für die Textherstellung ergab sich aus dieser Überlieferungsgeschichte die Notwendigkeit, Veränderungen nur mit der größten Zurückhaltung und Behutsamkeit vorzunehmen; daher die fast in jeder Rezension auffallenden orthographischen Inkonsequenzen. Beseitigt wurde eine drucktechnische Unfolgerichtigkeit: der – sehr selten – zur Hervorhebung von Zitaten und Titeln verwandte Fettdruck ist bei Zitaten durch Anführungszeichen, bei Titeln durch Normaldruck ersetzt worden (der hier auch an die Stelle der geringeren Typengröße tritt, die in den späteren Jahren gelegentlich für die Titel gewählt ist). Zitate, Namen und Titel, namentlich fremdsprachige, waren im Original häufig korrumpiert, manchmal bis zur völligen Entstellung. Besonders vorsichtig mußte bei der Verbesserung von Namen verfahren werden, da deren Schreibung im 18. Jahrhundert in vielen Fällen noch schwankt, auch mit Konventionen wie der Angleichung ans Deutsche und der Latinisierung zu rechnen war. Eine konsequente orthographische Normalisierung der Texte verbot sich schon im Hinblick auf den seinerseits wieder unsystematischen Wandel, dem die Schreibung im Laufe der mehr als dreißig Jahre (1746–1778) unterlag. Die ungewöhnlichen Wendungen, grammatikalischen Verhältnisse und syntaktischen Konstruktionen, die hin und wieder vorkommen und z. T. auch für das 18. Jahrhundert ungewöhnlich sind, halten sich im Rahmen der sprachlichen Möglichkeiten ihrer eine Standardisierung eben nur anstrebenden Zeit. Das schließt natürlich angesichts der ungünstigen Überlieferungssituation nicht aus, daß der Text trotzdem noch Korruptelen enthält; leider hat Haller ja am gedruckten Text, in seinem Handexemplar der *GGA,* nur sehr selten Berichtigungen vorgenommen, und die gelegentliche Radikalität seiner Eingriffe in sinnentstellende Passagen macht es um so bedauerlicher, daß er von weitaus den meisten seiner Rezensionen keinen autorisierten Text hinterlassen hat.[21]

---

[21] Herrn Dr. H. Haeberli von der Burgerbibliothek Bern bin ich für seine unermüdliche Geduld und Hilfsbereitschaft bei der Beantwortung von vielen Fragen zu größtem Dank verbunden. Die Universität Toronto ermöglichte mir im Sommer 1967 einen Studienaufenthalt in Bern, wofür auch an dieser Stelle mein Dank ausgesprochen sei.

TEXTE

1. JUDICIA

Catalogus Librorum O (Mss. Haller 85). 1728–1730.

1   *S. 6*

Arrouet de Voltaire, Henry quatre, ou la Ligue, Poëme Epique.
Amsterdam, Bernard. 1724.

[...]
Acheté sur le quai des 4. nations le 22. oct. 1727.
Le plus beau Poëme epique aprez Telemaq.[1] que la France ait produit.
Son style est beau, relevé, soutenu, male. Les brillans sont repandus a
propre. Le Caractere de Henri IV qui est le Heros, est male, grand. Il
n'a point melé le Paganisme a la Revelation, et les machines qu'il fait agir
sont des [*ein Wort unleserlich*] et presq. de simples prosopopées. On estime
les portraits, mais je les trouve au dessous de ceux de Brokes.[2] Il a trans-
porté l'ordre de l'Histoire, pour y donner plus de brillant, mais il a plus
de fables grossiéres. Le plan en general est fort celui de l'Eneide.[3]

2   *S. 6*

Roland, Tragedie par Mr Quinault

Paris, Ribou. 1727.

[...]
Acheté a l'Opera le 14 de novembre 1727.
C'est un des plus beaux opera[s] de cet auteur qui en a fait infinim[ent].
Les airs et les recitatifs de plusieurs scenes sont charmans pour la musique,
et les paroles sont passablem[en]t bonnes. La Danse des Bergers est char-
mante, et l'impatience de Roland est bien depeinte, mais ses fureurs sont
trez mal executées.

---

1   [1] Fénelons *Télémaque*, von früh auf eins von Hallers Lieblingsbüchern, hat
      in den siebziger Jahren noch auf Hallers *Usong* eingewirkt. Vgl. Guthke,
      Haller und die Literatur, S. 134.

      [2] B. H. Brockes war eins der Vorbilder für die 1729 zum größten Teil ver-
      nichtete Dichtung des jungen Haller. Vgl. Hirzel S. 398 und E. Bodemann,
      Von und über A. v. Haller. Hannover 1885, S. 89.

      [3] Die *Aeneis* hat Haller zeit seines Lebens hoch geschätzt. Vgl. Hirzel S. 398
      und Guthke, *Haller und die Literatur*, S. 100.

3   S. *12*

Le vice puni ou Cartouche. P. Epique.[1]
Paris, Prault. 1725.

[. . .]
Acheté le 30 de Dec. 1727, au quai des 4 nations
Ce petit centon a été fort estimé a Paris, c'est la vie du fameux chef des
voleurs, ornée par la fable, et brillante par mille beaux vers derobés des
meilleures pieces de Theatre ou autres, ce qui fait avec d'autres vers trez
mauvais un livre trez inegal, mais assez joli. Le Genre est particulier, ni
Epique, ni Burlesque, mais l'un et l'autre, et ni l'autre.

4   S. *12*

Le Philosophe Marié, Com. par Nericault Destouches.
Paris 1727, Le Breton.

[. . .]
Acheté le 23 de Janvier 1728.
L'auteur qui a donné plusieurs autres Piéces Dramatiques a depeint dans
cellui une partie de la vie. Un Philosophe, se marie par amour, honteux
de s'etre laissé vaincre par une femme, il veut tenir le mariage caché, mais
tout concourt a le developer. Il se decouvre enfin & surmonte son caprice.
Entre les Pers. Episodiques est une capricieuse, trez bien depeinte. Les vers
ne sont pas trop bons, mais les caracteres sont bien marqués, et l'Agreable
s'y joint avec l'Utile. Cette piéce a u des aplaudissemens trez extraordi-
naires.

5   S. *16*

Orion, Tragedie Opera par Mr. Pellegrin.
Paris, Ballard. 1728.

[. . .]
a l'opera 19. Fevr. 1728.
Cette piéce a plu par les decorations magnifique[s] et meme par la musiq.
Pour les vers, ils sont plats, et dignes de leur auteur. Le sujet est fort
extraordinaire. Diane amoureuse d'Orion, qui la meprise, et aime Uphise.

---

3   [1] Von Nicolas Ragot de Grandval.

Hübners Teutsches ReimRegister.
Leipzig, Gleditsch. 1720.

[...]
1721 auß unsrer Handlung.
Nebst einer Anleitung zur Poesie, worin die Arten der Reimen, die Maa-
ßen derselben, und einiger Regeln, sie leichter zu verfertigen, findet man
ein Reimeregister, wo bey jeder Endigung alle darauf reimenden, Wörter
angebracht werden. Das Werk läßt ein bißgen schulfüchsich, und die Exempel, so der Verfaßer giebt, sind nichts Besonders. Einem Anfänger kan
es doch manche Mühe ersparen.

7   *S. 59*

Dedekindi Grobianus
Francof., Egenolph. 1549 [...]
Poema ridiculum faceto modo rusticitatis leges tradens.

8   *S. 67*

Hans Rud. Rebman, Poetisch Gastmal.
Bern, Werli. 1620.

[...]
Bey meinem Bruder 9 Sept. 1728.
Dieser Pfarrer hat unter dem Nahmen eineß Gastmals deß den Stokherrn
empfangenden Riesen, eine Gattung Erdbeschreibung reimen wollen,
wiewol gar einfältig, ungestimmt und wiedrig. Sein Vorbericht von denen
Elementen, Bergen insgemein, enthält auch wenig Artiges. Doch kan man
daß Buch als ein Merkmal der Helvetischen Freyheit behalten.

Catalogus Librorum I (Mss. Haller 32). 1731–1732.

9   *Bl. 101ʳ*

Le Misanthrope par M. V. E.[1] II. edit. II vol.
La Haie, Neaulme. 1726.

[...]
De mon frére le 7 d'Octobre 1728.
L'auteur, Gouverneur du fils du Viceroi de Batavia, s'apelle Van Ef. Il
fait son sejour ordinaire a Roterdam. Il a ecrit ces feuilles volantes en

---

9   [1] Justus van Effen, nicht »van Ef«, wie Haller in der ersten Zeile seiner Besprechung sagt.

1711, tems ou le Spectateur Anglois s'imprimoit avec beaucoup de succez.[2] Son projet, est d'etre defenseur intrepide de la Vertu, de la Religion et du bon gout. Il paroit avoir asses de connoissance du Coeur humain, pour le vaste projet, de combatre le vice, et la sottise. Il roule beaucoup plus sur le savoir que Mr Steele, ses images sont presque toujours plus generalles, et il ferme ordinairem[en]t ses periodes par un trait d'esprit. Mais on n'y trouve ni les Sublimes fables, et les Allegories de Steele, ni son art de peindre les hommes par leurs moindres actions. Il se trouve meme des piéces ou il entre plus de jeu d'esprit, que de solide, comme le portrait de la ville d'Amsterdam, et des Etudians de Leyde. Il a quelques piéces de Poësie mais ce n'est pas son bel endroit. Le commencement est asses gai la fin ne renferme qu'un traité asses foible contre les Esprits forts, et un autre sur l'education d'un jeune homme.

On a joint a cette edition la relation d'un voiage en Suéde 1719.[3] Elle peut passer pour un Chef d'œuvre en son genre, la matiére asses sterile par elle même et sans incidens, etant relevée par l'agrément de la description, et par ce tour original de pensées, a qui seule le lecteur acorde une avidité raisonnable.

10 *Bl. 102^r–102^v*

Der Patriot: Erstes Jahr.
Hamburg, König. 1728.

[...]

Dieses originale und wegen seiner reinen Schreibart, männlichen Gedanken, gesunder Sittenlehre, unvergleichliche Journal hat eine Societaet der besten Hamburgschen Köpfen[1] außgefertigt. Engelland hat gewiß keinen seiner Spectatorn diesem vorzusezen. Vielmehr ist der Patriot, ernsthaffter, männlicher, hat nichts Mattes, nichts Schwaches. Sein Außdruk ist vortrefflich und sein Geschmak, wenig Stellen außgenommen, ohne Tadel; die Fabel ist als wann der Verfaßer, ein begüterter, und durch die ganze Welt gereiseter alter OberSachse wäre, der seinen Vetter, einen jungen, und mit einer Person von großem Verdienste verlobten von Adel bey sich hätte, wodurch eine sehr künstliche Abwechslung etwas muntrer, und andrer Ernsthafftern Gedanken folget. In Fabeln, Allegorien &c. geht

---

9 [2] *The Spectator,* hrsg. von Joseph Addison und Richard Steele, erschien von 1711 bis 1712.

   [3] ›Relation d'un voyage de Hollande en Suède‹, vom selben Verfasser.

10 [1] Für den *Patrioten* schrieben Michael Richey, Barthold Hinrich Brockes, Johann Adolph Hoffmann u. a.

ihm niemand vor, sonst kan man nur Schach Almokaurans Geschichte, die
Verbildung der Zeit und Ewigkeit, den VerstandesThermometer, die Le-
bensuhr durchsehen.[2] In Characteren der Lastern ist er sehr lebhafft, weniger besonder als die Engelländer, und um desto nüzlicher. Zum Beyspiel
diene, der prächtige Kauffmann im andern Stüke, Curio der kluge Reisende, Strauskehl mit der großen Mahlzeit, Araminten, ein wollüstiger
Kauffdiener, und die adelsüchtige Wilhelmine, die gewiß niemand zu [ein
Wort unleserlich] dörffen.[3] Die Satire ist meistens lebhafft, scharff, doch
nicht bitter, und gar nicht personal, als die Vertheidigung der Carossen,
die Beschreibung deß schlechten Unterhalts in Gesellschafften, die Ehe-
standsrolle, die NiederElbische Zeitung.[4] Artige Erfindungen, mangeln
auch nicht, als der GrundRiß eines Epischen Gedichtes, deß Orontes Liebesgeschichte &c.[5] Vornehmlich aber erhalten die ernsthafften und moralischen Stüke den Preiß über alles, was ich noch gesehen. Eine vernünfftige
Gottesforcht und überzeugende Sittenlehre herrschet überall, die zugleich
gründlich angenehm und erbaulich ist. Z. E. die Unzufriedenheit, die
Eigenliebe, die thörichte Ehrsucht, die Regeln, für die Auferziehung der
Kindern, für Reisende, für Kaufleute, Diogenis dial.[6] Ein republicanischer,
und Kauffmännischer Geist macht zwar viele gute Sachen zu besonder und
zu Hamburgisch, doch wer wollte dieses tadeln. Schwache Sachen sind sehr
wenig. Dahin gehöret die Aramintbibliothec, die gewiß schlecht außgelesen
ist, die Critic über Democritum, den die Läuse gefreßen hätten, und wenig
andre.[7]

11 *Bl. 103^r*

Der Patriot. Zweytes Jahr.
Hamburg, König. 1729.

[...]
Dieser Theil ist so reich an außbündigen Stüken als der Erstere. [...] So
haben auch die vor und wieder den Patriot gemachten Aufsätze, die Suplic
an alle Leser &c. Geist und Anmuht genug. [...]

---

10 [2] 46., 14., 34. und 52. Stück.
   [3] 39., 10., 33., 8. (u. ö.), 40. und 30. Stück. – Das unleserliche Wort: *weichen?*
   [4] »Carossen«: 6., 9., 16. Stück u. ö. »Schlechter Unterhalt«: 5. Stück. »Ehe-
       standsrolle«: wohl 48. Stück. »Niederelbische Zeitung«: 17. Stück.
   [5] 51. und 35. Stück.
   [6] 46., 7. (und 41.), 48., 18., 47. (und 1., 10., 31.), 10. (und 31.) und 12. Stück
       (Dialog des Diogenes mit Alexander).
   [7] 8. und 41. Stück.

12 *Bl. 104ʳ–104ᵛ*

Der Patriot. III. Theil.
Hamburg, König. 1729.

[...]
Gekaufft bey Gottschall den 24 Maj 1730.

Dieses Jahr weicht keinem der vorigen an guten Stüken, und es wundert
mich, daß die meistens bey solchen Werken einreißende Schlafsucht, sich in
diesem so selten zeiget, da dieses dritte Jahr fast ohne einigs matte Stük
ist. Sonderlich sind hier Muster von Ubersezungen [...] So ist auch der
Bericht von guten und bösen Würkungen, die der Patriot bey seinen Lesern gethan,[1] weit scharfsinniger, als jener im Spectator, von dem dieser
nachgeahmt worden. [...] Uberhaupt, ziehe ich je länger, je mehr dieses
Werk allen andern seiner Gattung vor, und halte solches, sonderlich einem
Teutschen, vor unentbehrlich. [...]

13 *Bl. 113ʳ–113ᵛ*

Le Paradis Perdu par Jean Milton en 2 vol.
Paris, Knapén. 1729.

[...]
De mon frére en Novembre 1729.

L'auteur a été Secretaire de Cromwel pour le Latin: Il a ecrit ce poëme
aprez le retour de Charles II, aiant perdu la vue quelque tems aupara-
vant. Il avoit une Erudition profonde et generale, une Lecture universelle,
et toutes les connoissances necessaires. Joignez y un Esprit original, une
Imagination riche, un feu surprenant, cela achevera le Charactére d'un
grand Poëte, et le sien. Son Poëme Epique contient la Chute de l'homme.
L'Unité y est parfaitem[en]t observée. Il ouvre la scéne dans les Enfers.
Lucifer y convoque les cohortes infernales pour resoudre des moiens de
faire la guerre au Createur. Les peintures de Pandaemonie, des differentes
regions de l'Enfer, les discours des chefs des Demons, leurs jeux enfin et
leurs plaisirs sont de Main de maitre. Tout est grand, frapant, nouveau,
sublime, et dans sa bienseance. L'allegorie du Peché et de la Mort que
Satan rencontre a sa sortie des Enfers presente une Image trop etrangere,
& trop afreuse. Les Princes du Chaos, sont des personnages dont il n'y
a point d'originaux, ni d'Idées. Le Limbe de vanité, frontiére du Ciel et
de la terre est du meme genre. Satan aborde la terre. La description qu'il
en fait, ses remords, ses Irresolutions sont parfaites. L'etat d'innocence
d'Adam et d'Eve et leurs entretiens, ont parmi de grandes beautez des
choses fines et des Idées trop precises pour leur age. La Guerre des Mauvais

───────────

12 [1] 143. und 144. Stück.

24

Anges contre Dieu et surtout les exploits du Messie sont tout ce qu'un homme peut penser de plus beau & de plus grand. Peutetre l'artillerie dont les demons se servent présente-t-elle une Image trop mince. Il a melé un peu trop l'histoire fabuleuse a celle de Dieu, cependant il ne merite point la critique de Gottsched.[1] La Creation est pareillem[en]t un chef-d'œuvre. On ne peut voir de plus grandes Matiéres, aussi n'en voit-on point de si bien traitée. Le manége de Satan pour pervertir Eve, et toutes les choses qui en resulte[ent] sont ecrites avec beaucoup d'art. Il finit par faire voir a Adam l'avenir en perspective, et toute l'histoire du Monde. Je n'ai pas lu l'Original, ecrit en vers libres. La traduction n'en est pas mauvaise. On en peut dire en general, qu'il surpasse Homére en justesse, Virgile en feu, le Tasse en jugement, le Voltaire en Genie et que peutetre personne ne le surpassera.

14   *Bl. 114ʳ*

Poesies de Mᵉ et de Mˡᵉ Deshouliéres.[1]
Amsterd., Desbordes. 1709.

[...]
De mon frére le 19 d'Octobre 1729.
Cette femme philosophe, a produit peutetre ce que son sexe a de meilleur en Poësie. Ce naturel, cet agrement, cette delicatesse naturelle aux personnes polies se joignent a un grand fond de bonsens, de penetration, et de reflexions. La rime est riche partout, le vers facile, les mots naturels et dans leur place, les pensées, telles qu'une femme peut les avoir lors qu'elle est Philosophe. Rien de dur, rien de guindé, rien de fardé. Ses reflexions morales, ses Idylles, ses petits ouvrages tendres et chagrins, ont un charme, et un fond de verité, qui la characterise. Son badinage est poli, agreable, également eloigné du fade, du froid et du polisson. Mais pourquoi faisoit-elle des panegyriques? On n'y lit qu'avec peine, cet eternel Louis,[2] et quelques autres heros, qui meritoient bien plus sa Satyre, que ses Eloges. La Tragédie[3] est fort mediocre. Une femme n'a jamais assez de fonds pour une entreprise de cette importance.

---

13 [1] Gottscheds Miltonkritik in den *Beiträgen zur kritischen Historie der deutschen Sprache, Poesie und Beredsamkeit*, 1732, No. 1, 85 ff. und No. 2, 290 ff. Vgl. Th. W. Danzel, *Gottsched und seine Zeit.* Leipzig 1855, S. 189 f.

14 [1] Antoinette und Antoinette Thérèse Deshoulières.
    [2] Louis XIV, an dessen Hof sie lebte.
    [3] Mme. D. schrieb zwei Tragödien: *Genséric* und *Jules Antoine*.

Mle. Deshouliéres sa fille n'a laissé que peu d'ouvrages. Ils sont d'un caractére plus tendre & plus serieux. Aussi ne roulent-ils presque sur autre chose que sur son amant, tué au plus beau sejours, riche sujet de plaintes, et d'Elegies.

15   *Bl. 115ʳ–115ᵛ*

Oeuvres du Sʳ Arouet de Voltaire, Tome I.
La Haye, Neaulme. 1728.

[...]
De mon frére le 21 de Sept. 1731.
C'est une partie des ouvrages d'un Poëte françois vivant, mais des plus distingués. Il ne put s'empêcher de donner dans la Satire. Elle lui atira des coups de baton de la part d'un Seigneur qui demeurérent sans vangeance et lui firent quiter sa patrie ou il ne pouvoit plus paroitre avec honneur.¹ Il alla en Angleterre ou il reçut mille accueil: Il y fit inprimer sa Henriade² magnifiquement et la vendit avec grand avantage. Il retourna en France dans la suite³ et vient de donner une Tragédie nommée Brutus, qui a été fort bien reçue.

Oedipe, Tragédie. Ce sujet a été traité en toutes sortes de Langues et surtout en françois par Corneille et la Mothe. Il est triste, surprenant, merveilleux, mais difficile a conduire. Cette difficulté a fait faire de grandes fautes a Corneille, et a notre auteur. Son Philoctéte est un personnage hors d'oeuvre, inventé uniquem[en]t pour faire l'amour et pour recevoir la proposition de la piéce, encore est il inpossible que le Prince ait pu ignorer dans la Gréce le meurtre de Laius et la peste de Thébes. Oedipe est reconnu pour le meurtrier par l'Oracle, et par les raports de Phorbas et d'un Corinthien qui l'avoit reçu. Mais qu'il ait ignoré la maniére dont son predecesseur soit mort, et que Phorbas, Ministre d'état, ait pu rester deux ans en prison sans étre interrogé cela est sans aparence. L'enfoncem[en]t de l'epée dans les yeux ne vaut rien. Au reste les vers sont beaux, et la piéce a son merite.

Mariane. Cette piéce est a mon avis bien inferieure a la precedente, par les sentimens, les Charactéres et le style. Quel ennuyeux personnage que Varus? Quelle raison a Herode aprez s'etre reconcilié avec Mariane de rompre sur la nouvelle epee, Varus avoit renversé l'echafaut, destiné a la mort de la Reine, comme s'il n'avoit pas su l'amour de ce Romain.

---

15 ¹ Gemeint ist Voltaires Streit mit dem Chevalier de Rohan, der ihn zwang, 1726 nach England zu gehen.
² London 1728.
³ 1729.

Quelle apparence que ce Roi Politique usse osé assasiner le Préteur de la Syrie? L'entretien de Varus avec Mariane qu'il veut persuader de se retirer avec lui, est imité d'Iphigenie, mais Varus a trez mauvaise grace d'abandonner ses troupes qui combattent pour pousser des beaux sentimens qui remplissent trois pages. En un mot la piéce est foible et pleine de defauts. La parodie faite par les Italiens[4] ni vaut guére mieux et est d'un ridicule trez froid.

Henriade, Poëme Epique, est le meilleur de son genre dans la Langue Françoise et ne céde guére a ceux de tous les autres. Il contient l'histoire de la Ligue, pas moins de 8 ou 9 ans, depuis le prémier Siege de Paris par Henri III jusqu'au retour de Henri IV dans la capitale. La Fiction n'y est pas epargné. Henry va en Angleterre, en raméne Essex &c. La principale machine est St. Louis, du reste la discorde, la Politique, l'Amour, y jouent de beaux roles. Le catholicisme y domine, mais avec beaucoup de tolerance, tous les héros et même le mentor de Henry IV. etant Calvinistes. Le Poëme finit par la conversion de Henry IV., evenem[en]t salutaire a l'Eglise de Rome, mais peu glorieux a ce Prince.

Es folgt eine Inhaltsangabe mit nur gelegentlichen knappen Wertungen wie »bon«, »beau«, »peu d'invention« u.ä.

16   *Bl. 137ʳ–137ᵛ*

Oeuvres diverses du Sʳ D*** Tom. I et II.
Amsterdam, Schelte. 1695.

[...]
Lugd. Batav. 1 Jul 1726.
L'auteur Nicolaus Boileau Despreaux, est le plus fameux des Poetes satyriques de la France, et leur Poëte le plus chatié. Il a été grand admirateur des Anciens, aussi en a-t-il bien profité. Il a fait la guerre aux petits genies, aux auteurs froids et fades de son siécle, &c. Sa satire a contribué en quelque maniére a corriger le gout des François la dessus. On ne peut pas nier, qu'il n'ait eté savant, chatié et maitre de son genie au possible, versé dans la bonne plaisanterie et né pour la satire. Mais dés qu'il est sorti de la critique des livres et qu'il s'est engagé dans des matiéres plus sublimes, il est tombé dans le faux et dans le foible, temoin sa satire de l'homme &c. Cette edition est des moindres, car depuis 1695 jusqu'a 1711, année de la mort de l'auteur, il a paru [sic] plusieurs piéces nouvelles de sa main, qui se sentent a la verité de la vieillesse.

---

15 ⁴ Vermutlich *Le Mauvais Ménage,* eine Parodie auf *Mariamne* von M. A. Legrand u. P. F. Biancolelli (1725), 1731 als Band II von *Les Parodies du nouveau théâtre italien* veröffentlicht.

Il commence par Dix Satires. La premiére, est une des plus belles, representant un Poëte ruiné qui declame contre l'ingratitude et les vices du tems.

Satire II a Moliére.. Sur la rime, et sur les auteurs plats, et amateurs de chevilles.

Sat. III. Sur un repas de mauvais gout, imitation d'Horace. La piéce est trez bonne. Boursault y a remarqué qu'on y sert un plat d'alouettes au mois de Juin.[1]

Sat. IV. Sur les contrastes de l'homme. Il finit par de fort mauvaises reflexions sur l'inutilité de la raison, la plus fausse des morales.

Sat. V. Sur la noblesse. Elle est trez belle.

Sat. VI. Je n'ajoute rien a la satire de Mr de Muralt[2] ladessus.

Sat. VII. Sur le metier dangereux, la satire.

Sat. VIII. Sur l'homme, elle est trez foible et ne frape que les moindres des vices des hommes, comme la ceremonie des executions, et quelques autres sotises.

Sat. IX une reponse a ceux qui blament la satire et disculpe la critiq[ue] des auteurs. Il s'apuie de l'autorité de Lucile[3] &c. Mais il y a une grande diference des ouvrages imprimés, aux manuscrits.

Sat. X Sur les femmes. Elle est excellente, pleine de beaux tableaux. On l'a fort critiquée. Elle est faite sur le plan de Juvenal.

Neuf Epitres. Elles sont courtes et roulent encore sur la satire.

I. Au roi, dont elle est un panegyrique assez fort et delicat en meme tems.

II. Sur les proces, l'Apologue de la justice est excellente.

III. Sur la mauvaise honte. Elle est de celles ou l'auteur est trop foible pour la matiére.

IV. Au Roi. Elle contient une belle description du Passage du Rhin. Notes comme il pallie la Poltronnerie du Roi.

V. Sur l'origine du bonheur.

VI. Sur les facheux, avec une description de ses chagrins.

VII. A Racine, c'est un compliment qu'il fait a son ami.

IIX. Au Roi: Il avoue qu'il n'est bon que pour la satire.

IX. Sur l'afectation et le faux caractére.

Le Lutrin, en VI. Chants. Cette piéce est des plus belles. C'est un Poeme heroique et Burlesque sur un diferent de Chanoines. L'auteur y a menagé tous les ornemens de l'Antiquité en conservant la bienséance du siécle.

---

16 [1] Edme Boursault, *La Satire des satires*, Komödie, 1669.

   [2] In Beat Ludwig v. Muralts *Lettres sur les anglais et les français et sur les voyages*, 1725, 6. Brief (hrsg. von Charles Gould. Paris 1933, S. 265).

   [3] Gaius Lucilius, der Begründer der römischen Satire.

L'Art Poëtique en IV. Chants. Cette piéce est plus foible. Elle entreprend d'etre didactique et ne l'est point. Elle ne touche point l'interieur de la Poësie, les figures, l'arangement &c. les stiles diferens. Elle s'aréte trop sur les espéces de Piéces de Poesies, les sonnets, les madrigaux &c. et il y donne au sonnet des Eloges extravagans. J'aimerois presque mieux la piéce d' Horace quoiq. plus courte et moins methodiq.

L'Ode sur la prise de Namur. Elle n'a pas fait honneur a l'auteur,[4] aussi est elle trez mauvaise, elle commence en Pindare et finit en Boileau, puisqu'il y parle de son merite et du mepris de Perrault. Sans parler des 10 000 Alcides de la Garnison [Strophe 4], du faux panegyrique de Louis XIV. &c.

Tom. 11. Traduction du traité du Sublime de Longin, ce Rhéteur, précepteur de Zenobie, Reine de l'Orient. La piéce est bonne quoiq. peu methodiq. et meme sans definition du sujet. On y a conservé plusieurs bons morceaux d'auteurs perdus, et bien des jugem[en]s sur le merite des auteurs et de leurs piéces presque toujours vraies. La traduction est metaphrasée et ajustée a nos meurs. On y joint des remarq. critiques de Boileau et de Dacier, avec des reflexions, qui tendent a faire voir le ridicule de Mr Perrault. Cet academicien avoit egalé ou preferé les Modernes aux Anciens. Irité de cette audace, Boileau le traite en écolier, et il paroit meme qu'en bien des endroits Mr Perault n'etoit pas jugé par conoissance de cause. On y a joint trois traductions latines de l'Ode sur Namur dont la Ire par Mr Rollin[5] est la meilleure. Je ne parle point de quelqs petites Piéces satyriqs contre Mr Perrault.

Catalogus Librorum II (Mss. Haller 33). 1733–1734

17   *Bl. 89ʳ*

Die Psalmen Davids durch Martin Opizen.
Basel, König. 1640.

[...]

Weil die Lobwaßerische Uebersezung der Psalmen[1] sehr übellautend, altväterich und unteutsch gerahten, so hat Opiz auf Anmahnen zweyer Herzogen in Schlesien auf die gleichen Weisen eine neue Uebersezung vorge-

---

16 [4] Boileau schrieb dieses – recht schwache – Werk im Zusammenhang seiner Kontroverse mit Charles Perrault über die »Alten« und die »Neuern«, 1693. Vgl. Perraults Verteidigung der »Modernen«: *Parallèles des anciens et des modernes*, 4 Bde, 1688–1697, gegen Boileau gerichtet. 1701 gab Boileau in der *Lettre à M. Perrault* etwas nach.

   [5] Charles Rollin, *Ode in expugnationem Namurcae ex gallica ode Nicolai B*** D*** in latinam conversa*, 1693.

17 [1] Ambrosius Lobwassers Psalmenübersetzung, 1573, bis ins 18. Jh. die von der Reformierten Kirche offiziell anerkannte Version.

nommen, die, wie leicht zu gedenken, ungleich reiner und Poetischer außgefallen. Doch hat sie noch bey der Reformirten Kirche nicht durchdringen können, auß Ehrerbietung an das alte Herkommen. Auch kan man mit Recht sagen, daß sie kalt, und ziemlich unnachdrüklich seye, wozu zweifelsohne der Zwang der Weisen und unnatürlichen Sylbenzahlen viel beygetragen. Diese Arbeit ist nicht in seinen andern Werken und hat er sie 1637 vorgenommen.

18   *Bl. 101ʳ–102ᵛ*

> Oeuvres du Pére Rapin, T. II. Contenant des reflexions sur l'Eloquence, la Poetique, l'Histoire, et la Philosophie, et le Poëme des Jardins.
> La Haye, Gosse. 1725.
>
> [...]

Reflexions sur la Poetique en general. Ce sont des régles detachées pour reussir en Poësie. Une partie est assez exprimée dans la comparaison d'Homére avec Virgile.[1] Car c'est toujours Homere qu'il regarde comme un original presque en toute sorte de sciences. Ce qu'il dit est bon. Poëte lui meme, il a mieux reussi, que dans ce qui regarde la Philosophie. Le but, dit il, de la Poësie, est de corriger les moeurs. Le moien de plaire, c'est le genie conduit par les régles. Les regles regardent, le dessein, les moeurs, le stile et le nombre Poetique. Le dessein doit tenir du merveilleux pour fraper, du vraisemblable pour persuader. Les moeurs doivent etre peints par les actions. Delicatesse de cette Peinture. Ils doivent etre proportionnez au sujet. C'est dans cette partie que les Italiens ont le moins reussi. Le stile doit etre orné sans afectation, sublime sans enflure, naturel sans froideur, pur, égal, et le Grand doit consister dans les choses et non pas dans les paroles. Il dit peu de chose sur le nom, qu'il avoue etre perdu pour les François et les Italiens.

---

18 [1] Vgl. Bl. 100ʳ:
Oeuvres du P. Rapin, I Vol. contenant les comparaisons
La Haye, Gosse. 1725.
[...]
les trois tomes a Leyde 1726 12 Juillet
[...] La seconde [comparaison] est celle de Virgile et d'Homére. Partout il donne l'avantage aux Latins, et ici surtout, quoiqu'il reconnoisse le genie d'Homére pour plus vaste et plus vif, il préfere pourtant le bonsens, la morale, la delicatesse de Virgile, et trouve infiniment moins de fautes dans celuici. Il remarque assez finem[en]t qu'on aime a preferer Homer, parce qu'on croit que de le preferer supose que l'on l'entend, et que cela, a l'air plus capable.
[...]

Sur la Poetique en Particulier. Sur le Poëme Epique, sur le Theatre et sur les petites piéces. Sur l'Epopée il repéte une partie de qu'il a dit en genéral. Le but, dit-il, c'est d'instruire les grands et de les mener a la vertu. La fiction y est necessaire, (il ne dit rien ladessus de la fiction pour les modernes et de ses bienseances) l'ordre y doit etre renversé, la diction grande, l'action simple. Dans la critique qu'il fait des Poëmes Epiques, il loue le St. Louis du P. le Moine,[2] et ne parle point de Milton. Ce traité est assez superficiel.

Sur la Tragédie il donne un abregé de la Poetique d'Aristote. Il dit aprez lui que son dessein est de purger l'ame par la terreur et par la pitié. Il est assez du parti des anciens pour blamer la Galanterie des modernes, et pour soutenir qu'une Tragedie doit etre sans amour. Sur la Tragedie moderne, il dit peu de choses et afecte de ne point parler des grands hommes du tems ou il ecrivoit. Il est court sur la comedie, et dans le gout de Terence, et plus court encore sur les petites piéces qu'il meprise assez.

Il finit par des generalités »Que le genie suffit point pour faire un Poëte, »que l'on ne devient grand Poëte que par la lecture des anciens, et qu'on ne plait points sans une morale epurée.
[...]

19   *Bl. 104ʳ–104ᵛ*

Conte du Tonneau par le Dr Swift.[1]
La Haye, Scheurleer. 1721.

[...]
Lu le 29 et 30 de Decembre 1734.
L'auteur vit encore quoique la premiere edition de cet ouvrage soit de l'année 1697. C'est le Lucien de nos jours. Il a la raillerie universelle, le sel & le piquant de cet ancien, mais il le surpasse sans doute par l'allegorie, par le vif de son sel, et par la nouveauté extraordinaire de la tournure de sa pensée. D'ailleurs il sait parfaitem[en]t bien prendre un honnéte serieux quand il veut, et meler la force de son esprit avec tout le grave du bonsens.

---

18   ² Pierre le Père Le Moyne, *Saint Louis, ou le héros chrétien*, 1653.
19   ¹ Vgl. *GGA*, 1753, 295 f.: »Der tale of a tub Ungerechtigkeit nicht genugsam aufdeckt, wo S. gegen den Calvin einen unaufhörlichen Haß zeigt, bloß weil er die äussere Zierrathen und Würden der Kirche abgeleget hatte. [...] Auch gegen die Mathematiker, die Erfahrenden Naturkündiger und die Verbesserer der Künste ist seine Satyre zu bitter und zu unbillig [...] Eben so unbillig ist seine kalte unreinliche Satyre von den Houyhnhnms, in welcher man nicht im geringsten absieht, womit die vernünftigen Pferde ihren Verstand beschäfftigen.«

Le I. Tome contient *le Conte du Tonneau* proprem[en]t dit. C'est une allegorie trez ingenieuse sous laquelle il decrit l'introduction des abus de l'Eglise Romaine, la separation des eglises Protestantes hors de son sein, l'excés de reformation du coté de Calvin, la moderation de l'eglise Anglicane, les differentes revolutions de l'une et de l'autre. Tout cela est fort poussé mais forcé en plus d'un endroit, l'allegorie s'etant trouvé trop etroite pour contenir le vrai sens. Il se passeroit d'ailleurs fort bien d'atribuer toutes les sectes d'Anabaptistes et de Quakers a Calvin, les premiers etant sortis evidemment du sein du Lutheranisme, et les autres detestant a peu prez egalem[en]t les trois sectes. Il y a d'ailleurs quelque chose de rude, et de grossier dans ses images, qui s'enfonce tantot dans l'obscéne, et tantot dans le degoutant. Cette fable d'ailleurs est lardée de digressions contenant la plupart de violentes Ironies contre les petits tours d'adresse des auteurs mediocres de son tems, et contre la superficialité de l'esprit moderne.

Le II. Tome contient des œuvres diverses. Le 1. Traité sur l'operation mechanique de l'esprit, est une furieuse satire contre les trembleurs, dont il atribue les inspirations aux efforts mechaniques qu'ils font pour se deranger le Cerveau a peu prez comme les Dervis & les Faquirs. Il taxe d'ailleurs toutes ces sectes illuminées d'un grand penchant a l'œuvre des tenébres et donne une derivation trez insultante de leur maniére de nasiller. Je voudrois qu'il distinguat souvent un peu mieux les Presbyteriens d'avec les Quakers.

Le Second ouvrage est la description d'une bataille entre les anciens et les modernes. Il y a plusieurs traits parfaitem[en]t justes, comme l'échange de Blakmore & de Lucain, la fable de l'Araignée &c. Mais en general il est injuste contre les modernes, et traite Bentley et Wotton[2] avec un mepris insultant, que je n'aprouve pas moi méme quelque enemi que je sois de M[rs] les Critiques.

Les Pensées diverses a la maniére de la Bruyere ont quelque chose de male et de singulier. Elles panchent trop a l'Allegorie et ne sont pas egalem[en]t fortes.

Le Projet sur l'abolissem[en]t du Christianisme est le meilleur ouvrage de ce recueil. C'est une parfaite Ironie contre les esprits fortes, plus delicate & plus sensée que tout ce que j'ai vu en ce genre.

Le Projet sur l'avancem[en]t de la religion est trez sensé. Il tend a etablir un air de religion dans la Nation par le decouragem[en]t du vice qu'il recommande a la Reine & au ministére.

---

19 [2] Richard Bentley und William Wotton hatten durch einen Angriff auf Sir William Temples Essay über die »Alten« und die »Neuern« in die Battle of the Books eingegriffen.

Les prédictions de Bikerstaff, et la reponse a Partridge est un ingenieux badinage, qui donna occasion au Tatler,[3] pére du Spectateur, du Mentor,[4] du Patriote &c.

Si l'esprit consiste dans la facilité a trouver les raports des choses, jamais homme n'en a tant u, ni trouvé des raports plus cachez & plus justes. S'il consiste a exprimer les degrez de beauté au naturel, il peut etre surpassé par ceux qui joignent plus de douceur au piquant, et qui presentent aux yeux des images en meme tems justes & agréables.

20 *Bl. 147ʳ–147ᵛ*

Joh. Owen, Epigrammata.
Amstel., Jansson. 1634.

[...]
Gröningen 2. Aug. 1726 Leg[i] 14. april 1734 – 17 ejusd.
De Owenio, Anglo Jacobi I coaevo, pauca. Mirum quod non primus in amicitia Regis Grammatici fuerit, adeo ei adfinis fuit *Pedantismo*, captatione literarum, aequivocatione duorum unius vocis valorum, omnibusq. acutis nugis quas ea aetas mirata et nostra detestatur. Vix certe in universo volumine unum epigramma legitimo acumine se commendat. Impar ergo et indignus socio Martiali.[1]

21 *Bl. 149ʳ–150ᵛ*

Martin Opizen Geistliche und weltliche Poemata.
Amsterdam, Jansson. 1646.

[...]
zusammen in Basel 1729 26. Apr.
I. An König Ladißlas in Pohlen. Die Materie, daß er den Krieg dem Frieden nachseze im Frieden mit Schweden. Dieses kurze Lobgedicht ist eines der besten, nicht nur dieses Verfaßers, sondern von allen gleichen Inhalts.
II. An Hn Ulrichen von Holstein. Wie der Held so auch das Gedichte. Die Schreibart, die Gedanken, alles ist schwächer.
III. Vesuvius, ein größer Gedichte. Hat sehr schöne Stellen, als die Beschreibung der heutigen Kriegs-Art &c. Die Außlegung ist falsch. Er mei-

---

19 [3] Moralische Wochenschrift von Addison und Steele, 1709–1711. Steele griff dort das von Swift erfundene Pseudonym Bickerstaff auf.
  [4] Vielleicht meint Haller hier den Nürnberger *Mentor, Hofmeister und Vormund*, 1725, oder die frz. *Guardian*-Übersetzung, *Le Mentor moderne*, 1711.

20 [1] Über Hallers Urteil über Martial vgl. Guthke, *Haller und die Literatur*, S. 104.

net, das Meer dringe in die Höle der Bergen, und die Luft, die es mitführe, erschüttre die Welt.

IV. Vielguet. Hat viel Junges in sich. Im Anfang handelt er von heidnischen Göttern, und endet ganz Christlich. Sonst betrachtet er die Arten von Scheingütern, die man sich zum Zwek deß Lebens sezt und endet mit einer Beschreibung deß Landlebens, die viel trokner und metaphysischer ist als die im *Lobe deß Feldl[ebens]*.

V. Dafne, eine Operette, die an einem Beylager gespielt worden. Sie ist kurz und hat etwas Angenehmes, wiewohl sie noch von denen altteutschen Sitten eine ziemliche Einfalt behalten.

VI. Lob deß Kriegs-Gottes. Diese Nachahmung deß Heinsii hätte Opiz wohl außlaßen können. Sie ist halb ernsthafft, halb satyrisch und hat viel Literatur, auch viel Geist in sich, auch etliche schöne Stellen, als die vom Pulver. An andern ist etwas Kindisches, als in der Vergleichung deß Kriegs-Gottes mit dem Esel. Ists Horatio nachzuthun, daß er bekennt, Er seye tapfer durchgegangen?[1]

VII. Zlatna oder *von der Ruhe deß Gemühtes*. Als er sich in Siebenbürgen aufgehalten, hat er einem schönen Orte zuliebe dieses geschrieben, wo etwas von Römischen Alterthümern, am Ende aber eine Beschreibung deß Landlebens, die eben nicht volkommen scheint. Es fehlt viel darinn, daß er in Beschreibungen Bilder eingerükt, die an sich selbst wahr aber nicht angenehm sind. Dann nicht der Wald, der Pflug und daß Feld machen das Landleben anmuhtig, sondern die darauß entspringende Vergnügung. Auch sind die Bilder zu groß. Zlatna hat ein Bergwerk von Gold, Queksilber, Silber und Bley.

VIII. Lob deß Feldlebens ist eine kurze und außführliche Beschreibung deß Baurenlebens. Fällt zuviel in Pibracs[2] Manier, und ins Kalte. Dann was hat das Schönes an sich, daß der Bauer weder Spargeln noch Artischoken ißt? und seit wann ist der Bauren Coax ein Gesang? Merkt das hin und wieder zu findende höchst anmuhtige Natürliche, als das von dem Gesange der Heuschreken.

IX. Antigone, eines der Trauerspielen Sophoclis. Von dem Werke selbst ist wenig zu sagen, es ist ungemein sententios, kurz und kräfftig. Creon ist ein hartnäkigter und forchtsamer Tyrann, Antigone ist von fernem tapfer, beym Tode jammericht, Haemon hätte ehe seiner Braut Verscharrung wehren, als nach geschehnen Sachen sich erstechen sollen. Die Uebersezung scheint getreu, hat aber viel Hartes und Altväterisches an sich.

---

21 [1] Bezieht sich auf den Schluß des Gedichts (Z. 809 ff.), der an das horazische »Impavidum ferient ruinae« erinnert.

[2] Guy du Faur, seigneur de Pibrac, *Quatrains*, 1574, vollständig 1576. Vgl. den Abschnitt XII in dieser Rez.

34

X. Die Trojanerinnen deß Seneca. Dieser Schönschwäzer hat Opizen viel zu wohl gefallen, der allemahl die Vernunfft vergeßen, wann er Gelegenheit hoch zu gehen gefunden. Was ist lächerlicher, als daß Hecuba alle wilden Völker zusammen sucht, sie mit den Griechen zu vergleichen, und was haben die sieben Munde deß Tanais vor Gemeinschafft mit Troja? Und das Chor, wo die trojanischen Weiber eine völlige griechische Geographie machen, auch nicht einmahl vergeßen, daß bey Methone viel Maüßdorn wachse? Polyxena, da Helena sie abfordert, steht wie ein stummes Bild, ohne ein Wort zu sagen. Lächerlich sind auch der Trojanerinnen Trauerlieder, und ungeziemend ihre Gedanken, daß nach dem Tode nichts überbleibe. Das beste ist die Klugheit Ulyssis, den verborgnen Astyanax zu entdeken, und die vergebne Listen seiner Mutter. Opiz hat alles getreulich übersezt, doch hat er die Kürze und den Nachdruk deß Römers selten.

XI. D. Catonis *vier Bücher von Sittensprüchen.* Sie sind in aller Leuten Hand, haben viel Gemeines, manchmal aber was Wahres und Scharfsinniges in sich wie 13. 14. im I. Buche. Die Uebersezung ist ziemlich gerahten und in gleich viel Versen.

XII. Les Quatrains de Pibrac sind moralische Lehren, davon 93 dem Verfaßer sein Glük gekostet hat.[3] Die Uebersezung ist etwas looßer.

XIII. *Von der Eitelkeit* außen Französischen, sind zufällige Gedanken, daran etwas zu viel Geist, als daß sie recht eindringen solten.

XIV. Lob des Bacchi außen Heinsio. Ein sinnreiches und sehr Poetisches Gedichte. Die Poesie ist schlechter als in andern, die Unreinigkeit der Reimen, deß Abschnittes, das Wörtlein thun sind häuffig darinn zu sehn. Die wunderlichen zusammengesezten Worte wollen auch den wenigsten gefallen,

Geistrührer, Wakelfuß, Stattkreischer, Allzeitvoll. [Z. 640]

Opizens Gedichte zweyter Theil

Poetische Wälder sind Sammlungen vieler kleinen Stüken, davon im ersten Buche, allerhand kleine Lobschriften. Im zweyten Stüke ist eine Beschreibung derer Seltenheiten von Ungarn und Siebenbürgen. Als deß Waßers zu Schmelniz, das Kupfer auß Eisen macht, das Bad zu Waradin, wo die Fische im warmen W. leben und nicht im kalten. – Das Geburtsgedichte an seines Freunds Nüßlers Söhnl. ist artig. In der zierlichen Beschreibung der Pest ist zu tadeln, daß er nach denen entsezlichen Zufällen er

---

21 [3] Ie hay ces mots, De puissance absolue,
De plein pouuoir, de propre mouuement:
Aux saincts Decrets ils on premierement,
Puis à nos loix, la puissance tolue.
In dem Standardwerk über Pibrac, Alban Cabos' *Guy du Faur de Pibrac,* Paris 1922, findet sich kein Hinweis darauf, daß diese Strophe den Verfasser »sein Glück gekostet« habe.

[sic] auch von dem geschwinden Pulse redet. An Heinsium gestehet er, daß er die Poesie von demselben gelernt. Über Hn Müllers Töchterl.[4] ist auch wohl gerahten. Hingegen die Uebersezungen außen Virgilio und Horatio desto schlechter.

II. Buch der Poetischen Wäldern, sind eitel Hochzeitgedichte. Er giebt dann und wann auch in den Fehler derer Teutschen, in unziemliche Stichelreden. Keines gefällt mir alzuwohl, doch sind wegen der anmuhtigen Einfalt das an seinen Vater und an Koelhasen angenehm. Das an seinen Freund Nüßlern ist Poetisch, aber sehr ungleich, im Anfang hoch, am Ende gemein. Flandrins seins möchte fast das beste von allen sein.

III. Buch Leichbegängnüße.

IV. Vermischte Gedichte, meist verliebte, die Opiz in seiner Jugend gemacht, darinn auch meist etwas Schlechters, Unreiffers, Fälschers zu sehn, als in denen, so er in geseztern Jahren aufgesezt. Vieles ist auß dem Niederländischen übersezt, oder doch in selbigem Geschmake geschrieben, und hat etwas sehr Falsches und Schulhafftiges. Die Oden gefallen mir beßer, und ist offt etwas Natürliches und deßwegen Bewegliches, Reizendes drinn. Wie das Ist jemand zu erfragen und das folgende. Von den Sonnetten mag ich nichts sagen, ich haße den Kettentanz, und kan es großen Männern kaum verzeihen, daß sie daran ein Gefallen gehabt. Auch die Epigrammata, sowohl die er selbst gemacht als die er nur übersezt, sind meist hart und gezwungen. Das Schäffergedichte Hercynia ist artiger, die untermischten Verse sind oft angenehm, doch mir mißfällt die Hexe, und die Prophezey an den jungen Schafgotsch ist alzu umständlich.

Geistliche Gedichte. Diese sind meist sehr wohl gerahten, und ist etwas einfältiger und tugendhafter, wie sie dann meist in höherm Alter geschrieben worden.

Das Hohe Lied, ist angenehm und teutsch übersezt (In der Seelenmusic sind meistens diese Verse unter fremdem Nahmen fürgebracht.)

Klaglieder Jeremiae.

Jonas ist der ganze Prophet in Versen, wohl und ungezwungen.

Judith ist ein Trauerspiel, kurz und eines von denen besten, die im Teutschen geschrieben worden. Die Verse sind ungleich, wie heutigstags in denen Opern gebraüchlich ist.

Über die Sonn- und Festtäglichen Epistlen. Sind die Worte derer Apostel selber sehr getreu einfältig und zugleich nachdrüklich übersezt. Welches eine große Wißenschafft der Poësie anzeigt, und viel schwerer ist, als gemeiniglich geglaubt wird. So zeigen sie auch die Gottesfurcht deß Verfaßers. Ein Rousseau kan wohl in hoher Schreibart Psalmen umsezen,[5]

---

21 [4] Recte: Söhnlein.

    [5] Jean Baptiste Rousseau schrieb sieben ›Odes‹, die Psalmen paraphrasieren.

aber in dieser unansehnlichen Einfalt von göttlichen Sachen reden, erfodert ein Herze, daß daran Gefallen trage.

Vermischte Geistliche Gedichte. Die fast dem Verfaßer eigen sind, gefallen mir weit beßer als die übersezte, die nicht allemahl einen recht gesunden Verstand haben. In Heinsii Werken ist eine heidnische Wohlredenheit und unanständige Vermischung der Fabel, in J. C. Scaliger's eine griechische Kleinigkeit der Gedanken, in Urban deß VIII. etwas Falsches, in Opizens eignen ist auch manchmal die Nachahmung heidnischer Poeten und die unterlauffenden Anzüge auß der fabelhafften Theologie nicht wohlständig. Über das neue Jahr 1620 ist das Stüke sehr gut.

Im Gedichte zum Lobe Christi von Heinsio stehn auch Cerberus, Pluto, Tisiphone sehr an unrechtem Ort. Dieses ist auch von Opizen sehr überläuffig und unachtsam übersezt, und hat viel Fehler wieder die Geseze der Poesie.

Trostgedichte über den schlimmen Zustand v. Teutschland. In dieser einigen Schrifft hat Opiz seinen Protestantischen Eifer außgelaßen, da Er sonst sich sehr geheim hält. Sie ist zu flüchtig geschrieben, doch sind außbündige Stellen drinn.

22   *Bl. 151ʳ–151ᵛ*

Johann Miltons Verlust deß Paradieses. Erster Theil.
Zürich, Rordorf. 1732.

[...]
Als ein Geschenk deß Uebersezers den 9 April 1733.
Dieses vortrefliche Heldengedichte hat der Englische Staatssecretar, in seiner Blindheit ums Jahr 1660 geschrieben. Wie er eine ungemein feurige Einbildungskrafft, und große Gelehrtheit, nebst einem hohen Geiste volkommen besaß, so ist auch dieses Werk ein Muster aller dieser Gaben. Niemand hat stärkere Außdrüke, lebhafftere Abbildungen, höhere Gedanken gehabt. In Schlachten und hohen Dingen, ist er mannhaft, stark und reizet zur Verwunderung, in Affecten, zart, natürlich, rührend. Möchte etwas an einem so volkommnen Werke außzusezen sein, so wäre es die hin und wieder außschweiffende Einbildung, wie im Kreiß der Eitelkeiten, den er um die Welt herum beschreibet, die Allegorie vom Tode und von der Sünde. Die Uebersezung ist unvergleichlich beßer als deßen von Berges[1] gerahten, und ist getreuer und nachdrüklicher als die französische. Die Schweizerischen Redensarten, die in Deutschland fehlhafft heißen, sind am Rande gezeichnet. Der Uebersezer ist H. Professor Bodmer. [...]

---

22 [1] Ernst Gottlieb von Berge, *Das verlustigte Paradeis,* 1682.

[Über den zweiten Gesang] Die Reise Lucifer's, seine Reden mit Sünd und Tod, das Reich deß Chaos, der Limbus der Eitelkeit haben etwas Falsches und Ungegründetes. [...]

[Über den vierten Gesang] Die Unterredungen und Liebkosungen dieser ersten Menschen sind mit einer natürlichen Zärtlichkeit und uralten Einfalt aufs angenehmste beschrieben. [...]

23   *Bl. 152^r*

Johan Miltons Verlust deß Paradieses. II. Theil.

[...]
Vom Herrn Ubersezer den 26. Jun. 1733.
[...]
Im VIII. [Buch] erzählt hinwiederum Adam dem Engel seine ersten Gedanken, sein Reden mit Gott, und Evens Schöpfung. Seine ersten Gedanken sind einfältig. Gratian hat die gleiche Materie viel künstlicher abgehandelt.[1] Hier hat der Verfaßer mit großer Kunst Adams alzuhefftige Liebe zu Even abgemahlt, worauß alles Unglük entstanden. [...]

[Über den zehnten Gesang] Die Verwandlung der Geistern in Schlangen hat etwas, das mir wiedersteht. Adams Verzweiflung und nachfolgender Trost. Diese Bewegungen seines Gemühtes sind natürlich und kräfftig außgedrükt.

Das XI. und XII. [Buch] haben gleichen Inhalt. Gott schikt den Erzengel Michael, die Altväter außen Paradiese zu führen und daneben zu trösten. Er zeigt dem Adam im Gesichte das Schiksal der Welt und derselben unterschiedliche Änderungen. Diese Außdähnung deß Schauplazes, die Virgil zuerst erfunden,[2] ist sehr künstlich. Hier endet das Gedichte, wie Adam auß Eden verstoßen wird. Sicher, es scheinet der Vorwurff nicht ungegründet, daß Satan der wahre Held in diesem Gedichte seye. Denn es fängt an bey seiner Entschließung, in die Welt zu gehen und den Menschen zu verführen, und endet bey der Außführung seines Vorhabens.

---

23 [1] Haller denkt vermutlich an die vom ersten Lebenstag datierende seelische Autobiographie, die in *El Criticón* der Eingeborene Andrenio dem Spanier Critilo auf St. Helena erzählt. Eine deutsche Übersetzung des *Criticón* erschien 1710 in Frankfurt. Der Inhalt von Adams Rede (die Angewiesenheit des Menschen auf die menschliche Gemeinschaft) mag grundsätzlich auch entfernt an Graciáns Menschenauffassung im *Oráculo Manual* erinnern, bes. an die Maximen 74, 111, 137 und 252. Deutsche Übersetzungen des *Oráculo* erschienen 1687, 1711, 1715–17, 1723.

  [2] Vgl. Aeneas' Vision der zukünftigen Geschichte Roms im 6. Buch der *Aeneis*.

24   *Bl. 252ʳ*

> Dan. Wilh. Trillers Sächsischer Prinzenraub.
> Frankf., Varentrapp. 1743.
>
> [...]
> Soll ein poema epicum sein, ist aber, wie alles, was der Verfaßer schreibet, ohne Feuer und Poesie. Das Subject zu einem solche Gedichte zu klein,[1] die Ausführung historisch u. prosaisch, die Wahrsagung von den zukünfftig. Trillern lächerlich und unanständig, und die Drohung gegen die Züricher kindisch.

---

24 [1] Triller feiert seine eigene Familie, indem er einem Vorfahren, einem Köhler, geschichtliche Bedeutung beilegt.

2. UNGEDRUCKTE REZENSIONEN

Catalogus Librorum XVIII (Mss. Haller 49). 1760–1765.

1   *Bl. 165ʳ–172ᵛ*

L. H. Dancourt, A M. J.-J. Rousseau, citoyen de Genève, 1759.
Berlin.[1]

Der lächerliche Gegner, des ernsthafften Rousseau hat unter dem einfachen
Titel L. H. Dancourt arlequin de Berlin á M. J. J. Rousseau, citoyen de
Geneve eine Vertheidigung der Schauspiele in Duodez auf   S. abdruken
lassen.[2] Anfangs scheint er in etwas höflich, sagt aber doch bald, die Schwäche der Schrifft des strengen Genfers[3] verliere ihre Krafft beym zweyten
Durchlesen, und wird endlich so hefftig, daß er unsern Lüttichischen
Freund[3a] fast noch übertrifft. Dann er sagt, H. Rousseau Schrifft wieder
Dalembert, seye ein Libell: sein so sehr gerühmter Devin de Village seye
ein schlechtes Werk, und bloß durch die guten Sänger bey Ehren erhalten
worden; er nennt seine Critik ungereimt, absurde. Er machts zum Hoch-
muth, wann Rousseau ein großes Geschenk eines Prinzen zurük geschikt
hat; er droht ihn gar bey den Mächtigen der Welt zu verklagen. Doch
wir wollen bey den algemeinen Gründen für das Schauspiel bleiben. Es
ist nüzlich, weil es die Tugend rühmt, und angenehm abschildert, das
Laster aber häßlich macht. Das point d'honneur muß geschont werden,
weil es in Frankreich zur Erhaltung des Kriegerischen Muthes nöhtig ist.
(Wir haben auch gelesen, des Cervantes lächerliche Abschilderung der Ritterlichen Ebentheuer habe die Tapferkeit in Spanien vermindert, und
Rom, Griechenland, und die Türkey, wo das point d'honneur unbekannt
war, und ist, haben vermuhtlich eben deswegen keine Helden und keine
Eroberer hervorgebracht). Man muß die Unterthanen einer Monarchie
nicht zu einer nachforschenden Patriotisterey aufweken, sondern sie in
der gedultigen Leitung lassen, die sie vom Minister wie vom Himmel
annehmen. Was haben aber die Engelländer dem französisch patriotischen

1   [1] Die Rezension, die Hallers Arbeit zuvorkam, steht *GGA*, 1759, 1241–1244.
      In Hallers Handexemplar ist sie nicht mit H bezeichnet.
      [2] Haller hat die Seitenzahl nicht eingefügt, ähnlich GGA, 1746, 140.
      [3] *J. J. Rousseau à M. d'Alembert sur son article Genève...*, 1758. Hallers
      Rezension erschien in den *GGA*, 1759, 422.
      [3a] Nach frdl. Mitteilung von R. A. Leigh, dem Herausgeber von Rousseaus
      Korrespondenz, Pierre Rousseau, der J. J. Rousseau in seinem in Liège
      erscheinenden *Journal encyclopédique* angriff.

40

Harlekin gethan, daß er noch immer mit den nehmlichen Anklagen wiederkömmt, und sogar das french Dog allen fremden Nationen anhängt? Wird man niemahls so billig seyn, und bey offenbaren Beweißthümern die Augen aufthun. Frankreich giebt den Englischen Kriegsgefangnen nichts, als den Raum in den offentlichen Kerkern. Es giebt selbst den in Engelland gefangnen Franzosen keine Hülfe. Engelland erhält beyder Nationen Gefangne: und damit die Franzosen desto bequemlicher leben können, so nimmt es für sie Steuren auf, es läßt sie kleiden, es erlaubt ihnen, ihre Professionen zu treiben, und erleichtert ihnen auf alle Weise ihr Leben. Frankreich hat die härtesten Auflagen, militärische Executionen und selbst bey geringem Anlasse das Feuer in den feindlichen Landen reichlich gebraucht: Engelland hingegen in Bretagne alles baar bezalt, keinen Pfennig Kriegssteur gefordert, und die etwa begangenen Diebstäle der Soldaten aufs härteste gestrafft. In keinem Lande, und dieses müssen die, die so viele Länder gesehn haben, bezeugen helfen, wird ein Fremder, der die Sprache kennt, von Leuten aller Arten besser und uneigennütziger aufgenommen. Selbst bey den Gelehrten merkt man den Nationalstolz, und die Verachtung fremder Wissenschafften nicht: und wie sehr hingegen Frankreich selbst in seinen gelehrten Monatschrifften den fremden Wiz, die Sprachen, die Verdienste überhaupt erniedrigt, liegt am Tage, wie offt hat man nicht in Frankreich Bücher geschrieben, zu beweisen, ein Buch könne außer Frankreich nicht vollkommen werden?[4] Und dennoch schreyt der Franzose, und ihm nach, mancher Deutscher, der Engelländer verachtet die Fremden, und ist noch in seiner alten Ferocität, dann dieses ist das gewöhnlichste Wort. Doch wir fahren fort zu den Bekehrungen, die Moliere bewürkt haben soll. Es sind hundert Jahre, daß er schreibt, und wir sehn nicht, daß der ami des hommes sich über einige Verbesserung erfreue, er findet vielmehr eine algemeine Nachlässigkeit, und ein herschendes Verderbnüß in allen Ständen. Beym Misbilligen der Liebe weicht D. von der Frage ab: freylich ist sie in den Trauerspielen nicht eigentlich criminal, sie ist nur unmäßig, und geht allen andern weit wichtigern Trieben eines Helden zuvor. Bey der Vertheidigung des Crebillon geht D. zu weit, und Cato würde unfehlbar im Senate vom Catilina sich weder Taitoi sagen, noch geschwiegen haben.[5] Sowie er gleichfalls die Vorstellung der Geschichte in der Rome sauvée[6] und den dem Caesar so höchst ungerecht ertheilten Ruhm der Errettung seines Vatterlandes, nicht hätte entschuldigen sollen. Er mischt hier verschiedene eigene Geschichte ein, die er mit

---

1 [4] Vgl. *GGA*, 1761, 95: »Man hat in Frankreich noch immer bey einer äusserlichen Höflichkeit eine gewisse Verachtung gegen die Nördlichen Gelehrten, und zumal gegen die Dichter, die nicht anders als durch die Bekanntmachung ihrer besten Schriften gehoben werden kan.«

[5] Prosper Jolyot de Crébillon, *Catilina*, 1748. [6] Drama von Voltaire, 1752.

dem H. Crebillon und v. Voltaire gehabt hat, und er droht den leztern, auch wann er selbst S. 116. einige Fehler bey ihm antreffen würde, dennoch wieder alle und jede zu beschützen.

Die glükliche Torheit des Mahomets ist auch vermuhtlich bey einem Saracenen nicht genug gestrafft, dem eine Schöne entgeht, da so viel andre ihm überbleiben, beym Lustspiele bemüht er sich zu zeigen, daß Moliere mit großem Rechte die Einfalt lächerlich gemacht, und dem glüklichen Betruge geschont habe. Uns dünkt beym Dandin, beym Jourdain, er hätte den falschen Freund des leztern, und die ungetreue Frau des erstern billig dem Zuschauer verhaßter machen sollen, und des D. Ausfall wieder die Vätter ist eine sehr unmoralische Wiederholung des gleichfalls übel überlegten Sigismunds.[7] Man weiß, daß in tausend Fällen die Liebe der Eltern zu groß, und in gar wenigen die Liebe der Söhne ausschweiffend ist.

Hierauf vertheidigt er mit mehrerm Rechte den Misanthrope, der freylich ein französischer, doch noch höflicher Menschenfeind ist. Uns dünkt aber, Moliere habe den Philintes[8] nicht auf eine Weise abgemahlt, daß er uns eine rühmliche Mittelmaße lehren solte: so wie überhaupt dieser Verfasser entweder nicht den Willen oder nicht das Vermögen gehabt hat, die Tugend, liebenswürdig zu schildern. Hingegen glauben wir, D. rette mit Recht das Frauenzimmer, das unleugbar der minder verdorbene Theil des menschlichen Geschlechtes ist. Er erhebt dabey die Frau Hofdichterin Tagliazucchi[9] zu Berlin, und andre Künstlerinnen, deren Anzahl er mit der erhabenen Agnesi[10] hätte vermehren können. Da es endlich darauf erkömmt, die Schauspiele selbst zu vertheidigen, so geräht er ganz außer sich, und schimpft ohne einige Scheue. Doch fühlt er das Schwache. Er gesteht die unexemplarische Lebensart der Comediantinnen in Pariß, schiebt sie aber nicht ohne Recht auf die Armuth, und schlechte Besoldung. Er entwirfft auch einen ganzen Plan, wie durch gute Aufsicht und geschikte Verordnungen der Comediantenstand aus allem Vorwurfe zu setzen seye. Er giebt sich selbst zum Beyspiel dar, daß gute Sitten bey einem Schauspieler wohnen können. Den vom Rousseau angerahtenen Ball[11] weiß er ziemlich lächerlich zu machen, doch ist eben dergleichen bey den Griechen in die Würklichkeit gesetzt worden. Auch ists ihm leicht, die Vertheidigung des Weins spöttlich zu wiederlegen.

1 [7] Wohl Anspielung auf Sigismund in Calderóns *La vida es sueño*.

[8] Der Freund des Alceste in *Misanthrope*.

[9] Veronica de' Cantelli, Mme. de Tagliazucchi.

[10] Die Mathematikerin Maria Gaetana Agnesi.

[11] Am Schluß seines Briefs an d'Alembert empfiehlt Rousseau statt des Theaters gesellschaftliche Veranstaltungen anderer Art, vor allem häufige öffentliche Bälle für die heiratsfähige Jugend. Vgl. die kritische Edition von M. Fuchs, *Textes littéraires français*. Lille, Genève 1948, S. 171 ff.

2   Bl. 239^r–240^r

C. M. Wieland, *Der goldene Spiegel, 1772.*
Leipzig.[1]

Weidmann Erben und Reich haben Ao. 1772 ein Buch abgedruckt, das zum Titel hat Der goldene Spiegel oder die Könige von Scheschian, eine wahre Geschichte aus dem Scheschianischen übersezt, in Octav sehr sauber gedruckt. Wir wollen die Geschichte kurz übergehn, die von Episoden in einander geflochten ist, u. eine so sichtbare Ähnlichkeit mit Crebillons Manier hat, daß sehr oft die Phrasen selber französisch sind. Wir wollen nur[?] die Sittenlehre erwegen, die in die Fabel eingekleidet ist. Die Kinder der Natur sind anderswo in den wieländischen Schriften schon entworfen; die Absicht ist zu zeigen, daß die Lust des Lebens, in ihrer vollen Maaß zu genießen den Menschen nicht nur erlaubt, sondern eine Pflicht ist, und der weise zum Nachahmen vorgestellte Alte erklärt sich feyerlich, er werde biß zum letzen Tropfen die Wollust einschlürfen; die Gottheit verlange vom Menschen nichts weiter. Ein Maaß müsse freylich im Genusse seyn, und die Arbeit könne nicht entbehret werden. Aber diese Määßigung, die die Weisheit ist, wodurch wird sie erhalten, wann die Jugend nach Wollust und Genuß lechzet, wann man die drohende Ewigkeit wegräumt, wird die entfernte Aussicht einer künftigen Schwächung des Leibes die gegenwärtige Wallung des Geblütes zurückhalten?

Man misbilligt zwar die Schriftsteller, die uns zu dem thierischen Vergnügen zurückführen, aber weit mehr und härter verwirft man die Warnungen der Geistlichkeit, eine Zwitterlehre zwischen Schwärmerey u. Heucheley, die die menschliche Natur von ihren Schwachheiten befreyen wolle, sie aber verstümmle. Uns dünkt, wir sehen einen Mann, der einen Wagen eine gähe Anhöhe heruntergehn sieht. Nun sagt der Weise, es wäre nicht rahtsam, die Pferde anzutreiben, aber noch viel verwerflicher, spannen zu wollen. Dann daraus würde ein widersinniges Gemisch der fortdrükenden Schwere u. der hinterhaltenden Macht der Kette entstehn. Dieser erste Band ist von 226. S.

Im zweiten Theile, die Geschichte eines gutherzigen aber wollüstigen u. im Kleinen großen Königes, in dessen Zeiten das Volk ausgesogen, alles Gute verabsäumt, u. die Ehre der Nation verlohren wird. Sie zeigt, wie unrahtsam die Religion sey, deren Grundgesez ist, suche die Wollust, dann das that Azor, sie war sein einziges Geschäft. Die Maas im Vergnügen, davon einige Erwähnung gethan worden ist, wird unmöglich, so

---

2 [1] Die Rezension des *goldenen Spiegels,* GGA, 1772, 746–752 weist in Hallers Handexemplar kein handschriftliches H auf.

bald es unser Haubtzweck ist. Offt, sehr oft vermißt man zwar das morgenländische costume. Europäische Begriffe, Sitten u. Geschichte mischen sich in alles u. vernichten die Zauberey der Fabel. [...]

[...] wie schädlich muß die Tugend in den Augen des Verfassers sein, da eben die gute Wahl der Priester, u. die Ehrerbietung, die sie sich durch ihre gute Eigenschafften erwarben, nach Tifans Tode der Königlichen Familie Ruin wird. Aber warum macht Tifan auch die Geistlichen zu Richtern, u. zu Häuptern des Volkes, die Classen, fast unveränderlichen Classen der Bürger sind auch kein gutes Mittel, die Nacheiferung zu befördern. Dieser Band ist von 232. S.

3   *Bl. 248ᵛ–249ʳ*

C. M. Wieland, Idris, 1768.
Leipzig.[1]

Bey Weidmanns Erben u. Reich ist a. 1768. abgedrukt Idris, ein heroicomisches Gedicht, fünf Gesänge, Großoctav auf 298. S. H. Wieland hat sich in diesem angefangenen Gedichte als den deutschen Ariost bekannt gemacht. Dann dem ist er am ähnlichsten. Seine Fabel ist aus dem Feenreiche, wobey man das Wunderbare ohne Uebelstand verschwenden kan. Drey Liebesgeschichte werden angefangen, u. keine zu Ende gebracht, auch Zenide nur von weitem dem Leser gezeigt, so daß man noch eine Fortsezung erwarten kan. Das Gedicht ist in terza rima wiederum ariostisch, u. die lebhafteste Einbildung bestreut es durch und durch mit Rosen. Man muß die Gattung des Gedichtes in keine Prüfung ziehn u. den Dichter nur nach den Erfördernissen der Gattung richten, die er gewählt hat. Die Hauptbilder sind durch u. durch der mehr oder minder verhüllte Genuß in der Liebe: selbst die Nahmen Ithyphall u. Rahimu gehören wesentlich zu den Orgyen der Wollust. Diese Begebenheit[en] sind mit allem nur ersinnlichen Reize erzählt, u. dabey diejenigen Schleyer beybehalten, worein auch die sonst nakte Zelis au bain[2] sich hüllt. Einige kleine Unrichtigkeiten im Reime wäre es sauertöpfisch durchzuklauben, nur wolten wir, H. W. hätte den Lessing u. Rubens nicht angeführt, u. uns nicht zuweilen aus der Feyenwelt in die unsrige zurükgeleitet, da er uns freylich unter unaufhörlichen Abwechselungen von Zauberbildern erhalten sollen. Wir wissen auch nicht, ob es nicht eine Wiederholung seye, daß 2 mahl Zenidens Bildsäule durch eine fremde Seele bewohnt, u.

---

3   [1] Die Parallel-Rezension, *GGA,* 1768, 1201–1203, ist in Hallers Handexemplar nicht mit H bezeichnet.
     [2] A. J. F. Masson de Pezay, *Zélis au bain,* 1763; von Haller 1764 in den *GGA* besprochen (S. 320).

durch Liebkosungen belebt wird. Einige Ausdrücke wie sich den Bauch halten, eine Nase drehen, erniedrigen sich etwas zu sehr, u. eben das vermischte Comische will bey einem Heldengedichte dieser Art durch den Ausdruk erhoben werden.

4   *Bl. 251ʳ–251ᵛ*

Englisches Theater, hrsg. v. C. H. Schmid, II, 1769.
Frankfurt u. Leipzig.[1]
Englisches Theater, zweyter Theil durch den Hrn. Professor Christian Heinrich Schmid ist bey dem angeblichen Dodsley a. 1769. auf 414. S. in Kleinoctav abgedrukt. Die dießmahligen Stücke sind Dryden's Cleopatra, Vanbrughs aufgebrachte Frau[2] u. Beaumonts u. Fletchers Bester Mann.[3] Das leztere Stück ist zu seiner Zeit vielleicht zu entschuldigen gewesen: es ist aber sonst so unwahrscheinlich, so unförmlich, so wiedersinnig, daß man es fast nicht mehr lesen kan. Ein vornehmes Frauenzimmer läßt einen dummen Unterofficir aufsuchen, der es heyrathet; dieser vermeinte Dumme weiß aber, so bald er Mann ist, seine Herrschaft über seine Frau zu behaupten. Ein andrer Officir heyrahtet eine offenbare Spitzbübin, u. ist zufrieden, weil sie mit tausend gestohlnen Ducaten zu ihm kömmt. Vanbrughs Lustspiel ist eben auch sehr unmoralisch, ob es wohl mehr in unsern Sitten ist. Die lange tugendhaffte Frau ergiebt sich ihrem Buhler, u. hat die schlimme Begegnung ihres unvernünfftigen Mannes zur Entschuldigung. Den Hanrey schrekt der Buhler mit dem Degen u. bringt ihn zum Stillschweigen. Die Uebersezung ist vielleicht mit einiger Eil gemacht. [. . .]

5   *Bl. 257ᵛ–258ʳ*

K. F. Kretschmann, Der Gesang Ringulphs des Barden, als Varus geschlagen war, 1769.
Leipzig.[1]
Der Gesang Rhingulph's des Barden als Varus geschlagen war ist in der Dyckischen Buchhandlung a. 1769 in Großoctav auf 94 S. abgedrukt. Der Verfasser dieses Kriegesliedes soll ein junger Mann sein, der noch nicht

---

4   [1] Die Besprechung, die der Hallerschen zuvorkam, steht *GGA*, 1769, 1290 bis 1291. In Hallers Handexemplar steht ein H, das allerdings von derselben Hand wieder gestrichen ist.
     [2] *The Provok'd Wife*, 1697.   [3] *Rule a Wife and Have a Wife*, 1624.
5   [1] Die Besprechung, die Haller zuvorkam, steht GGA, 1769, 654–6. (Ohne H in Hallers Handexemplar.)

bekannt sein will. Er besizt viel Feuer u. Munterkeit, u. Frankreich, das
sonst andere Völker so verächtlich hielt, kan von der ganzen Classe dieser
dithyrambischen Dichter kein Beyspiel aufweisen. Eben das viele Schöne,
das wir hier gefunden haben, bewegt uns zu einigen Anmerkungen.
Ueberhaupt ists eine Kleinigkeit, aber wir können die Ursache nicht sehn,
worum die Deutschen ihr vor allen Europäischen Völkern sonst rein
gehaltenes Silbenmaaß hindansezen, u. Verse machen, wo man kein Silbenmaaß fühlen kan, wie

   Da finden wir die stolz zusammengebirgten Steine [S. 41]
u. wieder

   gleich einem schüchternen Daubenvolke. [S. 67]
Und überhaupt scheint uns die Vermischung der Jamben u. Dactylen
nicht glüklich. Einige Ausdrüke sind für uns zu hoch wie die Verse, wo
der Dichter zu seinem Siegesliede sagt

   Da schlag du auf der Wolkenbahn
   Den Wiederhall der Sterne an. [S. 13]
Accorde solte ein Barde aus Hermans Zeiten wohl nicht sagen. Unter
den Bildern dünkt uns das Einmischen einer ganzen Erde in den Streit,
den zwey Stiere anführen, nicht der Natur gemäß. Die Stiere führen
Heerden von Kühen an, die nicht streiten. Das Entwikeln des Schmet-
terlinges ist viel zu sanft, den Todt der geschlagenen Römer auszudrüken.
Unhistorisch ist das Stürzen der geschlagenen Römer in den Rhein, wovon des Varus Niederlage weit entfernt war, dann am Rheine würde ein
Römisches Lager auf die zwischen der Elbe u. Weser wohnenden Cherus-
kern keinen genugsamen Eindruck gemacht haben. Wir sagen dieses
alles, den zur Größe gebohrnen Hrn Verfasser aufzumuntern, das noch
Unvolkommene zürukzulegen. Dann überaus viel Schönes u. von der
großen Art, besizt er würklich.

Catalogus Librorum XXIII (Mss. Haller 54). 1775–1776.

6 *Bl. 158ʳ–158ᵛ*

Goethe, Die Leiden des jungen Werthers, 1774.
     Leipzig.[1]
Ein kleines Buch ist bey Weygand in Octav auf 224 S. mit dem Titel abgedrukt worden Die Leiden des jungen Werthers. Wir haben es nicht

---

6 [1] Heyne an Haller, 29. Febr. 1776: »Die Recension v. Werthers Leiden ist
  liegen geblieben: vielleicht billigen es E. H., daß sie ganz liegen bleibt, um
  den guten Vater, den Herrn Präsident und Abt Jerusalem zu schonen. Daß
  der Werther sein unglücklicher Sohn sey, wissen E. H. vermuthlich.« (Mss.
  Hist. Helv., XVIII, 36, No. 23, Burgerbibliothek Bern.)

ohne Theilnehmung lesen können. Ein junger feuriger Mensch, von einem besondren Geschmake, der aber seinen Begriffen mit der grösten Hefftigkeit nachgeht, verliebt sich in ein würklich liebenswürdiges Frauenzimmer, die zwar eine Braut ist: er liebt sie zwar unschuldig u. ohne strafbare Wünsche. Da er aber wegen des ermangelten alten Adels in einer Gesellschaft beschimpft wird, sagt er allen Hofnungen zur Beförderung ab, u. begiebt sich wieder in die Nähe seiner nunmehr geheyrahteten Geliebten. Die Platonische Unschuld verliert sich nach u. nach, er gewöhnt sich so sehr an seine Schöne. Sein alzuvieler Umgang wird dem Mann verdächtig. Werther sieht seinem Unglüke kein Ende, u. entschließt sich nach u. nach, seiner hofnungslosen Liebe durch einen Selbstmord zu entgehn. Noch einmahl besucht er die Schöne, er ließt ihr eine rührende Erzählung opiano[2] vor, u. erhizt seine Einbildung, so daß er nicht ganz ohne ihren Willen sie umarmt u. mit feurigen Küssen bedekt, er begiebt sich in sein Zimmer, schreibt an sie, u. erhält durch ihre Hand eine Pistole, mit welcher er sich erschießt. Die Geschichte ist würklich rührend, u. kan dienen, wieder eine alzuheftige Anhängigkeit die besten Gemühter zu warnen, da dieselbe bey den meisten Entschlüssen gar leicht ins Lasterhafte steigen kan. Die Schreibart ist mahlerisch, u. offt fast glühend – manchmal paradox. Irren wir uns, oder sind ein paar Ausdrüke schweizerisch, *folgen* für *gehorchen geschikt* für *artig*.

---

6 [2] = au piano?

3. REZENSIONEN AUS DEN
›GÖTTINGISCHEN GELEHRTEN ANZEIGEN‹

1746, 140: Johann Josias Sucro, Die beste Welt, 1746.

1   Halle.

Bey Lüderwalds Witwe ist a. 1746. gedrukt: Die beste Welt, ein Lehr-
gedicht von S. Quarto auf 3. Bögen. Der unbekannte Verfasser dieses Gedichtes beweiset zwar, daß die würkliche Welt die beste sey, aus dem
bekannten Grunde, weil Gott keine Möglichkeit gewählt haben kan, die
unvollkommener, als andre Möglichkeiten, gewesen wäre.[1] Indessen bleibt
er doch nicht bey den allgemeinen metaphysischen Betrachtungen, und
gebraucht zur Erweisung seines Satzes auch die geoffenbahrten Wahrheiten, woraus wir z. E. lernen, daß der Fall Adams zu dem ungemein
großen Gute, nemlich dem Leiden eines Mittlers Anlaß gegeben, und dadurch würklich zu einem guten geworden sey. Die Einkleidung der Gedanken ist natürlich, stark und frey, und der Verfasser hat lieber etwas
an der Cesur und der Leichtigkeit des Reimes, als an der Stärke der Gedanken fehlen zu lassen, gewählet.

1746, 173: Edward Young, The Consolation (Schluß der Night Thoughts),
1745.

2   London.

Das vortrefliche Lehr-Gedicht deß D. Young, the night thoughts, ist
nunmehr geendigt, der lezte Gesang führt den Titel The Consolation,
und enthält eine Beschreibung der glückseligen Ewigkeit. Dieses an Gedanken, Ausdruk und Wichtigkeit der Dinge gleich erhabene Gedicht ist
bei Hawkins gedruckt.

1746, 222–223: Joseph Carpanus, Tragoediae Sex, 1745.

3   Rom.

An. 1745. ist hier in 4. auf 362. Seiten herausgekommen: Josephi Carpani
S. I. Tragoediae sex. Die Geschichte dieser Trauerspiele sind aus der H.

---

1   [1] Zu Hallers Urteil über Leibnizens *Théodicée,* auf deren Grundgedanken
     hier angespielt wird, vgl. K. S. Guthke, Zur Religionsphilosophie des jun-
     gen Albrecht von Haller. In: Colloquia Germanica. 1967. S. 142–155.

Schrift genommen, und die Nahmen derselben heißen: Jonathan, Adonias, Evilmerodach, Sennacherib, Sedekias und Mattathias. Es ist an diesen Trauerspielen sehr vieles auszusetzen. Fast überall geht man von der Erzählung der H. Schrift, und den Sitten der alten Völker gänzlich ab, und kleidet die Geschichte nach der wunderlichen Sittenlehre der neuen französischen Tragödienschreiber um. Also ersticht sich Adonias selber, da ihn Salomon mit seiner eigenen Hand überweiset, daß er den Joab zu bereden gesucht, den neuen König umzubringen. Des Evilmerodachs Geschichte hat mit der Wahrheit nicht die geringste Aehnlichkeit, und die Verwandlung des Nebucadnezars in einen wahren Ochsen ist ein unnöthiges Wunderwerk, das keinen Grund in der H. Schrift hat. Was die Ausarbeitung selber betrifft, so finden wir überall das schwülstige, unnatürliche Wesen des Seneca. In den grösten Affecten reden die Helden gelehrt, erzählen Mythologien, und machen Exercitia. Nebucadnezar redt in den Tag hinein vom Jupiter, vom Ethna, von dem Vulcan aus Lemnos, und solchen Göttern, die zu seiner Zeit in Assyrien ganz unbekannt gewesen sind. Es ist überall ein Schulmann, der spricht, und niemahls ein Held.

1746, 274–275: Louis Charles Fougeret de Monbron, La Henriade travestie en vers burlesques, 1745.

4   Berlin.

Unter diesem falschen Titel ist An. 1745. abgedruckt, la Henriade travestie en vers burlesques. In duod. auf 135. Seiten. Es ist nunmehr dem Hrn. von Voltaire eben die Ehre widerfahren, die Scarron dem grossen Virgil angethan hat.[1] Seine Henriade ist in einem poßierlichen Gedichte nachgeahmt worden, worin es vollkommen nach dem gleichen lächerlichpöbelhaften Harlekinsgeschmack eingekleidet ist. Man bemerkt aber dabei mit Verdruß, daß der Verfasser für die Gottheit selber nicht mehr Ehrerbietung als für die Menschen brauchet, und, was ist endlich der Nutzen einer Bemühung, wodurch ein schönes Heldengedichte zu einem Bauren-Gelagliede geworden? Im Haage ist bei Aillaud eine neue Auflage erschienen.

1746, 304–305: Théâtre anglais, übersetzt von P.-A. de La Place, I, II, 1745.

5   Paris.

Endlich fangen die Franzosen an, ihrer Nachbarn Arbeit einiger Aufmerksamkeit würdig zu achten, da sie bis [vor] ungefehr 20. Jahren

---

4 [1] Paul Scarron, *Virgile travesti*, 1648–1652.

gethan, als wann sie mit lauter Barbaren umringt wären. Sie übersetzen die besten Englischen Bücher, und dann und wann ein Deutsches. Sie gehen weiter, und haben dem Englischen Tragödienschreiber Shakespear die gleiche Ehre angethan, die der P. Brumoy dem Euripides und Sophocles erwiesen.[1] Ein Buch eines ungenannten Verfassers, daß unter dem Titel, le Theatre Anglois, herausgekommen, ist ein Beweisthum ihrer mehrern Billigkeit, oder wenigstens ihrer grössern Neugierigkeit. Man hat darinn die Trauerspiele dieses grossen Kenners des menschlichen Herzens analysiret, die Stärke und Schwäche derselben erwiesen, die Ursache seiner Fehler in dem Geschmacke der damahligen Englischen Nation gefunden, und gezeigt, warum er sich auf starke Bilder, blutige Trauerfälle, und heftige Gemüthsbewegungen zu befleissen Ursache gehabt. Ein Beispiel dieser Critik hat man an fünf seiner Trauerspielen gegeben: Nur hätte man, wann man des ehrlichen Shakespears Ruhm zum Augenmerk gehabt hätte, besser wählen, und für die gar zu wunderlich eingerichtete, und fast keine Absicht habende Tragödie Hamlet, eine andere bekannt machen können. Die Auftritte, die dem Verfasser die besten geschienen, sind in Französische Verse, flüßig genug übersetzt, aber vielleicht würde ein denkender Leser lieber die Trauerspiele ganz gelesen, und dafür die Mühe des Reimens, um desto williger dem Uebersetzer geschenckt haben, da Shakespear selber weder gereimt, noch sich einiger Gleichheit in dem Maasse seiner Verse unterworfen hat. Von diesem Werke sind 2. Theile in 12. abgedruckt, davon der erste 292. Seiten, ohne das Leben des Shakespears und die Vorrede, und der zweite 502. Seiten stark ist.

1746, 336–337: Edme Mallet, Principes pour la lecture des poètes, I, II, 1745.

6   P a r i s .

Ein Ungenanter hat An. 1745. bey Durand in 2. Bänden in 12. abdrucken lassen: Principes pour la lecture des Poetes. Seine Absicht geht insbesondere auf die Französischen Leser, und unter denselben ist sein Augenmerk hauptsächlich auf die Jugend gerichtet. Er beweiset erstlich die Unmöglichkeit, von Dichtern und Gedichten urtheilen zu können, wann man seinen Verstand nicht mit Lesung der besten Dichter aufgeheitert habe. Er handelt hierauf von etlichen über die Dichtkunst geschriebnen Werken, und giebt darunter aus einer deutlichen Eigenliebe dem Boileau den Vorzug, dessen Werk allerdings lebhaft, und künstlich geschrieben, aber nur ein kleiner Theil der wahren Dichtkunst ist, und sich gutentheils mit den kleinen Arten französischer Gedichte aufhält. Der Verfasser kommt

5   [1] Pierre le Père Brumoy, *Théâtre des grecs*, 1730, 1746.

weiter auf die Geschichte der Poesie, und auf die dazu erforderlichen Eigenschaften. Den Reim hält er für ganz unentbehrlich; aber die Ursache ist wohl, weil er den Reim und die Harmonie für einerlei hält, und ihm, wie noch allen Franzosen, das Silbenmaaß unbekannt ist. Er beschreibt hierauf die poetische Schreibart so wohl überhaupt, in sofern als sie der Prose entgegen gesetzt ist, als insbesondre nach Unterscheid der epischen, gemeinen, oder lächerlichen Art zu dichten. Unter den besondern Gattungen von Gedichten, macht er einen neuen und unbekannten Unterscheid zwischen der Idylle und der Ecloge, diese, sagt er, beschreibt die Gedanken der Schäfer: und jene die unserigen, wann wir unser Sorgen volles Leben, mit der Unschuld und Ruhigkeit der Schäfer vergleichen. Dieser Unterscheid ist von M. des Houlière hergekommen:[1] und die Alten haben ja bekanntlich ihre griechischen würklichen Eclogen Eidyllia genannt. Bei allen Arten von Poesien giebt der Verfasser einige aus den besten französischen Dichtern gewählte Stellen zu Beispielen. Mehreres auszuziehen läßt uns der Raum nicht zu. Das Werk ist im ersten Bande 264., im zweiten aber 348. Seiten stark, ohne die Vorreden.

1746, 416–417: J. Nihell, La Bataille de Preston, 1746.

7   Paris.

[...] Es ist für die Wohlredenheit und die Dichtkunst ein wahres Unglück, daß sie leichter als alle andern schönen Künste mißbraucht, und das Laster und die Lügen zu schminken angewandt werden können.[1]

1746, 550–551: Alexander Pope, Essai sur l'homme, 1745.

8   Lausanne.

Bousquet hat noch a. 1745. in groß 4. auf 116. Seiten gedruckt: Essai sur l'homme par M. Pope, traduction Françoise par M. S.[1] avec l'original Anglois. Man hat wohl nicht leicht eine kostbarere Auflage gesehen. Hr.

---

6   [1] Antoinette Deshoulières; ihre Gedichte besprach Haller 1731–32 in einem Judicium (s. o. S. 25).

7   [1] Vgl. 1748, 62: »Wir erfreuen uns über diese neue Auflage dieses tugendhaften, frommen und reizenden Dichters [Louis Racine], der die so schnöd mißbrauchte Dichtkunst wieder zu ihrem allerältesten Zweke zurük geruffen hat, nemlich GOtt zu loben, und die Menschen zur Tugend zu vermahnen.«

8   [1] Etienne de Silhouette.

Pope ist als eine Reliquie betrachtet worden, die man nicht zu kostbar einfassen könnte. Das Bild des Prinzen von Durlach, dem diese Auflage zugeeignet ist, die Kupfertittel bei jedem Buche, das Papier, die Schrift, alles ist im höchsten Grade wohl gewählt, und nett. Was die Uebersetzung betrift, so könte vielleicht die Critik am ersten darauf haften. Sie erreicht öfters die tiefsinnigen Absichten des Pope nicht. Was aber die Urkunde selbst angeht, so wollen wir ein einig Wort dabei sprechen. Die angenehmsten Blumen verdecken darinn ein gefährliches Gifft. Des Pope Absicht gehet dahin, den Trieben oder Instincten das Wort zu reden; und der allgemeine Saz: daß alles gut sey, was da ist, streitet mit der Vernunft so wohl, als mit der Offenbahrung. Erkennet der satyrische Pope kein moralisches Uebel? und ist dann moralisches Uebel etwas Gutes?

1746, 716: Théâtre anglais, übersetzt von P.-A. de La Place, III, 1746.

9   London (oder vielmehr Paris.)

In diesem Jahre ist der dritte Theil deß Theatre Anglois aus der Uebersetzung des M. de la Place herausgekommen. Drey Trauerspiele des Shakespear, nemlich der Tod des Cäsars, Cleopatra, und Cymbellin sind in diesem Theile mehrentheils in französische Verse übersezt. Man kan darinn die natürliche Kühnheit und Grösse des alten Engelländers mit des Voltaire politen und academischen Sitten und Redarten vergleichen, und urtheilen, welcher näher an die wahren Römischen Charactern gekommen.

1746, 737–738: Neue Beiträge zum Vergnügen des Verstandes und Witzes, III: 1–3, 1746.

10   Bremen.

In Saurmanns Verlag sind in diesem Jahre von dem dritten Bande der beliebten neuen Beiträge zum Vergnügen des Verstandes und Witzes drei Stücke herausgekommen. Sie bestehen, wie die vorhergehenden, aus kleinen ungebundenen, mehrentheils moralisch- und satirischen Ausarbeitungen; und aus kleinen Gedichten, worinn Feuer, Verstand, Natur und Artigkeit herrschet. Der Versuch eines deutschen Wörterbuchs[1] im ersten Stükke ist eine wohlausgesonnene Satire. In verschiednen Oden finden wir den Geist Anakreons und Gleims. In dem Gedichte von der Freude der Geschöpfe über ihren Schöpfer[2] sind die Verse nach dem lateinischen Sylbenmaaß eingerichtet, und klingen bei ihrer Ungewöhnlichkeit gar nicht unangenehm. In den folgenden Stücken findet man mehr Proben von dieser

---

10 [1] Von Rabener.
    [2] Von Joh. Adolf Schlegel.

Nachahmung der Alten. Im zweiten Stücke steht Herrn Straubens Gedicht von der Vortreflichkeit der Dichter, die schwer zu lesen sind, aber ohne die vorigen Anmerkungen. Es ist eigentlich eine Vertheidigung eines Dichters, den eine eigene Secte in Leipzig einer unverständlichen Dunkelheit, eines Mißbrauches der Mittelwörter, und einer Provincial-Sprache beschuldigt gehabt.[3] Neben einigen zärtlichen Gedichten ist auch ein ernsthafftes wieder die Wünsche[4] eingerückt. Im dritten Stücke haben wir eine gute moralische Schrift von der Großmuht,[5] ein paar artige nach dem Französischen nachgeahmte Lieder unter der Person eines Wohllüstigen,[6] einige Uebersetzungen aus dem Horaz,[7] und ein critisches Gedichte an Hrn. G . . r[8] angemerkt, welches leztere gewissen Personen mißfallen wird, die von ihren eigenen Verdiensten um die deutsche Sprache vollkommen überzeugt sind.[9]

1746, 817: Neue Beiträge zum Vergnügen des Verstandes und Witzes, III: 4, 1746.

11   B r e m e n.

Von den hier und in Leipzig herauskommenden beliebten neuen Beiträgen zum Vergnügen des Verstandes und Witzes ist kürzlich das 4. Stük vom dritten Bande heraus gekommen. Es besteht von wenigen Stücken. Den Anfang macht ein wohlgerathenes moralisches Gedicht von der Zärtlichkeit.[1] Darauf folget das satyrische Testament, des noch im Tode losen Swifts.[2] Bei den Gedichten vom Erlöser[3] und der Kürze des menschlichen Lebens[4] sind das angenehme und das wahrhaftig Nüzliche mit einander verbunden.

---

10 [3] Dieser Dichter ist Haller selbst, der hier gegen die Kritik der Gottschedianer in Schutz genommen wird. Auszug bei Hirzel S. CCXXX.

[4] ›Wider die Wünsche der Menschen‹ von Cramer oder J. A. Schlegel.

[5] ›Betrachtungen über die Großmuth‹ von Cramer.

[6] Vgl. das Inhaltsverzeichnis bei Christel Matthias Schröder, Die Bremer Beiträger, Bremen 1956, S. 137.

[7] ›Der Tod‹ (Horaz, Od., II, 14) von Giseke und ›Der blandusische Quell‹ (Horaz, Od., III, 13) von Ramler.

[8] Von Giseke; Goedeke vermutet Gärtner als Adressaten.

[9] Anspielung auf Gottsched. Vgl. die Besprechung von Gottscheds *Sprachkunst (GGA, 1749 *29 f.)* und zur Vorgeschichte dieser Rezension: Th. W. Danzel, *Gottsched und seine Zeit.* Leipzig 1855, S. 229 ff.

11 [1] ›Schreiben über die Zärtlichkeit in der Freundschaft‹ von Giseke.

[2] ›Geheime Nachricht von D. Jonathan Swifts letztem Willen‹ von Rabener.

[3] ›Der Erlöser‹ von Cramer.

[4] ›Von den Klagen über die Kürze des menschlichen Lebens‹ von Matth. Gerhard Spener.

12   H a l l e.

Hemmerde hat mit vorgeseztem Jahre 1747. gedruckt Samuel Gotthold
Langens Horazische Oden, nebst Georg Friedrich Meyers Vorrede von
dem Wehrt der Reime, in 8. auf 174. Seiten. Endlich bricht die ächte Dichtkunst in Deutschland durch die Hindernisse durch, die das Vorurtheil, die
Mittelmäßigkeit und die Gewohnheit ihr vorgelegt gehabt. Die matten
und gedankenlosen Linien, die Reime, worinn man das Wesentliche der
Verse gesezt, die furchtsame Enthaltung neuer Worte, Gedanken, Schwünge und Silbenmasse, alle diese Ursachen der Verächtlichkeit bei den meisten
deutschen Dichtern, verfallen in ihre verdiente Geringschätzung. Die mit
lauter Lästerungen streitende und einer wahren Critik unfähige Zunft
kleiner Geister[1] verstummt mehr und mehr, und die glänzenden Beispiele
der neuesten Dichter verdringen die schläfrigen Gesetze der Mechanischen
Poesie. Gleim hat angefangen, Verse zu machen, daran man den Reim
nicht vermißt, seine scherzende Muse hat dem Neide selber den critischen
Dolch mit Lächeln ausgewunden. Hr. Lange folgt dem glüklichen Beispiele.
Er zeigt in den Oden, die wir vorhaben, daß der Gedanke, daß das wohl-
gewählte Beiwort, daß der gesuchte und dennoch wahre Ausdruk, daß die
Rührung den Vers macht, und nicht gezählte Silben, oder gleichlautende
Buchstaben. Die Höhe und Stärke seiner männlichen Dichtkunst ist gleich
entfernt von der schwachen Spitze des Epigramms, und dem Gelalle der
gewöhnlichen Schlaflieder, die man uns so lange mit guter Würkung vor-
gesungen. Hr. L. hat nicht nur den Reim verbannt, sondern auch das Silbenmaaß nach dem Römischen eingerichtet, welches die sonst gleichfalls
den Reimen verachtenden Engelländer und Italiäner nicht gewagt haben.
Dieses neue Silbenmaaß wird anfangs vielen etwas ungewöhnlich vorkommen: aber die Stärke der Gedanken und mehrere Beispiele werden
auch die verwöhnten Ohren bald zu den neuen Schönheiten eines verän-
derten, nicht monotonischen, und dennoch durch seine Gesetze eingeschränkten Maasses, eben so empfindlich machen, als sie bei den Römern
und Griechen gewesen. Der liebenswürdigen Gattin des Hrn. L. angenehme und natürliche Gedichte, und des nunmehr würdigen Prof. zu Halle,
Hrn. Meyers, gründliche Vorrede wider den Nutzen der Reime, sind würdige Zugaben dieser vortreflichen Gedichte.

---

12 [1] Anspielung auf Gottsched und seinen Kreis.

13   Zürch.

Heidegger und Comp. haben im 1746. Jahre verlegt: Vom Natürlichen in Schäfergedichten, zweyte Auflage, Octav 160. Seiten. Diese schalkhafte Schrift ist eine unaufhörliche Ironie, worinn das platte und pöbelhafte in einigen neuen Schäfergedichten auf verschiedene und allemal lebhafte Art aufgezogen wird. Bald sind es blosse Sammlungen von niederträchtigen Stellen in denselben, dann ein aus eben dergleichen Ausdrücken zusammengestoppeltes Gedichte; ein Schäferspiel nach dem Maaßstabe der elenden Scribenten[1] u. s. f. Ein gewisser Gelehrter in L.[2] muß dabei theils wegen seines Geschmackes, theils wegen seiner Arbeiten hin und wieder leiden. Dieses sind die Früchte der Almanachen, und der Tintenfäßgen.[3] Doch ist zwischen leztbenannten Schriften, und der itzigen, ein unendlicher Unterscheid. In dieser sind unangenehme Wahrheiten, aber auf eine verstekte, witzige, und niemals grobe Art gesagt. In jenen hat man sich keine Mühe genommen, der Lästerung eine Larve vorzugeben.[4]

1747, 67–68: Der Maler der Sitten, I, II, 1746 (Neuausgabe der Diskurse der Malern, hrsg. von Bodmer und Breitinger).

14   [Zürch.]

Orell hat im vorigen Jahr gedrukt: Die Mahler der Sitten, neu übersehen, und stark vermehret. Erster Theil, 611. Seiten. Zweiter Theil, 674. Seiten, in Octav. Es ist bekannt, daß schon vor fünf und zwanzig Jahren einige gelehrte und aufgewekte Köpfe in Zürch ein Wochenblat heraus gegeben, welches auf die Verbesserung der Sitten und des Geschmackes abgesehen gewesen. Die Schweitzerische Sprache war aber vielen Lesern darinn ein Anstoß, und hin und wieder gieng ein Scherz gar zu persönlich auf gewisse eigene, und nicht allen bekannte Umstände. Der scharfsinnige Herausgeber

---

13 [1] Christian Ludwig Liscow, *Die Vortrefflichkeit und Notwendigkeit der elenden Scribenten, gründlich erwiesen,* 1734.

[2] Gottsched in Leipzig.

[3] *Neuer kritischer Sach-, Schreib- und Taschenalmanach auf das Schaltjahr 1744,* hrsg. v. J. J. Schwabe; *Volleingeschanktes Tintenfäßl...,* von J. J. Schwabe. Beide Schriften griffen Hallers Gedichte an, vgl. Hallers Brief an Gemmingen, März 1772 (Hirzel S. 399).

[4] Vgl. Haller in *GGA,* 1747, 228: »Man beklagt sich über die Grobheit gewisser Kunstrichter, und weiset sie auf das höfliche Exempel der Sachsen. Waren denn die Belustiger, der Almanach, das Tintenfäßgen höflich?« *(Belustigungen des Verstandes und Witzes,* hrsg. von J. J. Schwabe, 1741 ff.).

hat beiden Fehlern abgeholfen. Die Schreibart ist bis auf einige wenige Stellen nicht undeutsch, sondern fliessend und reich, und die leztere Art von Stücken sind fast durchgehends ausgelassen. Zu den verbesserten alten sind viele neue ausgefertiget, die zur Critik mehrentheils gehören. Neukirch, Hofmannswaldau, und einige noch lebende Gegner der Schweitzer finden hier ein aufrichtiges Verzeichniß ihrer Fehler. Unter den vielen deutschen Wochenblättern werden an Stärke und Gründlichkeit der Gedanken und Schlüssen wenige sich mit diesen vergleichen wollen, da zumal sie nun mehr mit dem angenehmen gezieret sind.

1747, 574–575: Friedrich von Hagedorn, Oden und Lieder, 1747.

15   Hamburg.

Bohn hat in diesem Jahre auf 276 Seiten in groß Octav sehr sauber gedrukt: Oden und Lieder in fünf Büchern. Ungeacht der Hr. V. sich nirgend genennet hat, so ist es dennoch ein leichtes, des Hrn. v. Hagedorn Feder zu erkennen. Das vollkommen ausgebildete Wesen seiner Verse, und sein überall, durch eine gründliche Kenntniß der alten und neuen besten Schrifftsteller in den schönen Wissenschaften, unterstüztes körnichtes Wesen, verräht alle seine Arbeiten. In der izigen Auflage dieser Gedichte erhalten wir fünf Bücher. Das erste ist mehrentheils aus dem Horaz oder aus einigen der besten neuen Französischen Lieder nachgeahmt. Im zweyten stehen muntre und öfters solche Lieder, die zum gesellschaftlichen Vergnügen aufweken: und man findet wieder einige Nachahmungen Französischer Lieder darunter. Im dritten trifft man einige reimlose Anacreontische Lieder an: einige triolets: einige reizende Abbildungen der Landlust: und ein bäurisches Lied voll Schalkheit, Feuer, und anständiger Einfalt. Im vierten stehen lauter verliebte Gedichte, wo Reiz, und Anmuht überall herrschen. Das fünfte ertheilt viele würkliche Oden, von allerley Vorwürfen: der Wein, der Morgen, und verschiedene satyrische Stüke werden darunter die Augen aller Kenner an sich ziehen. Den Schluß macht des Hrn. Eberts Uebersezung zweyer Abhandlungen des Hrn. la Nauze,[1] worinn er von den Liedern der alten Griechen und insbesondre von Trinkliedern gehandelt hat. Die wohl ausgelesenen Zierrathen sind von alten Marmorn und Münzen hergenommen: und in der Vorrede giebt Hr. v. H. sein Urtheil über die Lieder verschiedener heutigen Völker.

---

15 [1] L. Jouard de la Nauze, *Deux mémoires sur les chansons de l'ancienne Grèce,* übersetzt von Joh. Arnold Ebert.

*1748, *757–758: Neue Beiträge zum Vergnügen des Verstandes und Witzes, IV: 4, 1748.*

16   B r e m e n u n d L e i p z i g.

Wir haben das vierte Stük des vierten Bandes der Neuen Beyträge zum Vergnügen des Verstandes und Wizes nicht durchlesen können, ohne dem Leser unsre Gedanken von dem darinn enthaltenen Anfange zu einem Heldengedichte bekannt zu machen. Es sind drey Gesänge davon hier zu lesen, das übrige soll gleichfalls schon fertig sein, und der bescheidene Verfasser hat es nur aus einem löblichen Mißtrauen zurükbehalten, biß er die Meinungen der Kenner darüber eingesamlet haben wird. Die Verse sind nach dem Römischen Silbenmaaß in Hexametern ohne Reimen. Uns ist diese neue Art von Deutschen Versen gar nicht anstößig, ob wohl andre sein mögen, denen die vielen Dactylen hüpfend, und die Spondeen holpricht vorkommen. Wir lassen uns dadurch gar nicht hindern, eine ungemein nachdrükliche, poetische, und erhabene Kraft in den Ausdrüken durchgehends zu finden, die wir in unserer Sprache noch selten so Miltonisch und so vollkommen bemerket haben. Die Gesänge, die wir gelesen, sind hauptsächlich mit den Thaten und Gedanken der guten und bösen Engel angefüllt, die freylich einen natürlichen Anlaß zu erhabenen Bildern geben. Der Titel ist der Messias und der Verfasser Hr. Friedrich Gottlieb Klopstock.

1749, 201–203: Samuel Richardson, Clarissa, 3. Teil der deutschen Übersetzung von Joh. David Michaelis, 1749, u. Clarissa (engl.), I–VII, 1748.[1]

17   G ö t t i n g e n.

Der dritte Theil der übersezten Clarissa ist bey Vandenhoeck neulich fertig worden, wovon in Holland eine Französische Uebersetzung unter der Presse ist, und die Englische Urkunde ist uns nunmehr volständig in sieben

---

16 * Als Ergänzung zu den bei Guthke, *Haller und die Literatur*, S. 51 genannten Indizien für Hallers Autorschaft vgl. H. T. Betteridge, Klopstock's Correspondence with Albrecht von Haller. In: Modern Language Review LVIII (1953) S. 377–390, bes. S. 380–381: Werlhof schickte Haller am 23. Aug. 1748 nicht näher bezeichnete Klopstock-Verse, am 29. Aug. erschien Hallers Besprechung des *Messias*, am 30. Aug. schrieb Werlhof Haller einen Brief, den man als Stellungnahme zu dieser Rezension bzw. zu ähnlichen brieflich geäußerten Gedanken auffassen kann. Betteridge hält Hallers Autorschaft für erwiesen, auch Hirzel S. CCXCVI. Andere Teile der *Beiträge* besprach Haller 1746, 737, 817.

17 1 In Hallers *Kleinen Schriften*, 2. Aufl., Bern 1772, I, S. 313 als Hallers Eigentum ausgewiesen.
Wegen der z. T. wörtlichen Übereinstimmungen wird auch die Rezension

Bänden zu Handen gekommen. Wir sagen nichts, als was die ganze, sonst eben nicht leicht zu gewinnende Englische Nation sagt, wann wir die Clarissa für ein Meisterstück in der Abschilderung der Sitten, der Art zu denken und sich natürlich, und dennoch wizig auszudrüken ansehen. Ohne die geringste unwahrscheinliche Ebentheuer wird die Aufmerksamkeit der Leser ganze sieben Bände durch nicht nur erhalten, sondern beständig vermehrt. Eine jede Linie, so natürlich sie scheint, hat Leben und Feuer, das man bewundern würde, wenn nicht alle Linien gleich wären. Unter den vielen Gemühts-Charactern der mit in dem Drama begriffnen Personen ist nicht einer, der nicht unveränderlich durch das ganze Werk herrschet und sich erhält, so daß wir eben nicht für schwer halten, bey einer jeden Seite zu sagen, welche Person den Brief geschrieben habe. Das rührende, traurige, bewegliche und entzükende sind im fünften, sechsten und siebenden Theile, und sonderlich auf dem Todtbette der Clarissa so gehäuft, daß wir die Würkung des unwiederstehbaren Pathos auch auf den unempfind-lichsten Gemühtern gesehen, und Augen geweint haben, die bey wahren Unglüken ihrer Freunde beständig trocken geblieben sind. Es ist wahr, das Unglük, das der tugendhaften Hauptperson der Geschichte begegnet, scheint dieselbe zu erniedrigen, und hat für einen etwas feinen Geschmack fast etwas wiederstehendes. Aber der Verfasser hat dessen ungeachtet die

17 von Band I und II der *Clarissa*, 1748, in *GGA* 1748, *274–275, auf Hallers
    Konto zu setzen sein; sie lautet:
    Die Bücher, die in ihrer Art einen Vorzug haben, verdienen unserm Be-
    dünken nach allemahl eine Stelle in einer gelehrten Zeitung, wann schon
    der Vorwurf derselben nicht unmittelbar in die Wissenschaften einschlägt.
    Wir tragen daher kein Bedenken, einen neuen vermuhtlichen Roman zu
    berühren, der in London unter dem Titel Clarissa or the history of a young
    lady im vorigen Jahre herauszukommen angefangen. Die zwey ersten
    Theile sind für den Buchh. Richardson auf 312. und 310 Duodezseiten ab-
    gedrukt, und zwey andre sollen nachfolgen. Dieser Richardson ist bekannt-
    lich der Herausgeber, und einiger Meinung nach, auch der Verfasser der
    beliebten Pamela, und die Clarissa schreibt sich auf dem Titel von der
    gleichen Feder her, welches uns auch aus der Art zu schreiben und zu
    denken, und aus der Einrichtung der Clarissa wahrscheinlich vorkömmt.
    Doch können wir nicht läugnen, daß wir der jüngern Schwester einen Vor-
    zug vor der ältern geben. Sie ist noch viel wiziger, sie verfällt nicht in
    ernsthafte und trokne Regeln, sie hat insbesondre sich keine solche Fehler
    wieder die Schaamhaftigkeit vorzuwerfen, als wohl die Pamela bey ihrer
    sonst guten Absicht sich zur Last hat legen lassen müssen. Die Charactere
    sind zahlreicher, lebhaft abgemahlt, vollkommen wohl erhalten, und durch
    der Personen eigene Reden wizig und dennoch natürlich ausgedrukt. Sonst
    bestehen die Theile, die wir gesehen haben, aus Briefen, die zwey ledige
    Frauenzimmer einander zugeschrieben, wann man einige wenige aus-
    nimmt, die von dem Liebhaber der einen Fräulein herkommen. Es bleibt,

Heldin in eine solche Erhabenheit wieder zu bringen gewußt, die fast mehr bey den Engeln als bey den Menschen ist. Der unglükliche Ausgang der strafbaren Personen, und zumahl der unzeitige Tod der Clarissa hat in Engelland einige wiedrige Urtheile erwecket. Aber das solte eine Warnung sein, und die langen Leiden der Fräulein sollten zur Lehre dienen, daß ein Frauenzimmer sich niemahls wegen der gehoften Besserung der Treue eines unordentlich lebenden Liebhabers übergeben, Eltern aber ihre Kinder zu keiner unangenehmen Heyrath auf eine harte Art zwingen sollen. Die Belohnung der Tugend ist auch an der Fräulein Howe, dem edelmühtigen und vernünftigen Belford, und selbst an der sterbenden Clarissa ohne romanenhafte Geschichte beobachtet. Es ist fast, bey so vielen Vorzügen, nicht mehr ein Ruhm, wann wir beyfügen, daß die Clarissa ein Muster der neuesten reinsten und zugleich der wizigsten und blumenreichesten Englischen Schreibart ist, und wegen dieses Verdienstes auch in ernsthafter Leute Büchersammlung einen Plaz hoffen kan. Der hiesige geschikte, lebhafte und fähige Uebersezer trägt alle mögliche Sorge, daß in der Deutschen Schreibart alle die Schönheiten beybehalten werden mögen, die man nur immer aus einer Sprache in die andre übertragen kan. Uebrigens ist ein unbilliger, unsauberer und fehlhafter Nachdruk in Frankfurt herausgekommen, der die Fehler fast aller Nachdrücke vereinigt an sich hat.

---

17   wegen dieser Einrichtung eben der Vorwurf gegen die Clarissa, den man wieder die Pamela gemacht, wie nemlich bey einer beständigen Aufsicht ihrer Verfolger das Frauenzimmer das Herz gehabt, und die Zeit gefunden, so viele, und so lange Briefe zu schreiben. Doch der Verfasser hat kein ander Mittel gewußt, die vielen besondern kleinen Begebenheiten und Unterredungen lebhaft und umständlich abzuschildern, welches freylich ganz unwahrscheinlich wäre, wann sie nicht unmittelbar zu Papier gebracht würden. Die ganze Geschichte hat sonst zur Absicht zu zeigen, daß die Eltern ihre Kinder nicht leicht zu einer ihnen unangenehmen Heyraht zwingen sollen; und daß hingegen ein Frauenzimmer sich vergeblich schmeichelt, wann sie die üppigen Ausschweiffungen eines unordentlichen Liebhabers in eine eingezogene Aufführung durch ihre eigne Verdienste und Liebesbezeugungen zu verbessern hoffet. In den zweyen ersten Theilen wird die erste Absicht erhalten, indem die hartnäkichte Entschliessung einer Familie eine tugendhafte Fräulein wieder alle ihre eigne Einsicht und Sittsamkeit zwingt, sich in die Arme eines hizigen und wegen seiner Sitten übel angeschriebenen Liebhabers zu werfen. In den übrigen Theilen werden die unglüklichen Folgen dieses verzweifelten Entschlusses vorgestellt werden. Es ist sonst die genaueste Wahrscheinlichkeit beobachtet, und nicht das geringste Romanenhafte Wesen in den Begebenheiten eingemischt. Dieses angenehme Buch wird hier von Personen, die der Englischen Sprache vollkommen mächtig sind, übersezt, und in Vandenhoeks Verlag auf die nächste Messe an Tag kommen.

18   [Göttingen.]

Von der übersezten Clarissa ist diese Ostermesse der fünfte Theil auf 878. und der sechste auf 838 S. abgedrukt worden. Dieser und der lezte Theil (der auf die nächste Messe nachfolgen wird,) sind lebhafter und stärker an Gedanken, Ausdruck und Mahlerey als die vier ersten. Das der Clarissa begegnete und für ein so himmlisches Frauenzimmer fast alzu demüthigende Unglück ist vielleicht die Ursache, worum in Frankreich ein sonst so ausnehmendes Buch noch keinen Eingang gefunden hat. Die Geschichte ist aber mit der Schwachheit der Fräulein, die sich einmahl von einem freydenkenden und freylebenden Jüngling entführen lassen, mit dem heftigen Gemüthe des Lovelace, und mit dem nur alzuwahren Verderben, das in London regiert, so verknüpft, daß sie zwar eine Unzufriedenheit bey einem tugendhaften Leser, aber keinen Zweifel an der Wahrscheinlichkeit erwecken kan. Es ist überdem wie eine Dissonanz in einer künstlichen Music, die das nachfolgende vortrefliche erhöhet.

1751, *848: Hedvig Charlotta Nordenflycht, verschiedene Gedichtbände

19   Stokholm.

Salvius hat verschiedene Sammlungen der Gedichte der Frau Baronesse Hedwig Charlotte Nordenflycht gedrukt, die wir um destomehr Ursache haben, dem Leser anzupreisen, je seltener es auch noch zu unsern Zeiten ist, daß ein Frauenzimmer eine wahre Stärke in der Dichtkunst besizt. Die Werke, die zu unsern Händen gekommen, sind den sörgande turturdufwan, 1743. 8. Quinligit tankespel af en herdinna i Norden, 1744. 8. Quinligit tankespel för ahr 1745. 4. mit dem Nahmen der Frau Verfasserin Den frälsta Swea i fem songer, 1746. 4. Quinligit tankespel för aren (oder oren) 1746. och 1747. 4. Quinligit tankespel för aren 1748. 1749. och 1750. auch 4. Alle diese Sammlungen zusammen machen eine grosse Anzahl wohlfliessender, natürlicher und angenehmer Gedichte aus, deren Inhalt so mannichfaltig ist, daß wir sie fast in keine Classen bringen können, und man findet auch reimlose Aufsätze darunter vermischt. Wir sind wohl nicht die bündigsten Richter über die Vorzüge einer Schwe-

---

18 [1] Vgl. Anm. 1 zur Rez. 1749, 201. Der 4. Teil ist 1749, 570 besprochen (von Haller?), der 7. Teil wird 1750, 898 kurz erwähnt (von Haller?).

19 * Grund für die Zuschreibung: Nordenflycht an Haller, 4. Febr. 1752 (Burgerbibliothek Bern, Mss. Hist. Helv. XVIII, 11, No. 19a) erwähnt Hallers Besprechung ihrer Gedichte.

dischen Dichterin. Soviel wir aber von dieser Nordischen Sprache verstehen, die einige von der Deutschen verschiedene Geseze in Reimen erkennt, und z. Ex. den Abschnitt in der Mitte des Verses nicht für nöhtig
ansieht, so finden wir hier eine Kenntniß der Sprachen, der Welt und des
Hofes, einen leichten Schwung der Gedanken, einen unschuldigen Scherz,
eine natürliche Anmuht in den Hirtengedichten, und also sehr viele Vorzüge, die auch bey dem sogenannten stärkern Geschlechte ganz einzeln
anzutreffen sind, und die unsre Hochachtung gegen die edle Dichterin zu
einer Schuldigkeit machen.

1753, 235–237: J. J. Rousseau, Erster Discours, o. J.

20   G e n f.

Unter diesem Titel ist des Hr. Rousseau, der aus dieser Stadt gebürtig ist,
Discours qui a remporté le prix a l'acad. de Dijon en l'année 1750. sur
cette question proposée par la meme Acad. si le retablissement des sciences
& des arts a contribué a epurer les moeurs, irgendwo in Deutschland auf
52 Octavs. abgedrukt. Es ist viel Feuer und Wiz in dieser Satyre wieder
die Wissenschaften, aber gewiß, ungeachtet man sie gekrönt hat, eben
so viel Unbeständigkeit und Widerspruch. Gleich anfangs klagt der M. R.
die Verstellung und falsche sogenannte politesse an, die allen
Menschen die gleiche äusserliche Gestalt, und allen das Ansehen
der Tugend ohne das Wesen giebt. Aber dieses sind Fehler des
Hoflebens, wovon die Gelehrten nur alzusehr befreyt, und mehrentheils
gar nicht unter der Anklage sind, ihre Leidenschaften gar sehr verbergen
zu können. Hierauf kömmt die gewöhnliche Anmerkung, daß Griechenland, Rom und Constantinopel zu gleicher Zeit lasterhaft und gelehrt
gewesen sey, daß Sparta die Tugenden ohne die Wissenschaften, und
Athen diese ohne jene besessen habe, und daß überhaupt die ungelehrten
Völker, wie die Barbaren den Chinesern, den gelehrten überlegen gewesen
sind. Diese Anmerkung ist erstlich historisch unwahr. Die gelehrten Griechen haben die ungelehrten Perser, die höflichen Römer unter dem Cäsar
alle andern Völker überwunden, und sind dann die Asiaten, die Africaner,
die Wilden solche Kriegsleute, davor sich unsre Europäer zu fürchten
haben, ob wohl unter diesen ein Kleist dichtet, und ein Buffon die Thiere
beschreibt? Es ist aber auch nicht einmahl wahr, daß die Blühte der Wissenschaften mit dem Verfall der Sitten übereinkomme. Rom war unterm
Nero viel lasterhafter als unterm Cäsar, aber wie viel schlechter waren
seine Dichter, und seine Redner? War Persien nicht wollüstiger als Griechenland, und deswegen doch ungelehrt? Ist Frankreich unter Carl dem
IX. und Heinrich dem III. nicht eben so verdorben gewesen, ungeachtet
damahls Ronsard der beste Dichter war? Und ist dann endlich würklich

etwas wahres in der gewöhnlichen Klage über die Verdorbenheit der izigen Zeiten? Sind diese Klagen nicht allemahl geführt worden? Waren die Italiäner in den mitlern Zeiten bey ihrer Unwissenheit minder verbuhlt, minder ungerecht und grausam, oder waren sie dieses alles nicht noch mehr als izt? Das einzige, was der Hr. R. gegründet klagt, ist wohl der überhandnehmende Unglaube, daran viele Gelehrte einen grossen Antheil haben. Aber eben diesem Uebel kan niemand als die Gelehrtheit wiederstehn, und die Entdeckung der Weisheit GOttes muß ja eher zu seiner Verehrung führen, als die tumme Blindheit über die Werke der Natur, die dem Hrn. R. so wohl gefällt. Daß der Ackerbau über den Wissenschaften versäumt werde, ist eine ungerechte Klage. Wie viel haben die nüzlichen Künste der Chymie, der Sternenkunde, der Geometrie nicht zu verdanken, und eben der Ackerbau, wie sehr wird er durch die Kräuterkenntniß aufgeheitert. Eine neue Ausschweiffung führt unsern Redner auf den verdorbenen und geschwächten Geschmak der Franzosen, die sich von ihrem Frauenzimmer den Geschmak vorschreiben lassen. Ist dieses Uebel aber einer alzustarcken Macht der Wissenschaften zuzuschreiben, oder vielmehr einer alzu schwachen? Wann er ferner unsre heutigen Kriegsleute beschuldigt, sie seyen zwar tapfer, aber kein Ungemach auszustehen fähig, so ists uns unmöglich abzusehen, wie diese Weichlichkeit den Wissenschaften könne zugeschrieben werden. Endlich wiederspricht sich der Hr. R. aufs deutlichste, und nachdem er lang genug die Gelehrtheit als die Ursache des algemeinen Verderbens verdammt hat, so räht er den Königen an, die Gelehrten an ihre Höfe und in ihre Cabinette zu ziehn, auf daß nicht immer, wie er sagt, die Macht an einer Seite, und die Einsicht an der andern seye.

1753, 305–306: Gottscheds Besprechung von J. Fr. v. Bielfelds Progrès des Allemands dans les sciences, les belles lettres et les arts, particulièrement dans la poésie et l'éloquence, Amsterdam 1752, und von William Lauders An Essay on Milton's Use and Imitation of the Moderns in his »Paradise Lost«, London 1750.

21   B e r l i n.

Ein ungenannter hat uns eine Vertheidigung des Hrn. von Bielfelds wieder das Gottschedische Urtheil im neuesten aus der anmuhtigen Gelehrsamkeit[1] zugeschikt, um sie unsern Blättern einzuverleiben. Da wir dieses nicht thun können, und uns zum Geseze gemacht haben, niemahls blosse

---

21 [1] 1752, No. 9, S. 677 ff.; No. 11, S. 887 ff. Das 7. Kapitel des *Progrès* ist Haller gewidmet, der hier sehr gelobt wird, was Gottsched in seiner Rezension bemängelte (Auszüge aus dem *Progrès* und aus Gottscheds Kritik bei Hirzel S. 289 f.).

Vertheidigungen auch nicht für uns selber einzurücken, so sind wir doch neugierig geworden, das Buch selber zu sehen, darinn die so wohlgesinnte Vertheidigung der Deutschen so übel aufgenommen wird. Es ist deutlich, daß es geschehen ist, weil man auf dem Parnaß dem Hrn. G. nicht den rechten Rang eingeräumt, und unter den Sprachlehrern ihm einen angewiesen hat, der ihn zu niedrig dünkt, und er hingegen von andern Leuten, die ihm verhaßt sind, nicht geglaubt hat, daß sie genennt zu werden verdienen. Die Wiederlegungen selbst sind so beschaffen, daß der Hr. v. Bielfeld weder unsrer, noch einer fremden Vertheidigung bedarf. Dann was Hr. G. weitläuffig von der Menge der deutschen Schauspielen sagt, ist in so weit kein Wiederspruch. Der Hr. von B. hat nicht von Schriftstellern von dieser Classe geschrieben, und gute Lustspiele lassen sich in Deutschland noch zählen, sehenswerthe Trauerspiele aber sind so einzeln, daß sich ein Deutscher darüber ordentlich betrüben möchte, wann wir nicht Deutschland damit entschuldigten, daß seine grossen Herren noch niemahls eine deutsche Schaubühne, und folglich die deutschen Schauspiele-Schreiber, genugsam aufmuntert haben. Bey dieser Gelegenheit haben wir die alte Art zu denken des Hr. G. in ihrer völligen Stärke angetroffen, der alles rühmt, was von seiner Secte ist, und alles schilt, was nicht dazu gehört. Ist es möglich, den Hermann der Henriade vorzuziehn,[2] und was gehört zu diesem Urtheil für eine Herzhaftigkeit? Der Hr. G. meint den Milton zu verkleinern, indem er Lawders Anklage wiederholt.[3] Und weiß er dann nicht wenigstens aus Journalen, aus dem monthly review und aus unsrer g. Z., daß Lawder ein überwiesener Betrüger ist, der schon. längst gestanden hat, daß er theils dem Milton englische Verse angedichtet, die mit bekannten Lateinischen übereinkommen, und theils wieder den Lateinischen Dichtern Verse angehängt hat, die den Miltonischen ähnlich sind?[4] Auch unserm H. v. Haller, dem alten Vorwurfe seines Unglimpfs, wirft er wieder eine Thorheit vor, die nicht den Anschein der Wahrheit hat.[5] Der Hr. v. Haller hat den Hrn. Bernhard Tscharner, den Uebersezer seiner Gedichte, einen mit den grösten Vorzügen des Glüks

---

21 [2] *Hermann oder das befreite Deutschland* von Christoph Otto v. Schönaich 1751; über Voltaires *Henriade* hat Haller sich von früh an mehrfach geäußert (vgl. bes. oben S. 19, 27 u. unten Seite 189).

[3] *Das Neueste aus der anmutigen Gelehrsamkeit*, 1752, No. 4, S. 260 ff. Lauder bezichtigte Milton des Plagiats an mehreren Schriftstellern, was Gottsched in seiner Polemik gegen die Schweizer Miltonverehrung gelegen kam. Vgl. auch K. S. Guthke, Friedrich von Hagedorn und das literarische Leben seiner Zeit im Lichte unveröffentlichter Briefe an Johann Jacob Bodmer. In: Jahrbuch des Freien Deutschen Hochstifts 1966, S. 93.

[4] Lauders Widerruf hat den Titel *A Letter to the Reverend Mr. Douglas, Occasioned by his Vindication of Milton*, 1751.

[5] Gottsched unterstellte anläßlich der in Bielfelds Buch gedruckten Haller-

vor allen Versuchungen zu einer erkäufflichen Feder gesicherten Edelmann, nie gesehen noch gesprochen. Die Uebersezung ist weder in Göttingen geschrieben, noch von unserm Lehrer veranstaltet worden, und
dergleichen elende Wege sich zu helfen solte man niemanden zuschreiben,
von dem man nicht die völligste Gewisheit hätte, daß er dieselben mehr
gegangen wäre. Unser Hr. von H. hat bloß verlangt, daß die Uebersezung unter seinen Augen gedrukt würde, um etwa seinen Sinn, wo er
nicht getroffen wäre, besser ausdrücken zu können. Und die Lionische
Auflage soll der jüngere Racine übersehen, und hin und wieder verändert
haben.

*1753, 1184: C. M. Wieland, Abhandlung von den Schönheiten des epischen
Gedichtes ›Der Noah‹, 1753.*

22   Zürich.

Die Gebrüder Geßner haben in groß Octav auf 704 Seiten gedrukt: Abhandlung von den Schönheiten des Epischen Gedichtes der Noah von dem
Verfasser des Lehrgedichtes, die Natur der Dinge. Der Hr. Wieland, der
sich in Zürich aufhält, und in Hexametern einige wichtige Arbeiten auszuführen vorhat, zeigt hier der Welt die affectenreichen und erhabenen
Stellen des Noah, davon wir nach unserer Kürze auch einen Vorgeschmack
gegeben haben.[1] Er vergleicht dieses Gedicht mit dem Milton und Homer,
deren beyder edle Einfalt der Verfasser des Noah am meisten unter den
neuern nachgeahmet hat. Wir hoffen aber vom guten Geschmack unserer
Zeiten, es werden die Verdienste des Noah auch in unsern Zeiten, ohne
auf die Nachwelt zu warten, vernünftige Bewunderer finden. Der Hr. W.
zeigt erstlich die algemeinen Vorzüge und die Richtigkeit der Characteren.
Er beantwortet einen Einwurf, den man von der Aehnlichkeit gewisser
Geschichte des Noah, mit neueren Begebenheiten, hergenommen hat. Er
weiset, wie viel edler Noah, als die meisten anderen Heldengedichte,
durch die Erhabenheit der Sitten und die tugendreichen Characteren wird.
Er verlacht die Hässer der Engel und Dämonen, die dieses wunderbare
aus der Epopee ausschliessen wollen, und diejenigen, denen gewisse Ausdrücke, dergleichen doch im Homer häuffig sind, zu niedrig vorkommen.
Hiernächst durchgehet er das gantze Gedicht, und lieset das viele schöne
des Noah aus, dessen Gründe er zergliedert, und hin und wieder Einwürfe beantwortet. Wir wissen, daß auch Frauenzimmer diese Analyse
des Noah mit Vergnügen gelesen hat *[sic]*.

übersetzungen, Haller selbst habe seine Gedichte »vor seinen Augen in
Göttingen übersetzen und drucken« lassen (a.a.O. S. 897).

22 [1] *GGA*, 1750, *501, *695; 1752, 623. Vgl. unten S. 101.

1753, 1237: Friedrich von Hagedorn, Moralische Gedichte, 2. Aufl., 1753.

23   H a m b u r g.

Bohn hat eine zweyte Auflage der Moralischen Gedichte des Hrn. von
Hagedorn gedrukt. Wir haben sie mit der ersten von 1750. zusammen-
gehalten. Sie ist beträchtlich vermehrt, da sie anstatt 208 S. von grösserem
Papier, 334. ausmacht. Die Vermehrung besteht in einigen grössern Gedichten, worunter wir schon zu seiner Zeit den Horaz angezeigt haben,[1]
in einer ziemlich grossen Anzahl von Aufschriften und kleinern Stücken,
in einer Vorrede und in historischen Anmerkungen, womit der Hr. v. H.
mancher Stelle wahre Schönheit, den meisten Lesern faßlicher gemacht hat.
Wir sehen diese Sammlung als eine neue Ehre für Deutschland an, und
finden in derselben den scharfen und richtigen Verstand, die fleißige Ausarbeitung des Reims, den reizenden Witz, und die Liebe zur Tugend mit
einander verbunden.

1754, 160: C. M. Wieland, Der geprüfte Abraham, 1753.

24   Z ü r i c h.

Der geprüfte Abraham, ein Gedicht in 4 Gesängen. Der Verf., Hr. Wieland, hat die bekannte Geschichte mit verschiedenen Episoden erweitert,
als mit der Reise Isaacs zum Nahor, mit seiner vom Riesen Tidal ausge-
standenen Gefahr, und den ersten Funken seiner Liebe zur Rebecca, mit
der Geschichte Ismaels, und mit verschiedenen Verrichtungen und Ge-
sprächen der Engel. Er hat überall die Würde der Tugend, und der Unschuld erhoben, und manche rührende Stelle giebt seinen Hexametern
ein Leben. Ist in 4. 75 S. stark.

1754, 295–296: G. E. Lessing, Schriften, I, II, 1753.

25   B e r l i n.

Wir haben zwar bereits im vorigen Jahre S. 1409. Hrn. Leßings kleine Schriften
angezeiget: da aber indessen von einem andern Mitarbeiter dieser Anzeigen, der
jene Recension noch nicht gelesen hatte, eine anderweitige Anzeige eingelauffen
ist, in welcher das Trauerspiel, Henzi, aus den wahren historischen Umständen,
die nicht jedem so bekannt sind, beurtheilet wird: so haben wir nicht unterlassen
wollen, diese Stelle der Recension noch mit abdrucken zu lassen, die vermuthlich
unsern Lesern angenehm seyn wird.
Die Critic über des Hrn. Langens Horaz, und über den Anfang des
Meßias sind Beweise vom guten Geschmake unsers Verfassers. Die Auftritte im ersten und andern Aufzuge des Trauerspiels Samuel Henzi aber

---

23 [1] 1751, 728. Von Haller?

erfordern eine Anmerkung. Selbst wann man von alten Geschichten redet,
so wird die Beybehaltung der Characteren der Personen und Völker un-
umgänglich erfodert. Man hat allemahl den P. Corneille gerühmt, weil
er seine Römer als Römer hat reden lassen, und dem Racine hat man es
übel genommen, daß er die galanten Sitten seiner Franzosen in Alexanders
und Oedips Zeiten angebracht hat. Wann man aber eine neue Geschichte
beschreibet, davon die Hauptpersonen grossen theils noch beym Leben
sind, so hat man noch eine weit grössere Verpflichtung, die Wahrheit zu
sagen. Und hier hat der Hr. L. gar sehr gefehlt, ob wir wol ganz gerne
diesen Fehler auf diejenigen mündlichen Nachrichten zurük schieben, die
er zum Grunde des Trauerspiels gelegt hat. Wir sind aber der Wahrheit
und der Gerechtigkeit schuldig, die Characteren der unglüklichen Verschwornen nach der Natur abzuschildern, weil sie unser Dichter zum
Nachtheil einer beträchtlichen Republic verstellt hat. Es ist actenmäßig
durch die Bekenntnisse der Schuldigen erwiesen, daß Micheli Ducret, der
eben damahls schon in einem freyen Gefängnisse war, nicht der Urheber
der blutigen Rathschläge ist, die man in Bern hat ausführen wollen. Er
war, und ist noch ein Enthusiaste für die Democratie, und er gab den
Verschwornen Rähte, aber nichts so grausames. Die grausamen Anschläge
sind in Fuetters, Werniers und andrer Gehirne theils ausgebrütet und
theils gehegt worden, und Henzi hat sich denselben gar nicht wiedersezt.
Er war dabey so wenig ein Mitglied des Rahtes oder seines Amtes beraubt, als einer der andern, und sie hatten alle wol Ursache, wann es ohne
Laster hätte geschehen können, eine Veränderung ihrer Umstände zu
wünschen. Wernier's Character ist unendlich verstellt, und Micheli hat
niemahls daran gedacht, die Zusammenverschwörung zu offenbaren. Wir
wollen des Unglükes schonen, und diejenigen, die ihre Uebelthat mit
ihrem Blute bezahlt haben, in ihrem bedaurlichen Grabe ruhen lassen,
sonst könnten wir alles in ein helleres Licht setzen, und zumahl vom Henzi
ganz andre Gemühts-Eigenschaften erweißlich machen, als ihm der Hr.
Leßing zuschreibt.

*1755, 161–162: Samuel Richardson, History of Sir Charles Grandison,
3. Aufl., I–VII, 1754.*

26   London.

Ob wohl unsere Blätter nicht für Romanen sind, so verdienen doch diejenigen einen Vorzug, die aus des Hrn. Richardson's Feder fliessen, sie
sind lebhaffte und rührende Sittenlehren, so wohl als reizende und ihren
Leser fest haltende Gedichte. Wir haben die dritte im vergangenen Jahre
herausgekommene Auflage der history of Sir Charles Grandison in a
series of letters erhalten, die sieben Duodezbände ausmacht. Es ist an dem,

daß wir noch immer den gleichen, unvermeidlichen Fehler einer unwahrscheinlichen, ganze Gespräche aufzeichnenden Schreibsucht hier antreffen: auch giebt es hin und wieder kalte und den Lauf der Geschichte unnöthig aufhaltende kleine Streitgespräche. Aber die Mahlerey ist unverbesserlich, und ein so genauer Ausdruk der menschlichen Natur in ihren verschiedenen Characteren, daß wir nichts finden, das einiger massen diesem Pinsel beykomme. Marivaux ist nur ein Nachspiel dagegen. Zudem so findet man in dieser Geschichte so erhabene Tugenden am Grandison und an der Clementina: so liebenswürdige und bescheidene hingegen an Miss Byron und der jungen Emilia; so viel Thränen auspressende zärtliche Stellungen und Ausdrücke, daß wir diesem Roman eine eben so zuversichtliche Ewigkeit versprechen können, als der edelsten Poësie. Wir freuen uns, daß man in Deutschland eine Übersezung veranstaltet hat,[1] und wünschen, daß dieser Herold der Tugend in ganz Europa und in allen Sprachen seine rührenden Lehren ausbreiten möge.

1755, 863: P. J. de Crébillon, Le Triumvirat, ou la Mort de Cicéron, 1754.

27   P a r i s.

Der 81jährige Dichter Crebillon hat das Vergnügen genossen, daß sein am Ende des vorigen Jahres auf die Schaubühne gebrachtes Trauerspiel mit Beyfall aufgenommen worden. Es ist nunmehr gedruckt, und heißt le Triumvirat ou la mort de Ciceron. Crebillon macht den Octavius zum Mitbuhler des verkleideten Sextus Pompejus, und die Eifersucht treibt den jungen Cäsar an, den Cicero aufzuopfern, nachdem er gemerkt, wen die Tullia liebe. Wir streiten dem Verfasser manchen schönen Vers nicht ab, glauben aber dennoch, er habe durch und durch den Character der Hauptpersonen verfehlt. Der jüngere Cäsar ist im Ernst verliebt, er bietet sich etliche mahle dem Cicero zum Schwiegersohne an, und man kan nicht entdecken, ob er an seinem Tode schuldig seye oder nicht. Die Verkleidung des Sextus in einen Gallischen Fürsten hat etwas kleines und lächerliches: er verschont den Cäsar, und verbietet seinem Sclaven, ihn umzubringen, wieder die damahligen Sitten. Und man findet nicht den geringsten Grund, warum Cicero weder mit dem Lepidus noch mit dem Sextus Italien verlassen, aber dennoch nach Tusculum fliehen will.

---

26 [1] *Geschichte des Herrn Carl Grandison*, 1754–1759. Der Übersetzer ist vermutlich Gellert (L. M. Price, *Die Aufnahme englischer Literatur in Deutschland, 1500–1960*. Bern 1961, S. 173). Zu Hallers Interesse an einer solchen Übersetzung noch vor Erscheinen des *Grandison* (1753) vgl. Alan D. McKillop, A Letter from Samuel Richardson to Alexis Claude Clairaut. In: Modern Language Notes LXIII (1948) S. 111.

1755, 1132: Joh. Peter Uz, Lyrische und andere Gedichte, 2. Aufl., 1755.

28   Anspach.

Die neue und um die Hälfte vermehrte Auflage der Lyrischen und andern Gedichte, die neulich bey Posch in Octav auf 248 S. herausgekommen ist, haben wir mit einem Vergnügen gelesen, das nicht so gemein ist, als es für Deutschlands Ehre zu wünschen wäre. Die fliessende, reizende, und lebhafte Schreibart des Hrn. Verfassers hat etwas eigenes, und das ihn von andern Dichtern beym ersten Anblicke unterscheidet. Seine Schönheiten sind nicht epigrammatisch, sie sind im ganzen und überall gleich häufig. Die ehmaligen zwey Bücher und den Sieg des Liebesgottes hat er mit vielen vermischten Gedichten vermehrt, die hier zum ersten mahle gesamlet sind, und am Ende findet man einen Brief, in welchem der Dichter sein Urtheil über die hexametrischen Sänger, und über diejenigen ausspricht, die beym Reime und dem gewöhnlichen Schönen bleiben. Er hat selbst in seinem Frühlinge ein so unnachahmliches Muster eines nach der Strenge der Lateinischen Prosodie eingerichteten Gedichtes gegeben, daß er von den Vorzügen dieser Art vom Silbenmaasse ein fähiger Richter ist. Er ist indessen dem Miltonischen Schwunge, und der Brittischen Weise zu dichten nicht durchaus gewogen. Uns aber dünkt es ein leichtes, in einem jeden das Schöne zu fühlen, und sowohl den Schönheiten eines Noah oder Wielands, als dem einfältigern Reize eines einnehmenden Gellerts oder den feurigen Schwüngen unsers Lyrischen Dichters Gerechtigkeit wiederfahren zu lassen.

1756, 26: Voltaire, La Pucelle d'Orléans, 1755.

29   Löwen.

Unter diesem falschen Nahmen ist 1755 in Duodez auf 161. Seiten abgedruckt La pucelle d'Orleans, poeme divisé en quinze l. [livres] par M. de V. Dieses Scherzgedicht ist nicht vor dreißig Jahren aus der Feder seines berühmten Verfassers geflossen, es enthält die viel neuere Geschichte der Cadiere, und der M. de P.[1] und aus gar vielen Zügen kan man gegründet muthmassen, es seye in Berlin geschrieben worden. Die Feder des Dichters, von welchem es stammt, läßt sich nicht verleugnen, ob wohl hin und wieder schlechte Reime, und Fehler stehn, die leicht zu vermeiden gewesen wären. Es ist ein noch unvollkommenes Scherzgedicht über die bekannte Ieanne d'Arc in einem besondern Geschmacke, der noch mit des Grafen

---

29 [1] Im zweiten Gesang der *Pucelle* spricht Voltaire spöttisch über die Marquise de Pompadour und den Skandalprozeß um den Jesuiten Girard (Toulon 1731), der mit einer Mademoiselle Cadière, seinem Beichtkind, Unzucht getrieben hatte.

Forteguerra Ricciardetto² sich am besten vergleichen läßt. Freylich herrscht überall die Wollust, und zum Theil eine solche Art davon, die den Verfasser zwingt, sein muthwilliges Kind zu verleugnen. Bey den unaufhörlichen Scherzreden wieder die Pfaffen, ist auch gar öfters die Ehrfurcht vergessen, mit welcher und mit Schauer und Zittern die Menschen ihres grossen Schöpfers und der von ihm auserwählten Geister gedenken solten. Mit unendlichem Witze wird auch überall den Leidenschaften Feuer angefacht, die ohnedem nur allzu zügelfrey herrschen. Der Hr.v.V. gesteht, ein Gedicht von ungefehr diesem Inhalte gemacht zu haben, versichert aber, ein guter Drittel seye nicht von seiner Feder, und würde es gerne ganz von sich ablehnen.

1756, 1231–1232: Salomon Geßner, Idyllen, 1756.

30   Zürch.

Idyllen von dem Verfasser des Daphnis ist eine Sammlung kleiner Gedichte in ungebundner Rede, die a. 1756. auf 134. klein Octavseiten herausgekommen ist. Man weiß vielleicht schon, daß Hr. S. Geßner zugleich der Verfasser, der Verleger, und der Drucker dieser Gedichte ist, und zum Ueberfluß die artigen Zieraten selber geezt hat. In der Vorrede versichert er, Theokrit seye sein Muster, und hält ihn für den volkommensten unter den Hirtendichtern. Uns dünkt hingegen, Hr. Geßner seye unendlich zierlicher, moralischer, und ungeachtet seiner bezeugten Abneigung, auch wiziger, als der alte Sänger aus Sicilien. Solte dieser gesagt haben »der Beyfall lächle«, »unser Erstaunen stamlen«, »die Herden brüllen ihre Freude«, »Entzükt in die Zukunft hinaus sehen«, «ein heiliges Entzüken, das durch die Brust bebt«, u. s. f. Er hat zwar den Reim und selbst das sichtbare Silbenmaaß vermieden, aber wenn man seine Idyllen ein wenig sorgfältig ließt, so sind sie alle scandirt, und Reyhen Jambischer und Dactylischer Verse. Hier ist ein Muster, und so sind sie fast alle.

> O wenn die frohen Lieder dir gefielen,
> die meine Muse oft den Hirten abhorcht,
> auch oft belauscht sie in dichten Haynen,
> der Bäume Nymphen und den Ziegenfüßgen Waldgott,
> und schilfbekränzte Nymphen in den Grotten
> und oft besuchet sie bemoßte Hütten,
> um die der Landmann stille Schatten pflanzet,
> und bringt Geschichten her von Großmuth und von Tugend,
> und von der immer frohen Unschuld.¹

---

29 ² Graf Niccolò Forteguerri (auch Fortiguerra), *Ricciardetto*, 1738 (Parodie von Ariosts *Orlando Furioso*).

30 ¹ Aus der ersten Idylle, orthographisch und interpunktionsmäßig ungenau zitiert.

Doch neben der angenehmen Mahlerey der Natur werden dem Hrn. G. ohne Zweifel die durch und durch herrschenden Triebe zur Menschenliebe, zur kindlichen Dankbarkeit, und zur Ehrfurcht gegen die Gottheit zahlreiche und tugendhafte Bewunderer gewinnen.

1756, 1271–1272: J. G. Zimmermann, Die Zerstörung von Lissabon, 1756.

31   Zürch.

Die Zerstörung von Lissabon; ein Gedicht, von D. Joh. Georg Zimmermann, ist bey Heideggern neulich auf 7. Quartbogen abgedrukt worden. Der Hr. Stadtphysicus hat ein schon vor dem Jahre ihm unwissend herausgegebenes kurzes Gedicht von diesem berühmten Unglükstage[1] umgearbeitet, erweitert, und mit Anmerkungen begleitet neu auflegen lassen. Es ist zwar im alten sechsschuhigten Sylbenmaasse, aber wie die Uebersetzung des Lucans[2] ohne Reime verfaßt, eine Art von Versen, die der Hr. Verfasser in der Vorrede mit dem Beyspiele der klügsten Völcker der ältern und neuern Zeiten entschuldiget. Man wird bey dieser ersten Probe eines Dichters viel Feuer und eine wohlangebrachte Belesenheit finden.

1757, 358–359: J. J. Bodmer und J. J. Breitinger, Fabeln aus den Zeiten der Minnesinger, 1757.

32   Zürich.

Bey Orell und C. sind mit vorgedruktem Jahre 1757 in klein Octav auf 350 Seiten abgedrukt, Fabeln aus den Zeiten der Minnesinger. Unterdessen, bis die Maneßische Sammlung ganz herausgegeben werden kan, hat der gelehrte Samler, den wir vermuthlich nicht mit Unrecht für den Herren J. Jacob Bodmer ansehn, einen Geschmak von der Anmuth der Dichtkunst der Mittlern, sonst so düstern Zeiten, den Kennern mittheilen wollen. Die Fabeln, die wir hier anzeigen, sind aus einer unvollkommenen, gegen den Ausgang des XIII. Jahrhunderts verfertigten Handschrift: aus einer andern, etwas neuern, die in der Zürchischen Bibliothec liegt, und aus den 51 von Hrn. P. Scherz herausgegebnen Fabeln[1]

---

31 [1] Die Ruinen von Lissabon, 1755.

  [2] Veit Ludwig von Seckendorf, *Politische und moralische Discurse über M. Annaei Lucani dreihundert auserlesene lehrreiche Sprüche, und dessen heroische Gedichte genannt Pharsalia.* Leipzig 1965.

32 [1] *Philosophiae . . . Germanorum medii aevi . . . specimen primum.* Straßburg 1704. Übrigens auch von Gottsched geschätzt (*Critische Dichtkunst*, 4. Aufl., 1751, S. 443).

hergenommen. Die Anzahl der hier abgedrukten ist 94. Sie bestehn alle in jambischen Reimen, die achtsilbig seyn sollen, und mehrentheils von männlicher Art sind. Die Fabel ist meistentheils vom Aesopus und Avianus geborgt, doch sind ihrer einige auch von eigener Erfindung, und andre gehören mehr zu den Erzählungen. Die schlaue Einfalt der damahligen Zeiten leuchtet überall hervor. Der Grund des Verstandes ist, wie bey allen Nationen und Zeiten, gut; die Einkleidung aber, und die inzwischen veraltete Sprache giebt der Ausmahlung einen gewissen Schimmel, der uns so wenig unangenehm vorkömmt, als der so hoch geschäzte grüne Rost der Römischen Münzen. Am Ende folgen etliche Erzählungen von eben dem unbekannten Minnesinger, die reimlos, aber von einem mehr romanischen Geschmake, und von dem heutigen etwas entfernter sind. Wir haben die Geschichte der Repsima,[2] die in den türkischen Fabeln so rührend ist, hier ganz ähnlich wieder gefunden. Der dritte Theil dieses kleinen Bandes ist ein Wörterbuch für die vorgedrukten Fabeln und Erzählungen. Es kan den Liebhabern der deutschen Sprache nicht anders als angenehm seyn, die kleinen Abweichungen derselben näher zu kennen, die sie in fünfhundert Jahren erlitten hat, und manches ursprünglich deutsches Wort, und manche kräftige Wendung, kan sich hier mit einem Geburtsbriefe als rechtes Deutsch rechtfertigen. Auch die Freunde des Ui[3] werden hier eine Autorität zu ihren Gunsten finden.

1758, 1421–1422: Salomon Geßner, Der Tod Abels, 1758.

33   Z ü r i c h.

Der Tod Abels in fünf Gesängen ist ein neues biblisches Heldengedichte des Hrn. Geßners. Es ist neulich auf 226 Octavseiten mit lateinischen Buchstaben sehr sauber abgedrukt worden. In der Vorrede vertheidigt sich Hr. G. so wohl wider die Geistlichen, die alle Vermischung der Fabel mit der biblischen Geschichte für unanständig halten, als wider die gemeinern Richter, die ein Gedicht ohne Liebe, wo die Religion den meisten Trieb ausmacht, für schmakloß achten. Den Vorwurf seines Gedichts macht Abels liebenswürdige Gemüthsart, die aus derselben entstehende allgemeine Liebe der noch wenigen Menschen, Kains Eifersucht über diese Liebe, seine Abwechslungen von Reu, seine Verzweiflung über das verschmähete Opfer, seine rasende, durch einen von einem der boshaftig-

---

32 [2] Aus *1001 Nacht*, vgl. Hallers Rez. in *GGA* 1767, 984.

    [3] Über die Auseinandersetzung um Schreibung und Aussprache des Diphthongs ü (ue, ui, y) im 18. Jahrhundert (besonders auch zwischen Gottsched und den Schweizern) vgl. Adalbert Köster in seiner Ausgabe von Schönaichs *Die ganze Ästhetik in einer Nuß*, Dt. Lit. Denkm., Berlin 1900, S. 552.

sten Satane erregten Traum, angeflammte Rachsucht, der Bruder-Mord, Adams, Evens, und der Frau des Abels tiefe Betrübniß, und von Gott herkommender Trost, Kains endliche Flucht, und seiner Frau tugendhafte Erwehlung des nehmlichen Elendes. Als Episoden sind Adams und Evens Erzählung ihres ersten Schreckens, nach dem ausgesprochenen Fluche, und des Anfangs ihres mühsamen Lebens, Adams erste Krankheit, und einige andere kürzere Ausdähnungen des Gedichts anzusehn. Es ist durch und durch episch, die Dactylen und Spondeen sind gemein, öfters findet man auch gar leicht ganze, Kleistische, und mit einem Anapäst anfangende Hexametrische Verse. Die Beywörter sind stark und ausgewählt, und die Schreibart erhaben. Was man bey den Mahlern Maniere nennt, wird man hier auch finden, häufige ähnliche Schwünge, den in der Wiederholung des nehmlichen Wortes gesuchten Nachdruk, und gewisse im Deutschen minder gebräuchliche Wendungen. Auch sind öfters die Reden künstlich, und mit neuern Erfindungen und Begriffen vermischt, die in den ersten Zeiten der Welt noch nicht bekannt gewesen sind. Die grossen Regungen der Tugend und Gottesfurcht machen indessen dieses Gedicht unschuldig und nüzlich.

1759, 104: C. M. Wieland, Lady Johanna Gray, 1758.

34   Zürich.

Lady Johanna Gray, Ein Trauerspiel von C. M. Wieland, ist neulich bey Heidegger auf 108 Octavseiten abgedrukt worden. Wir wollen nicht auf einige etwas harte Linien sehen, die unter den freyen zehnsilbichten Jamben dieses Trauerspiels vorkommen. Wir wollen auch nicht allzusorgfältig prüfen, ob der Hr. W. nicht, wie die Engelländer, aus dem Dramatischen ins Epische übergangen seye, und der Dichter mehr als die vorstellende Person rede. Auch die Einfalt der Geschichte, den gänzlichen Mangel eines Knoten, und die nicht allzu genaue Einigkeit des Tages und des Ortes werden wir nicht allzu scharf fordern. Mit diesen in der Billigkeit selber gegründeten Bedingen haben wir die Helden-Tugend der tugendhaften Fürstin, und die ruhmvolle Freudigkeit ihres Todes würdig abgeschildert, die Schreib-Art stark und Nachdruk voll, die verschiedenen Characteren wohl ausgemahlt, und einander entgegen gesetzt, und durch und durch alle Ursache gefunden, der deutschen Schaubühne Glück zu wünschen, daß sie mit einem Schauspiel bereichert worden, dem im ernsthaften und britischen Geschmack nicht eben leicht ein anders vorgezogen zu werden verdient. Es ist auch von der Ackermannischen Bande[1] mit allem Beyfall aufgeführt worden.

---

34 [1] Schauspielertruppe Konrad Ernst Ackermanns.

1759, 176: Denis Diderot, Le Fils naturel, 1757.

35   A m s t e r d a m.

Diderot, der Encyclopediste, hat zu Pariß unter diesem Titel, im vorigen
Jahre eine Comedie von der höhern Art abdrucken lassen, die zum Titel
hat: le fils naturel ou l'epreuve de la vertu. Sie ist auf 299 groß Octavseiten gedrukt. Er bestrebt sich in einer Vorrede, und in verschiedenen
dem Schauspiele nachfolgenden Anmerkungen, uns zu bereden, die Geschichte seye wahr, und vom Dorval selber, als dem tugendhaften Bastarte
aufgesezt worden. Es ist aber offenbar, daß der ganze Grundriß, und die
ersten Auftritte, selbst öfters die Wörter, und der Brief, den der Tugendhafte an seine Geliebte schreibt, die er verlassen will, alle vom vero
Amico des Goldoni geborgt sind. Hingegen ist nicht zu leugnen, daß Diderot den endlich erscheinenden alten Vater des Tugendhaften, und seiner
Schönen, und folglich die romanisch bewerkstelligte Auflösung hinzugefügt, und auch an gar vielen Stellen mehr Witz und Zärtlichkeit (delicatesse) in die Gespräche gestreut hat, als man in der Urkunde antrifft.
Auch der unbillige Ausfall auf die Engelländer, die den Alten sollten gefangen, und auf das Stroh nakt ohne Brodt geworfen haben, ist eine in
die Zeit gerichtete Gewinnung der Parisischen Gunst. Die Dissertation
der vernünftigen Constance über ihre künftigen Söhne und Töchter, die
dem Tugendhaften so wohl gefällt, ist von des Hrn. Diderots Einbildungskraft; so wie man ihm den Einfall läßt, wenn man einen glüklichen Staat anlegen wolte, die Tugend an den Feyertagen nicht auf der
Kanzel, sondern durch auserlesene Schönen auf der Schaubühne lehren
zu lassen.

1759, 219–220: William Mason, Odes, 1756.

36   L o n d o n.

Es sind uns etliche Lyrische Gedichte zu Händen gekommen, die wir nicht
ganz vorbey gehen wollen. Noch A. 1756. hat Hr. Mason zu Cambridge
auf 32. groß Quartseiten Odes drucken lassen, welches Wort mit des Verfassers Nahmen den ganzen Titel ausmacht. Hr. M. handelt von der
Melancholie, dem Gedächtniß, der Unabhängigkeit, und ahmt endlich
die Stelle nach, in welcher Esaias den Umsturz Babylons vorsagt. Die
Oden sind Pindarisch, aber nach Englischer, schon vom Cowley[1] befol-
geter Art aus langen und kurzen Linien vermischt. Hr. M. hat sich nicht
enthalten können, dem biblischen Erhabenen ein Occidentalisches hin und
wieder anzuhängen; dahin rechnen wir den letzten Vers:
        Thus by myself I swear, and what I swear is fate.[2]

---

36 [1] Abraham Cowley, ›Pindaric Odes‹, in seinen *Miscellanies*, 1656.
     [2] ›On the Fate of Tyranny‹.

Man verwundert sich auch billig, wie noch immer die andern Europäischen Nationen den Gebrauch des Ohres den einzigen Deutschen überlassen können, wie dasselbe in Engelland von der Vermischung jambischer und trochäischer Verse nicht verlezt wird, und wie die Britten anstatt eines Jamben mit dem deutlichsten Trochäo anfangen können.

1759, 421–424: Rousseau, A M. d'Alembert [...] sur le projet d'etablir un théâtre [...], 1758.[1]

37   Amsterdam.

[...] Weitläuftiger, lebhafter und gründlicher ist unser Verfasser, wann er von den Schauspielen spricht. Er betrachtet sie zuerst überhaupt, und dann auch, wie weit sie sich zu den Umständen der Stadt Genf schicken. Was er in dem ersten Theile sagt, ist durchgehends neu und lesens wehrt. Die besten Verfasser der Schauspiele, sagt er, folgen auch gezwungen, den Sitten und Begriffen ihrer Mitbürger, sie können nicht den allgemeinen Regeln der Wahrheit und Vernunft nachgehen, es liegt nicht an ihnen, in Frankreich, die Vergebung der Beleidigungen rühmlich zu machen. Folglich lehren sie nicht eine wahre Sittenlehre, sie machen bloß die Leidenschaften lächerlich, die die Nation ohne dem, verlacht, und müssen hingegen denjenigen Lastern eine Würde beylegen, die in eben der Nation nach der Mode sind. Auch ist das lächerliche, womit die Komedie straft, nicht das Gewehr der Tugend, es ist vielmehr ein gefährliches Werkzeug, womit das Laster die Tugend selbst verhaßt macht. Crebillon erhält hier einen Verweiß, den wir uns erinnern, ihm vor manchen Jahren gegeben zu haben,[2] weil er den Cato klein, und den abscheulichen Catilina, durch die glänzende Seite seines Muthes groß gemacht hat. Des Hrn. v. Voltaire Mahomet ist nicht besser und noch darüber glüklich, und bey dem Atreus[3]

---

37 [1] Dieser Beitrag wurde versehentlich nicht in die Rezensionenliste in *Haller und die Literatur* aufgenommen. Vgl. 1764, 719–720: »Hr. R. ist noch immer ein Gegner derselben [der Schaubühne]. Sie gefällt blos durch die Nachahmung des empfindlichen Theiles des Gemüthes, sagt er, wie durch den geschickten Ausdruck der Liebe, des Schmerzen und anderer weichlichen Gemüthsbewegungen. Diese Nachahmung wird ansteckend und öfnet das Herz der Zuschauer wiederum eben solchen schwachen und das Gemüth entnervenden Trieben. Einen gesetzten Weisen würde, sagt Hr. R., auf der Scene wenig rühren.« Siehe auch Hallers Urteil über Dancourts Angriff auf Rousseaus Schrift oben S. 40–42.

[2] In der Rezension von Prosper Jolyot de Crébillons *Catilina*, 1749; *GGA*, 1749, 559. Von Haller? Vgl. *Haller und die Literatur*, S. 51.

[3] P. J. de Crébillon, *Atrée et Thyeste*, 1707.

74

kann niemand nach unsern Sitten begreifen, was für einen Nutzen die Vorstellung seiner gräslichen That haben kann. In der Comedie hat Moliere selbst nicht das eigentliche Laster, sondern die äusserliche Larve desselben lächerlich gemacht. Sein Marquis, der den Jourdain[4] betriegt, ist niederträchtiger als dieser gemeine Bürger. Ueberall wirft er auch auf das Alter, auf die väterliche Würde, auf die Tugend selber die allergefährlichste Farbe des lächerlichen. In seinem so gerühmten Misanthrope findet Hr. R. nicht eine geringe Anzahl Fehler. Die Liebe nimmt eben auch einen zu grossen Raum in den Schauspielen ein, und kann nicht anders als die Herzen der Jugend mit unnöthigen Flammen anstecken, bey welcher die Triebe der Natur ohnedem nur zu starck sind. Hr. R. findet dabey einen anderen Fehler, dessen Beobachtung ihm ganz eigen ist. Man räumt, sagt er, in den Schauspielen dem Frauenzimmer zu viel Wissenschaft, und eine gewisse Oberstelle über unser Geschlecht ein, die wieder die Natur ist, und uns verächtlich macht. [. . .]

1759, 774–775: Denis Diderot, Le Père de famille, 1758.

38   P a r i s.

Unter dem falschen Titel von Amsterdam ist A. 1758. hier abgedruckt, le Pére de famille en cinq actes & en prose avec un discours sur le poeme dramatique, groß Octav auf 415 Seiten. Hr. Diderot ist wieder der Verfasser dieses ernsthaften Schauspiels, das grossen Theils die Bewegungen des Schreckens, der Hofnung und der Liebe, mit den Trauerspielen gemein hat. Es hat überhaupt eine Aehnlichkeit mit den Conscious Lovers,[1] nur ist der Parisische Bevil[2] minder bescheiden, minder vernünftig, und ein weit schlechterer Sohn und Freund. Der Pere de famille ist ein guter, unthätiger Vater, der mehr mit Thränen seine Kinder verbessern will, als mit der billigen Anwendung seines natürlichen Ansehens. Sophie, die fast einzig die Herzen der Zuhörer empört, ist wiederum eben dasjenige, was eine Ines de Castro,[3] eine Nanine,[4] eine Pamela,[5] tausendmal gewesen ist, und D. hat sein Vertrauen auf die Erfahrung gesezt, daß die Zu-

---

37 [4] Im *Bourgeois Gentilhomme.*

38 [1] Von Richard Steele, 1723.
    [2] Figur in den *Conscious Lovers.*
    [3] Von Antoine Houdar de la Motte, 1723.
    [4] Von Voltaire, 1749.
    [5] Richardsons *Pamela* (1740) war die Quelle von *Nanine;* Haller denkt hier
       jedoch vielleicht an ein Pamela-Drama, etwa das von Boissy (1743) oder
       Nivelle de La Chaussée (1743).

schauer den Thränen einer jungen tugendhaften und armen Schönen nicht wiederstehen können. Die Strafe des d'Auvilé hat eine Gleichheit mit der Beschämung des Glorieux.[6] Nach dem Schauspiele folgen des Hrn. Verfassers Betrachtungen über diese Materie überhaupt. Es sind durchgehends kurze, scharfe, apodictische Sätze, und öfters Antithesen. Wenn Hr. D. nun sich wegen des vom Goldoni geborgten Vero amico entschuldigen will, so geschicht es mit einer Verunglimpfung des geschickten Italiäners, dessen Schauspiel Hr. D. wegen des in demselben beschriebenen Geizhalses eine Farce nennt, obwohl der Vero amico eben so ernstlich und tugendhaft, und ein noch viel bemüheterer Freund als Germeuil ist. Unter andern entscheidenden Urtheilen des Hrn. D., die er mit andern seinen Landsleuten gemein hat, ist auch dieses, die Englische Schauspiele seyn ohne Sitten und Geschmacke, und die Italiänischen ein drame burlesque. Man sollte niemahls ganze Nationen mit dem nehmlichen Spruche verurtheilen. Sollten die Engelländer keine Sitten beobachten? und ist eben in den Conscious Lovers die keusche und behutsame Liebe des Bevils und der Indiana nicht ein Meisterstücke der Sitten? sind denn der Cavalier und die Dame, das ehrliche Mädchen, die ehrliche Frau, und so viel andere Schriften des Goldoni, lauter Possenspiele? Wenn Hr. D. den Tod des Sokrates mit Bewunderung aus dem Griechischen beschreibt, so hätte er einen viel lebhaftern, männlichern und tugendhaftern Tod in der Clarissa[7] gefunden, die ihm sonst wohl bekannt ist. Als eine nüzliche Neuerung sehen wir mit ihm an, daß eine beliebte Comödiantin in Pariß den Reifrock abzulegen das Herz gehabt hat. Hr. D. schreibt den Comödianten, wenn sie jemahls seinen Pére de famille spielen sollten, alle ihre Kleider vorsichtig vor.

1759, 1255: C. M. Wieland, Cyrus, 1759 (Gesang I–V).

39   Zürich.

Cyrus von C. M. Wieland ist der Anfang eines Heldengedichtes, das Geßner A. 1759. auf 80. groß Octavseiten zu drucken angefangen hat, und dessen 5 Gesänge ungefehr den vierten Theil des ganzen Werks ausmachen sollen. Die Art der Verse ist hexametrisch, und nach dem Lateinischen Silbenmasse. Hr. W. glaubt, diese Art seye klingender, und habe den Vorzug, daß man viele Wörter beybehalten und brauchen könne, die man bey den so genannten Alexandrinischen Versen nicht anbringen kan.

---

38 [6] Von Destouches, 1732.
    [7] S. Hallers Rezension von Richardsons *Clarissa* in der *Bibliothèque Raisonnée*, XLII (1749), S. 325 ff., deutsch in Hallers *Kleinen Schriften*, 1755, I, S. 293 ff. Vgl. oben S. 57–60.

Uns dünkt noch immer, wenn man reine Hexameter machen will, so seye die Arbeit gar zu schwer, und wenn man das Silbenmaaß nicht genau beobachtet, wiederum gar zu leicht. Hr. W. hat eine große Menge flüssiger, und fast den Lateinischen ähnlicher Hexametern. Solte aber der folgende wohl zu scandiren seyn, und ist er genug von der Prose unterschieden?

Der sich dem Anwachs des Medischen Reichs wiedersetzen sollte.

[V, Z. 104]

Doch dieses sind unserm Begriffe nach nur die Kleider des schönen, das wesentliche, das Feuer, die schöne Mahlerey, die gar oft neue und vortrefflich ausdrückende Gleichnisse, die Liebe des Guten und der Tugend, und die Menschen-Liebe sind wahre Vorzüge dieses Gedichts, das nach des Hrn. V. Wunsch unter den deutschen Epopeen zwischen dem Homer und Thomson[1] stehen wird. Man merkt auch hin und wieder deutliche Spuren einiger vom Hrn. W. hochgeschäzter Dichter, die er glücklich nachahmt.

1759, 1287–1288: Voltaire, Candide, ou l'optimisme, 1759.

40   G e n f.

Candide ou l'optimisme, traduit de l'Allemand par le D. Ralph ist A. 1759. ohne vorgedruckten Ort in Duodez auf 240. S. erschienen. Es ist eine Frucht der fertigen Feder des Hrn. de V., worinn er zu zeigen sucht, die Welt sey voll Unordnung, und bey weitem nicht die beste. In einem ziemlich unwahrscheinlichen Romane bringt er also die Unglücke zusammen, die durch den Krieg, die Pest, das Erdbeben, den Aberglauben, und die Bosheit der Menschen bewürkt werden, und, wie er dichtet, der Tugend aufs wenigste so schwer fallen, als dem Laster. Wir haben wol eher den Hrn. von V. hören beweisen, alles seye gut, und selbst die Laster keine Quelle wahrer Uebel; wir sehn ihn auch täglich das Verderben der Menschen leugnen, und hier scheint er aller vorigen Vertheidigungen der verderbten Natur wieder zu vergessen. Kleine Ungerechtigkeiten entrinnen ihm noch immer aus der Feder. In Holland wird Candide von einem Prediger übel abgewiesen, weil er den Pabst nicht für den Antichrist hält. Wo[her?] nimmt doch V. im Lande der freyesten Duldung diesen ganz einer andern Secte eigenen Eifer? Des Admirals Byngs Hinrichtung[1] wird eben so ungegründet lächerlich gemacht, und die sechs zu Venedig zusam-

---

39 [1] James Thomson wird in Wielands Vorbericht erwähnt. Cyrus halte die Mitte zwischen Homer und Thomson, womit nur auf die *Seasons* angespielt sein kann.

40 [1] Der Admiral John Byng wurde 1757 in Portsmuth hingerichtet.

men kommenden Könige sind eine etwas kalte Erdichtung. Die Verachtung des Miltons und Homers, mahnt uns an die Sultane, die ihre Brüder erwürgeten, und wenn Hr. v. V. der Canidia[2] unreinliche Verse schilt, so ist ihm seine Pucelle entfallen. Eine Würze von Unzucht und Religionsspötterey ist reichlich über das ganze ausgeschüttet. Was soll das Spielwerk über die Deutschen, oder vielmehr den Deutschen spöttlich nachgeahmten Nahmen?[3]

1760, 828: C. M. Wieland, Clementina von Porretta, 1760.

41   Zürich.

Bey Orell und Compagnie ist A. 1760. auf 228. Octavseiten abgedrukt Clementina von Porretta, ein Trauerspiel, von dem Verfasser der Lady Johanna Gray. Hr. Wieland hat aus der bekannten Geschichte des Grandisons denjenigen Theil herausgezogen, in welchem die eben durch die Ankunft des Ritters in etwas genesene Clementina, nach erhaltenem Beyfalle ihrer Anverwandten, aus einer zärtlichen Sorgfalt für das Heil ihrer Seele, ihren Geliebten abweiset. Hr. W. erinnert mit Recht, daß ihr Character ganz neu, und von einer rührenden Grösse ist, und die Freunde des erhabenen und zärtlichen werden diese erhöhete Art eines Schauspiels nicht ohne Vergnügen lesen.

1760, 829–830: J. J. Bodmer, Ulysses, Telemachs Sohn, 1760.

42   [Zürich.]

Ulysses, Telemachs Sohn ist ein Trauerspiel vielleicht von eben der Feder [d. h. Bodmers]. Es ist eine Nachahmung des Oedipus, nur ist die Heirath eines Vaters mit der Tochter etwas minder unnatürlich als die mehr abscheuliche Ehe des Sohnes mit der Mutter und die durch ein Orakel anbefohlene Opferung des unbekannten Sohnes, die wieder etwas minder greulich, als die Ermordung des zwar unerkannten Vaters ist. Doch endigt sich des jüngern Ulysses Verzweifelung gleichfalls in dem Verlust seiner Augen, obwohl endlich ein Engel ihn tröstet, und zu einem bessern Leben in einer andern Welt aufmuntert. Ein grämlicher und philosophischer Kunstrichter würde vielleicht fragen, wozu es nutze, fast unmögliche Geschichte zu erdichten, bloß um das Vergnügen zu haben, seine Zuschauer und Leser traurig zu machen; und ein griechisch denkender

---

40 [2] Canidia, eine Römerin schlechten Leumunds, wird in Horazens Epoden verhöhnt. Gegen Horazens Verse wendet sich Voltaire im 25. Kapitel.
    [3] Baron Thunder-ten-trunckh, das Dorf Waldberghoff-trarbk-dikdorff.

78

Dichter würde antworten, ein Poet habe seinen Zweck erreicht, wann er diejenige Leidenschaft bey seinem Leser erwekt hat, deren Zuwegebringung seine Absicht gewesen sey. Man hat sonst die Einfalt und die Costume des Alterthums in diesem Trauerspiele nachzuahmen gesucht. Ist 128. Octavseiten stark, bey Geßner gedrukt.

1760, 830: Vierter Gesang und sechster Gesang der Ilias, übersetzt von J. J. Bodmer, 1760.
43   [Z ü r i c h.]

Vierter und sechster Gesang der Ilias in Hexametern übersezt, bei eben dem Verleger [Geßner] auf 44. Seiten in Medianoctav, ist eine Probe einer genau die Sitten, die Reden, die Beywörter und Manier des Homers nachahmenden Uebersetzung. Die Hexametern, die hier in einer Vorrede vertheidigt werden, haben allerdings den Vorzug, daß sie viele in den Jamben schwer anzubringende Beywörter schiklicher annehmen, ob wir wohl sonst, mit dem besten Willen, ihn zu finden, den Wohlklang nicht antreffen, der die minder mit Consonanten beschwerten griechischen und lateinischen Verse so majestätisch macht. Uns dünkt auch noch immer, die Vermischung der Trochäen mache die Scansion ungewiß und wilkührlich, und benehme dem Verse die Regelmäßigkeit, die er bey den Alten besessen hat.

1761, 95–96: Samuel Johnson, Histoire de Rasselas, Prince d'Abissinie, 1760.
44   A m s t e r d a m.

Oder vielmehr Paris, bey Prault ist A. 1760. ein Duodezbändchen, zusammen von 228. S. abgedruckt worden, Histoire de Rasselas Prince d'Abissinie. Wir wünschten zwar vielmals des Hrn. Johnson's Urkunde gelesen zu haben, indessen ist nur die nicht übel gerathene Uebersetzung zu unsern Händen gekommen, die von eines Frauenzimmers Hand seyn soll.[1] Sehr vergebens war aber ihre Furcht, eine Nachahmung des Candide in diesem Werke zu liefern. Hr. Johnson ist ernsthaft, stark, voll überlegter Anmerkungen, und Lebensregeln. Candide besteht aus lauter, oft unanständigen Schildereyen. Rasselas ehrt die Tugend, und Gott, und hält die Seele für einen Geist. Candide ist geschrieben, die Tugend lächerlich zu machen. Das einige mögen sie beyde schon mit den Salomonischen Schriften gemein haben, daß auf Erden keine vollkommene Glückseligkeit seye, und daß man dieselbe umsonst in allen äussern Vergnügen, und

---

44 [1] Lt. Katalog der *Bibliothèque Nationale* von Mme. Belot.

eben so vergebens in der Wissenschaft, und dem sogenannten feinern Vergnügen des Geistes suche. So scharf und reizend des Hrn. Johnson's Vortrag ist, so scheint er uns doch etwas ernsthaft, und das ganze Werk mehr ein Spectateur, als dem Costume eines Abißinischen Prinzen ähnlich, dessen Art zu denken, und sich auszudrücken, gar zu Europäisch ist. Die Fabel ist einfach und hat auch wegen des Historischen eher zu wenig Lebhaftigkeit. Alles aber ist eine ähnliche Abschilderung des Lebens, wie es unter den gesittetesten Völkern ein Gemische von wahren Uebeln, und fast ungefühlten Gütern ist.

1762, 673–676: J. J. Rousseau, Julie, ou la Nouvelle Héloise, 1761.

45   Amsterdam.

Alles, was aus des Herrn J. Jaques Rousseau Feder kommt, ist mit einem sonderbaren Geschmacke so deutlich bezeichnet, daß man es nothwendig kennen muß. Er hat sich neulich auf die Fußstapfen des von ihm geehrten Richardsons begeben, und einen Roman in sechs Theilen geschrieben, dem er den Titel gegeben hat, Julie ou la nouvelle Heloise, weil es ein Frauenzimmer ist, die von ihrem jungen, bürgerlichen, aber sonst artigen und geschickten Lehrmeister sich einnehmen läßt, und so weit verfällt, daß sie schwanger zu seyn glaubet. Diese Anfänge des Werks werden manchem Leser anstössig seyn, da zumal die beyden verliebten und sich vergehenden Personen sich gar viel mit ihrer Tugend wissen, und dasjenige, was man in Frankreich grands sentimens heißt, den allgemeinen Text ihres Briefwechsels macht, doch widerlegt die Folge ziemlich den anstössigen Anfang. Eine wahrhafte, und doch auf die Religion gegründete Tugend, gewinnt bey dem Frauenzimmer die Oberhand, obwol diese Religion uns immer noch zu allgemein vorkommt. Man kan indessen den kräftigen und emphatischen Ausdruck, und die Stärke der Farben nicht ungepriesen lassen, mit welchen Hr. R. mahlt. Uns dünkt etwas zu viel Wiz, zu viel Antithesen und zu subtile Unterschiede durch und durch zu herrschen, und hierinn entfernt sich Hr. R. von der Brittischen Einfalt. Man wird indessen die Beschreibung des Wallis, einiger Gegenden am Genfer See, der Parisischen Sitten, einer Schiffahrt auf dem Genfer See, die Beschreibung der Weinlese, und der Glückseligkeit der Einwohner des Pais de Vaud, nicht ohne Vergnügen lesen. Am Erheben der Italiänischen Musik, an der Verachtung der Französischen, und der Oper, und am Lobe der Patagonen, am Einfalle, krumme Strahlen den gestirnten Alleen zu geben, an der rühmlichen Beschreibung seiner Vaterstadt, erkennet man den Rousseau. Hin und wieder hat er ganze Abhandlungen über den Duell, den Selbstmord, die innere Ordnung in einer vernünftigen Haushaltung, die natürliche Auszierung eines Lustgartens, viele Gedanken über die Auferziehung der Kinder, und dergleichen Ausführungen eingerükt. Sein großmüthiger Engelländer geht mit seiner Freygebigkeit zu weit, und wird romanenhaft. Das freywillige Annehmen der Kinderpocken seiner Geliebten ist gleichfalls etwas übertrieben, aber doch noch eher in der Natur. Der Zurücktritt hingegen der fehlbaren Fräulein zur Tugend bey Gelegenheit ihrer obwol gezwungenen Ehe ist mehr in der Natur, und rührend. Wir haben selbst die tiefe Empfindung gesehen, die der ausgesprochene unauflösliche Segen bey einer unwillig zur Kirche getretenen, und nun auf ewig verbundenen Fräulein fast noch merklicher und rührender gewürkt hat. Es ist auch nicht nur recht und rühmlich, sondern auch in der Natur, daß die von ihrem Geliebten getrennte zärtliche Julie ihren Trost in der Religion sucht, und ihrem vermeinten philosophischen Liebhaber zeigt, wie übel sie beyde auf dem Wege der Tugend von der blossen weltlichen Weisheit geleitet worden seyn. Doch sind diese Briefe von einer geheyratheten Frauen etwas zu öfter und zu umständlich. Aus der Ansonischen Reise,[1] die Hr. R. dem Liebhaber zuschreibt, hätte er vielleicht mehr Vortheil ziehen können. Der Einfall des Ehemanns, den gewesenen Liebhaber und Verführer seiner Frauen zu sich ins Haus zu nehmen, ist romanenhaftig, wider die Natur und die Klugheit, und eine ganz unnöthige Aufladung der äussersten Versuchung auf zwey innig gerührte Liebhaber. Der gemischte Character dieses vornehmen Russen, und sein Unglück unter der Last der trostlosen Materisterey ist besonder und neu, nur ist er für einen Gottesverläugner sehr tugendhaft und sehr liebreich. Der Gedanke über die Nuzbarkeit der geheiligten Bilder ist nicht sehr philosophisch. Es ist wahr, sie machen die Kirchen und den Gottesdienst angenehm, sie erwecken aber menschliche Begriffe von dem obersten Wesen. Man sieht auch, daß Hr. R. gegen den Todt der Clarissa hat kämpfen wollen. Aber die sterbende Julie ist eine Deistin, die kein Gewissen, und kein Verderben fühlt und die Frohigkeit bis zum Ausschweiffen treibt. Clarissa ist schon mehr eine Christin, minder witzig, und eben so getrost, ohne Uebermuth. Die Gedanken über das Gebet sind sehr unzureichend, und Hr. R. fühlt, wie die meisten Philosophen unserer Tage, das menschliche Verderben nicht. Auch die Entschuldigung der Ungläubigen ist nur alsdenn gegründet, wenn es wahr wäre, daß sie alles aufrichtig gethan hätten, was erfordert ist, sich zu erleuchten. Der Ausdruck, Dieu même a voilé sa face, ist bey einem mitten in der Christenheit, und den Mitteln zur Bekehrung hart, und der Heiland hat die Verhärtung der Pharisäer ihnen, und nicht Gott zugeschrieben, doch dieser grosse Nahmen fehlt im ganzen Buche.

---

45 [1] George Anson, *Voyage round the World*, compiled by Richard Walter, 1748.

1762, 792: Ludwig Heinrich von Nicolay, Elegien und Briefe, 1760.

46   Straßburg.

Elegien und Briefe sind bey Bauer 1760 auf 103 Octavseiten gedruckt. Wir kennen den Verfasser dieser Gedichte nicht. Sie sind flüssig, und nicht von der Art der gedrungenen Poesie. Dabey ist der Verfasser nicht ohne lebhafte Gedanken, neue Ausdrücke, und dichterisches Feuer.

1762, 1000: Voltaire, Lettres sur la Nouvelle Héloise ou Aloisia par J. J. Rousseau, 1761.

47   Genf.

Im J. 1761 sind ohne Nahmen des Ortes oder Druckers herausgekommen: Lettres sur la nouvelle Heloise ou Aloisia par J. J. Rousseau, gr. 8. auf 27 S. Diese heftige und wegen ihrer Bitterkeit fast ihre Kraft verlierende Satire soll von einem Marquis de Ximenez an den Hrn. v. Voltaire über-schrieben worden seyn.[1] Man sieht deutlich, daß etwas vom Hrn. Rous-seau wider die französischen Sitten, und wider das Frauenzimmer und vielleicht mit wahrer Freundschaft erinnertes die Ursache zu dieser Ironie gegeben hat, denn durchgehends, auch wo die Critik gegründet ist, wird alles bis zur Caricatur getrieben, und die Widerlegung besteht gar oft in erdichteten oder angedrohten Stockschlägen. Auch ists um die Rettung der Religion hier nicht zu thun; daß die vernünftigste Person zu einem unheil-baren Atheist gemacht wird, merkt der Feind des Rousseau nicht an, wohl aber, daß Julie als eine Calvinistin (im Glauben ihrer Väter) stirbt. Auch darinn sucht man das Werk lächerlich zu machen, daß man den J. Jaques Rousseau zum eigentlichen Helden der Geschichte macht, und alsdann aus seinen geringen äussern Umständen etwas lächerliches heraus zu bringen sucht. Am meisten ist wohl gegründet, was wider die leichte Philosophie der Julie und ihres Lehrers, und wider die neuen Verdrehungen der Spra-che gesagt wird. Uebrigens hat der Briefschreiber aufs wenigste viel an-stössiger und offenbar unzüchtiger geschrieben als Rousseau, den er des-wegen bestraft.

1763, 62–63: George Lyttelton, Dialogues des morts, übersetzt von Elie de Joncourt, 1760.

48   Haag.

[...] Wir finden im Pope einen grossen Vorzug an Stärke über den Boi-leau. Des leztern Satyren über den Menschen haften am äussern, und an

---

47 [1] Einige Zeilen des ersten Briefes stammen tatsächlich von Augustin Louis Marquis de Ximénès, der Rest ist von Voltaire.

einigen theils einzelnen Nationen zur Schuld liegenden Mißbräuchen, theils unschuldigen Feyerlichkeiten. Pope geht auf die innern Triebfedern der Menschen. In den scherzhaften Heldengedichten, sagt Boileau in schönen Versen mehrentheils gemeine Dinge. Pope hat ganz neue Erdichtungen und neue Schwünge. Sein L'ombrespiel[1] ist unnachahmlich schön und witzig. [...]

49 *1763, 84–85: B. C. Graillard de Graville, L'Ami des filles, 1761.*

Paris.

[...] Der Verfasser vertheidigt das Schauspiel, und zumal die Französische Comödie, und tadelt hingegen die Oper, weil ihre ewige Materie die Liebe ist, gerade als wenn eben die Liebe nicht der Haupttrieb fast aller Trauerspiele wäre! und als wenn es nützlich seyn könte, dem Frauenzimmer eine eingebildete Welt einzuprägen, in welcher die Männer blos gebohren zu seyn scheinen, ihre Schönheit zu verehren, oder als wenn im Lustspiele nicht mehrentheils das Lächerliche des offenbaren Lasters schonte, und die weit unschuldigere Einfalt allein verfolgete? Unser Verfasser vertheidigt sonst die Wissenschaften, sieht sie als eine nützliche Beschäftigung des Frauenzimmers an, und findet den Umgang auch des angesehnsten Theils derselben langweilig, weil ihr Geist nicht geziert ist.

1763, 447–448: J. J. Rousseau, Lettres de deux amants [= La Nouvelle Héloise], 1762(?).

50   Genf.

Die Lettres de deux Amans haben so vielen Beyfall gefunden, daß man schon wieder eine neue Auflage von denselben sieht, die wir wegen der sonderbaren Vorrede anzeigen, die Hr. J. Jaques Rousseau dazu gemacht hat, und die eine Art von einer Schutzschrift seyn soll. Sie ist aber so künstlich eingewickelt, daß man fast weder die Einwürfe, noch die Antworten erkennen kan. Doch sehen wir, daß er die Fanatisterey der Liebesbriefe, und die Vergötterung der geliebten Person sinnreich entschuldigt; daß er die Fehler in der Schreibart, und in der Sittenlehre der zwey Verliebten, auf die Natur schiebt; daß er glaubt, er habe nützliche Lebensregeln unter einer angenehmen Dichtung verborgen; daß er erkennt, zu Paris möge sein Buch nicht so lehrbar seyn, aber in den Provinzen habe es seinen Nutzen (wobey unser Cosmopolite keine andere Welt als Frankreich annimmt); daß er den Zustand des Landlebens erträglich zu machen gesucht habe; daß es keine unbefleckte Tugend gebe (S. 42) u. f. Doch übergeht er die meisten Angriffe seiner Gegner, und spricht etwas zu scharf von den Predigten. Ist 52 S. in Octav stark.

---

48 [1] In *The Rape of the Lock* (III, 25 ff.).

51   Zürich.

Orell und Compagnie haben im J. 1762. eine sehr saubere Auflage von
Salomon Geßners sämtlichen Werken gedruckt, wozu er selbst die Zierraten geetzt hat. Sie sind in groß Octav sauber gedruckt, machen 4 Bände
aus, und sind der Königin in Engelland zugeschrieben. Wir haben den
Daphnis und den Tod Abels in unsern Blättern angezeigt, nicht aber,
wenn wir uns wohl erinnern, die Idyllen noch den für uns ganz neuen
vierten Band.[1] Jene machen den dritten Theil aus, und stehen auf 168 Seiten. Zwar rühmt Hr. G. in der Vorrede den Theokrit, und versichert, er
habe ihn zum Muster genommen. Es mag in Ansehung der poetischen
Mahlerey seyn, deren Reiz die Franzosen erst jetzt zu fühlen anfangen,
obwohl auch sonst ihre Sprache und ihre Sprödigkeit in Verwerfung un-
schuldiger Werkzeuge und anderer zum Landleben nöthiger Dinge diese
Art der Dichterey für sie schwerer macht. Denn sonst müssen wir beym
Theokrit, wie beym Homer unterscheiden, was zu seiner Zeit schön war
und was zur unsrigen schön ist. Die elende Sittenlehre der damaligen Welt
dähnt ihre Folgen auf alle Charakteren und Handlungen der Menschen
aus, und giebt zu solchen Ausdrücken, Reden und Thaten Anlaß, die uns
nunmehr unerträglich sind, aber zu ihrer Zeit in der Natur waren. Wir
können auch hierüber die Entschuldigung nicht annehmen, noch heut zu
Tage seyn die Menschen nicht besser. Sie sind es nicht alle, aber doch etliche, und ein geschickter Mahler soll uns die edle und nicht die niederträchtige Natur abmahlen. Wir verehren den Raphael, und sehen die auf Bier-
schenken angewandte Arbeit des Teniers mit Mitleiden an. Nach dieser
Einschränkung können wir mit Hrn. G. über seine Verehrung des Theo-
krits einstimmen, glauben aber weder, daß Hr. G. in dessen Geschmacke
rede und denke, noch daß er gefallen würde, wenn er seine Personen wie
Theokrit reden und handeln liesse. Seine Idyllen sind übrigens Schilderey-
en des so angenehmen Schäferlebens, wie wir es uns in einem freyen, mit
keinen Auflagen beschwerten, fruchtbaren und seine Einwohner leicht näh-
renden südlichen Lande vorstellen können, und wie Arcadien seyn könte,
wenn es unter dem milden Zepter einer gütigen Republik stünde. Hr. G.
hat zwar mehrentheils die Liebe beyder Geschlechter gegen einander, doch
auch zuweilen die edlere Liebe der Kinder und Eltern, dabey auch den
Wein, und hin und wieder einige Satiren und Scherze zum Vorwurfe. Seine eigene Manier ist die ausführliche Schilderung natürlicher Dinge nach
ihren Eigenschaften und äussern Anblicken, wobey eine gewisse Harmo-

---

51 [1] Haller besprach *Daphnis* in den *GGA*, 1757, 416; den *Tod Abels* 1758,
1421 und 1761, 94; die *Idyllen* 1756, 1231.

nie und ausgedähnte Einfalt im Ausdrucke, in den Gefühlen der Redenden
aber eine rührende Zärtlichkeit ihm eigen ist. In einer eignen Stelle S. 167.
steht sein Glaubensbekenntniß in Ansehung der Dichter, die er verehrt.
Diese sind theils vom Mahlerischen Geschmacke wie Bodmer, Wieland und
Kleist, theils vom Scherzhaften wie Gleim.

Der vierte Band ist für uns neu. Das meiste besteht in zwey Schäfer-
spielen, davon das eine[2] die Liebe eines unter Schäferkleidern erzogenen
Prinzen gegen eine ebenfalls als eine Schäferin erzogene Fräulein; die Bekanntmachung ihres vornehmen Standes; und ihre Befremdung über die
Hofsitten und das Wortgepränge vorstellt. Es dünkt uns hierbey der Knoten zu durchsichtig, und auch diese Befremdung schon öfters vorgestellt.
Das andere[3] handelt von der äussersten Armuth eines sich liebenden Ehe-
paares, dessen treuer Bedienter eben den hart gewesenen Vater bestielt,
worüber dieser erkannt wird, und seine Kinder zu Hulden aufnimmt. Am
Ende steht eine kurze, aber erhabene Scene von einem in der Sündfluth
den Tod erwartenden, und sich über dessen Schrecken erhebenden Paare;[4]
und dann eine Schäfererzählung, der erste Schäfer, die wieder im Geschmacke des Daphnis ist, und viel angenehmes; auch selbst viel eigne Erfindung hat. Nur der Mast und Segel ist Hrn. G. zu künstlich gewesen,
und er hat ihn einen Gott erfinden lassen. Er mag aber zufälliger Weise
bey dem Aufblehen des Gewandes der schiffenden Personen von einem
nachdenkenden Menschen erfunden worden seyn. Wie stark in den ältesten Zeiten die Kunst der Erfindung gewesen seye, können wir am Alpha-
bete und an der so uralten Weberey abnehmen.

1763, 867–869: Johann Friedrich von Cronegk, Schriften, I, II, 1760–1761.

52   Leipzig.

Wir hoffen nach und nach wieder in die Ordnung zu kommen, aus welcher
uns ein allgemeiner Krieg gerissen hat. J. Friedrichs Freyherrn von Cronegk
Schriften sind schon im J. 1761. bey Posch herausgekommen, und machen
zwey Bände in groß Octav aus. Sie verdienen allerdings eine Anzeige.
Dieser junge Edelmann hat einen grossen Theil der Gaben besessen, die
einen grossen Dichter bilden können. Er hatte Feuer, Witz, und oft satirischen Witz, und eine grosse poetische Belesenheit in verschiedenen Sprachen, selbst in der Englischen. Ihn riß aber der Tod im 26ten Jahre seines
Alters weg, und wir finden, wenige Dichter würden groß gewesen seyn,
wenn sie dieses Alter nicht überlebt hätten. Zudem, so war der Hr. v. C.

---

51   [2] ›Evander und Alcimna‹.
     [3] ›Erast‹.
     [4] ›Ein Gemälde aus der Sündflut‹.

zum Unternehmen geneigt, er grif viele Arbeiten auf einmal an, und man findet in diesen zwey Bänden nebst einer beträchtlichen Anzahl Verse, auch verschiedene angefangene Schauspiele; eine Art der Dichtkunst, die dem Hrn. v. C. am meisten scheint gefallen zu haben. Er hat sich ins Lustspiel und ins Trauerspiel gewagt, und von dem letztern haben wir zwey von seiner Hand.[1] Dürfen wir, und freylich sollen wir dürfen, sagen, wie wir denken, so ist in der Tragödie der Hr. von C. gar zu sehr ins epische gefallen. Ein betrübter Christ zu Jerusalem kan in seinem Kummer unmöglich sagen:

> Die Sterne werden bleich, die kühlen Schatten fliehen,
> Bald wird der junge Tag auf Hermons Spitzen glühen.
> Vor seinem heitern Blick[, der alles rege macht,]
> Entweicht das leichte Heer der Schauervollen Nacht.

So kan wohl ein Dichter in seinem Cabinete schreiben. Uns dünkt, man habe in Deutschland diesen Unterschied des epischen und tragischen noch nicht recht erkannt, und in diesem Falle kan man die Franzosen zum Muster nehmen. Die Mahlereyen und die Gleichnisse sind gar nicht vom tragischen Gebiete. In den vermischten Gedichten finden wir beym Hrn. v. C. zwey Dichter, wenn wir so sprechen können, ineinander vereinigt, einen erhabenen und mahlerischen, und dann wieder einen leichten und satirischen ziemlich beissig herrschenden Geist. Uns dünkt, diese zwey Geister seyn zuweilen in dem nemlichen Gedichte vermischt. Eben der Dichter, der uns sagt:

> O bringe mich zurück zu diesen heilgen Chören!
> Ich glaube, noch das Lied Unsterblicher zu hören.
> [»Einsamkeiten«, IV, Z. 5–6.]

u. s. f. hat S. 4. darnach in eben dem Gedichte den prosaischen Vers, ›klagt noch, wenn man von ihm auf zehn pro Cent erborgt‹, und solcher Exempel sind mehr. Der Morgen ist ein Gemisch von natürlichen Schönheiten, die eigentlich den Morgen ausmachen, und aus andern sehr unangenehmen Gemählden des wüsten Hauptes vom allzustarken Weine. Hin und wieder findet man auch die neologischen Ausdrücke, die sonst einer Seite [Sorte?] von Dichtern noch eigen sind.[2] Man kan unmöglich sagen:

> Ihr wallt mein Herz Entzückung entgegen. [»Doris«]

Wallen ist wie Fliessen, und [des] mehrere[n] kein Activum. Ein gewisser Stentor, den seine Gegner wohl erkennen werden, kömmt auch gar zu oft vor.[3] Ein edles Herz solte mit Maasse tadeln und mit Ueberfluß rühmen.

---

52 [1] *Codrus* und *Olint und Sophronia,* daraus das gleich folgende Zitat (Z. 1 ff.).

   [2] Anspielung auf Schönaichs *Die ganze Ästhetik in einer Nuß oder Neologisches Wörterbuch,* 1756, das gegen den Stil Klopstocks, Hallers und Bodmers polemisierte.

   [3] Gottsched.

53   G e n f.

Der andere Theil der neuen Voltärischen Werke hat zum Titel: Ouvrages
Dramatiques avec les pieces relatives a chacun. T. V. Diese neue Schauspiele sind Tancrede, Olympie, Zulime, und le droit du Seigneur. Die erste
Tragödie haben wir schon angezeigt:[1] von den übrigen können wir nicht
eingestehen, daß des Verfassers Geist das Alter fühle. Wir finden sie voll
Feuer und Leben, und die Einführung einiges äusserlichen Glanzes in das
allzu metaphysische Trauerspiel ist aus den alten glücklich nachgeahmt, ob
man wohl, wegen der Franzosen Neigung, das Lächerliche in allen Dingen
auszufinden, nicht wohl wagen darf, gar viele und folglich auch schlechte
Schauspieler auf die Bühne zu bringen. In der Olympie ist die Geschichte
auf eine Weise vorgestellt, die dem Schauspiele Schaden thut. Man kan
unmöglich den grausamen, den unerbittlichen, den tückischen Cassander
für den Helden einer Tragödie annehmen, und sich sein Unglück Leid
seyn lassen. Olympia ist würklich in eine äusserste Enge gebracht. Ihrer
sterbenden Mutter Wille giebt sie dem Antigonus, der sie sehr zweifelhaft
liebet, und nimmt sie ihrem vertrauten Liebhaber. Aber ihr Verbrennen
ist weit vom Costume der Griechen entfernt, bey denen der Selbstmord
sehr selten war. Hin und wieder stehen unnöthige Fehler wider die Geschichte. Unter den Nachfolgern des Alexanders ist kein Antiochus, der
blos als des Seleucus Sohn später auf das grosse Theater der Welt gekommen ist. Mit allem dem ist es mehr ein Fehler im Plan, wenn man sich weniger gerührt findet, als ein Mangel in der Ausführung des Planes. Diese
Tragödie ist nicht gespielt worden. Die Critik der Athalia hätte wegbleiben sollen. Die Characteren des Racine sind nicht nach der Moral der
Schauspielhelden, sie sind aber nach der Natur. Athalia hat nicht 43 Söhne haben müssen, und folglich ist sie nicht nothwendig 106 Jahre alt. Die
42 Söhne, die Jehu aufgerieben hat, können von verschiedenen Weibern
gewesen, und alle in wenigen Jahren gebohren worden seyn. Zulime ist
ein Schauspiel, wo ausser des alten Benassars lauter lasterhafte Personen
auftreten. Man kan die Heldin Atide, und ihren zweydeutigen Mann nicht
entschuldigen, daß sie die arme Zulime im Glauben lassen, Ramire seye
im Stande, sie zu heyrathen. Bald fällt uns der Graf von Gleichen mit seinem grossen Bette ein. Der Mangel einer Person, für die man wünscht und
fürchtet, macht hier alles sonst Schöne zu nichte. Nur ist V. mit dem Selbst-
morde zu fertig. Weder eine christliche Atide, noch auch eine morische
Zulime, solten so geneigt dazu seyn. Es ist ein Fehler wider das Costume,
die römischen Sitten in die fremdesten Völker zu bringen: und uns dünken

---

53 [1] *GGA*, 1762, 815.

die Coups de Theatre ein unnatürliches Spiel, da man gerade zuspringt und zur rechten Zeit dem Helden, der leben soll, den Stahl aus den Fäusten reißt; hingegen den Orosmane,[2] mitten unter seinen Freunden und Dienern, und hier die Zulime vor den Augen ihres liebenden Vaters und seiner Diener sich ruhig ermorden läßt. Besser gefällt uns die zweyte Pamela, die den Hauptvorwurf des Droit du Seigneur macht. Die Rolle gefällt immer, und allgemeine Gunst begleitet eine blos durchs Glück gedrückte liebenswürdige Unschuld. Doch hilft V. seiner Pamela damit auf, daß sie eine Fräulein ist, ein Umstand, den man in Engelland minder nöthig hat. Macht 472. Seiten aus.

1764, 160: François Fénelon, Aventures de Télémaque, I, II, 1762.

54   L a u s a n n e.

Wir haben späte eine artige Auflage der Avantures de Telemaque erhalten, die Grasset in zwey Duodezbänden bewerkstelliget, und mit angenehmen ungezeichneten Kupfern geziert, auch schon im Jahre 1762 herausgegeben hat. Sie ist sonst den andern Auflagen mit den Anmerkungen ähnlich, in welchen man verschiedene Anspielungen auf Ludwig des XIV. Hof und Regierung aufzeichnet. Man kan dieses vortrefliche Werk nie zu gemein machen. Wir können aber dabey unser Verlangen nicht verschweigen, daß jemand die beyden ältern Ausgaben des Telemaque angehängten anmuthsvollen Avantures d'Aristonous wieder auflegen möchte. Wenn sie auch nicht von Fenelons Feder wären, so haben sie die nehmlichen sanften Reize zur Tugend, und sind uns in unserer Jugend recht rührend vorkommen. Der Inhalt ist Freundschaft und Dankbarkeit.[1]

1764, 205–207: Shakespeare, Theatralische Werke, übersetzt von Wieland, I, II, 1762, 1763.

55   Z ü r i c h.

Orell, Geßner und Compagnie haben im J. 1763. eine Uebersetzung der Shakespearischen theatralischen Werke zu drucken angefangen, die den Hrn. Wieland zum Verfasser hat, und in groß Octav mit artigen Zierraten abgedruckt wird. Schon wie wir von dieser Unternehmung hörten, waren wir für die Ausführung in Sorgen. Shakespear ist alt, er zielt auf

---

53 [2] In Voltaires *Zaire*, 1732.

54 [1] Vgl. 1772, 279: »Freylich rühmt man hier den Telemach: wir würden die allzuhäufige heidnische Mythologie, die unanständigen Geschäfte der Götter, die unmöglichen Vorschläge, wie die Eintheilung der Bürger in Classen, und die allzu umständlichen Zweykämpfe, in etwas gemildert wünschen.«

damalige Geschichte, Romanzen und Londonsche Sitten, er ist metaphorisch, und oftmals den besten Englischen Kennern fast unverständlich,
wie wird es, dachten wir, einem Uebersetzer ergehen? Hr. Wieland ist, wie
wir jetzt sehen, glücklicher gewesen, als wir erwartet hatten. Er hat zwar
vieles ohne Reimen gelassen, was Shakespear gereimt hatte. Er hat zuweilen pöbelhafte Scenen ganz unterdrückt (und hätte vielleicht noch einige
mehr unterdrücken können) und folglich ist seine Uebersetzung nicht ganz
buchstäblich. Es sind auch einige Fehler zurückgeblieben. »Ahorn Becher«
sind Eicheln (Acorns) Becher. Mylord kan gegen den König auf Deutsch
nicht gesagt werden, nachdem einmal dieser Nahmen der Ehrentitel des
obern Adels geworden, und vom Könige nicht mehr gebräuchlich ist. Aber
dennoch läßt sich die Uebersetzung ganz wohl lesen, und so viel wir uns
des von uns oft gelesenen Shakespear erinnern, ohne ihn bey der Hand zu
haben, drückt sie den alten lebhaften und zuweilen phantastischen Schauspieler ganz wohl aus. Die dießmaligen Bände enthalten fünf Schauspiele,
in deren besten (Maaß für Maaß) wir einige anstößige Redensarten vielleicht vermieden haben würden. Und hingegen würden vielleicht andere
glauben, es gehe dadurch dem natürlichen (naiven) Wesen des Verfassers
etwas ab. S. 292[2] können wir nicht glauben, daß like jemals anständig bedeutet habe, und meinen vielmehr, Isabella habe nicht ohne Scharfsinnig-
keit sagen wollen, möchte es so wahrscheinlich seyn, als es wahr ist. Aus
diesen Schauspielen könnte man sonst, wenn man verschiedene unzüchtige
Reden vermiede, ein zwar nicht an die Einheit des Tages gebundenes,
aber überaus schönes Schauspiel machen. Es ist die verbesserte Geschichte
des Rhynsolts und der Sapphira.[1]

1764, 431: Recueil anglais, I, II, 1763. (Auszüge aus London Chronicle.)

56   [Amsterdam.]

Boitte hat im J. 1763. zwey Duodezbändchen mit dem Titel gedruckt:
Recueil Anglois 1 und 2 Volume. Es ist, wie wir glauben, ein Nachdruck
nach einer parisischen Auflage. Die Sammlung selbst ist aus dem London
Chronicle, wohin sie aus verschiedenen Quellen zusammen getragen worden. Sie haben doch in Frankreich gefallen, und der Herausgeber hat freylich Sorge getragen, dasjenige auf die Seite zu schaffen, was etwan die
Eifersucht beyder Nationen nicht hätte vertragen können. Er spricht sehr

---

55 [1] Von Christian Leberecht Martini (1755), das erste bürgerliche Trauerspiel
  in Deutschland (Richard Daunicht, *Die Entstehung des bürgerlichen Trauerspiels in Deutschland.* Berlin 1963, S. 237 ff.). Wiedergedruckt in Band IV
  des *Theater der Deutschen,* 1767, rez. von Haller, *GGA,* 1767, 1040.
  [2] Wielands Anmerkung zu *Measure for Measure,* V, 1, 103–104.

hart von dem Lobe, das Pope dem in der That unnachahmlichen Shakespear gegeben hat, heißt es un panegyrique insipide, und dem Shakespear
selber wird der kleinste Funke des guten Geschmacks abgesprochen. Und
vielleicht kömmts doch auf die Empfindung an, und ist eine Wiese voll
aromatischer Gewächse schöner, als ein ordentlicher Garten von wohl
abgemessenem Ziegelstein und Sand, in die besten Blumenzüge gestreut.
Eben so begegnet man hier dem rührenden, obwohl monotonischen Ossian,
bei welchem kein Vorwurf von einem niedrigen Verstande Raum hat. Die
Wahl ist sonst nicht die beste, und manches altes und schwaches Stück beybehalten.

1764, 558–559: Lettre de J. J. Rousseau à M. de Voltaire, 1764.

57   Genf.

Mit vorgedrucktem Jahre 1764. ist abgedruckt: Lettre de J. J. Rousseau
à Mr. de Voltaire. Der Inhalt ist eine Widerlegung der trostlosen Klagen
des Herrn v. V. über das Erdbeben zu Lissabon,[1] und diese kleine Schrift
ist auch schon A. 1756 unterschrieben. Voltaire zog aus dieser damals sehr
vergrösserten Umstürzung einen Einwurf wider Gottes Güte und Vorsehung. Warum läßt Gott die Menschen so elend umkommen? Warum
sprang die Mine nicht unter einer Wüste? Nichts ist in der Natur recht
ordentlich; kein Planet geht nach genauen Gesetzen; viele Begebenheiten
sind zu gering, und haben keinen Einfluß aufs Ganze; das Böse ist offenbar, zumal das physische. Bayle wird ohne Ursache verfolgt. Er hat beyder Meinungen Gründe vorgetragen, und nichts entschieden; und Cicero
wird für Fürsten übersetzt, der eben so sehr zweifelt, ob ein Gott sey. So
sagt Voltaire. Herr Rousseau antwortet nach seiner Art. Warum sind die
Menschen zusammen gekrochen, und haben 20 000 hohe Häuser dicht an-
einander gebauet. Wären sie auf dem Lande zerstreut in Hütten geblieben,
so hätte das Erdbeben ihnen keinen Schaden gethan. Die Philosophen klagen zu sehr über das Uebel in der Welt, und wenn es zum Tode kömmt, so
schicken sie ihn dennoch zurück. Allerdings handelt die Natur nach genau-
en Gesetzen: sie allein handelt richtig, ob wir wol bey den Planeten die
Ursachen der anscheinenden Unrichtigkeiten nicht alle kennen. Man kennt
sie täglich besser, und findet die Gründe zu den Unrichtigkeiten des Mon-
des im Anzuge andrer Irrsterne. Die Menschen können nicht wissen, was
eine geringe Begebenheit für Folgen haben mag. Die Frage über die Vorsehung hängt von der Frage über die Unsterblichkeit und eine andre Welt
ab; und so bald man einen Gott erkennt, folgt diese, sagt Hr. R. unwi-

---

56 [1] *Poème sur le désastre de Lisbonne, 1756.*

derlegbar. Und nun wiederum sagt Hr. Rousseau, Gott werde keinen Ungläubigen (de bonne foi) verdammen: man solte eine wesentliche Religion bestimmen, und keine Secte erlauben, als die mit dieser Religion sich vertragen kan. Er, Hr. R., wird bis an sein Ende die Vorsehung und die Unsterblichkeit glauben, (aber er sagt kurz vorher, sein Herz helfe hierinn seinem Verstande glauben). Ist in Duodez 60 Seiten stark.

1764, 592: Jean François de la Harpe, Le Comte de Warwick, 1764.

58   P a r i s.

Ganz neu ist ein Trauerspiel des Hrn. la Harpe, le Comte de Warwick, und bey Duchesne in diesem Jahre gedruckt. Es begreift den Zorn des berühmten Grafen über Edwards Heyrath mit Elisabeth Woodville, worüber er zur Parthey der Königin übergieng, und Edwarden aus dem Reiche trieb. Die Geschichte ist hier in den unbequemen Leist von 24 Stunden gezwungen: und Warwicks Feldzug wider den König, in einen Auflauf des Volkes verwandelt, wobey sich Warwick mächtig genug sieht, den König vom Throne zu stürzen, aber ihm großmüthig vergiebt. Dergleichen der Geschichte entgegen streitende romanenhafte Verstellungen grosser und bekannter Begebenheiten mindern, wenigstens nach unserm Geschmacke, die Antheilnehmung des Zuhörers, der sich allzudeutlich erinnert, was er sehe, sey der Wahrheit entgegen. Warwicks Character wird auch dadurch verfälscht, und die damaligen Zeiten waren nicht die Zeiten der Großmuth im Vergeben. Hr. la Harpe hält indessen sein Trauerspiel um etwas besser, weil es keine sogenannte tirades prächtiger Gesinnungen hat, worinn man heutiges Tages die größte Schönheit der Tragödien setzt. Dieselben sind in der That mehrentheils, wie des Theramenes mahlerische Beschreibung in der Phädra, unzeitig, und wider die Natur der Affecten, die dergleichen moralische Reden nicht zulassen. Hr. la H. hat sonst eine gute und gewiß nicht verwerfliche Schreibart. Nur sind, wenigstens in unsern Begriffen, die heutigen Tragödienschreiber in der Wahl der Geschichte minder glücklich als Corneille.

1764, 751–752: Nivelle de la Chaussée, Œuvres, I–V, 1762.

59   P a r i s.

Prault hat noch im J. 1762 in fünf Duodezbändchen abgedruckt: Oeuvres de Mr. Nivelle de la Chaussée, de l'Acad. Françoise. Man schreibt dem Hrn. N. die Erfindung der Comédie larmoyante zu, wo nehmlich die Absich zu rühren ist, und nicht, das Lächerliche zu zeigen. Des Plautus captivi sind aber schon von dieser Absicht, und unfehlbar hat Menander in eben diesem Geschmacke geschrieben, dessen Verlust gewiß einer der grösten ist; denn aus seinen Lustspielen würden wir die Sitten, Gebräuche und Sittenlehre der Athenienser, und ohne Zoten, ohne das Gift der Verläumdung, kennen gelernt haben. Hr. N. hat in diesem Geschmacke einige sehr schöne Stücke geliefert, wie das Préjugé à la mode: die Ecole des meres; Ecole des amis, und Melanide, welches letztere Stück uns am wenigsten gefällt. Andere Lustspiele sind blos verliebt, wie das artige Stück Amour pour amour. Zum Trauerspiele, wohin sich Hr. N. auch gewagt hat, war seine Stimme nicht stark genug, denn seine Schreibart ist gar oft schwach und prosaisch, auch nicht eben allemal rein und grammaticalisch. Am meisten Unrecht thun ihm die jugendlichen Stücke, die der Buchhändler dem fünften Bande angehängt hat. Sie sind unerträglich, voller Zoten, im niedrigsten Geschmacke des Pöbels, und haben dennoch das Reizende nicht, das sonst la Fontaine, Voltaire und andere dieser schädlichen Classe von Schriften zu geben gewußt haben. Auch das allerletzte Stück, worinn Hr. N. das bekannte System des Law[1] vertheidigt, und darüber das Parlament durchhechelt, gereicht dem Herzen des Hrn. N. nicht zur Ehre.

1764, 767: Germain de Saint-Foix, Œuvres de théâtre, I–IV, 1763.

60   H a a g.

Wir haben den hiesigen im J. 1763 vollendeten Abdruck der Oeuvres de Théatre de Mr. de S. Foix vor uns, der nach der neuen parisischen Auflage von vier Bänden gemacht worden ist. Hr. de S. F. ist ein Hofdichter, dessen Geschäfte scheint gewesen zu seyn, kleine galante Schauspiele, zumal bey gewissen Gelegenheiten, zu liefern, und dahin gehören seine Schauspiele mehrentheils, denn weder das tragische kleidet ihn, noch das echte comische; blos die Liebe, und was dahin einschlägt, geräth ihm, und macht eine eigene Manier bey ihm aus. Alle seine Stücke sind klein, und keines von fünf Aufzügen. Sie haben mehrentheils etwas besonders angenehmes, wie das Orakel, die Gratien, Julie, le Financier. Einige Stücke haben uns gezwungen gedünkt, wie das double deguisement, Egerie, Zeloide: dann auch im Schauspiele wünschten wir nicht allzu unwahrscheinliche Verstellungen und Entdeckungen. Ueberhaupt mangelt dem Hrn. de S. F. das Rührende, das bey dem Anblicke einer unerwarteten reinen Tugend, und bey guten Herzen, in Thränen ausbricht. Wir brauchen diesen

---

59 [1] John Law (1671–1729), einflußreicher Bankier in Frankreich, Gründer der Banque Générale. Gemeint ist die Verserzählung ›L'Aventure au Bois de Boulogne‹.

in Teutschland verächtlich gewordenen Ausdruck mit Fleiß, weil wir ihn für den vornehmsten Vorzug der Menschen ansehen.

1764, 776: Shakespeare, Theatralische Werke, übersetzt von Wieland, III, 1763.

61   Zürich.

Der dritte Band der Shakespearischen Schauspiele ist im J. 1763 auf 460 Seiten herausgekommen. Er begreift den Kaufmann von Venedig, den Timon, und den Lebenslauf des K. Johanns. Herr Wieland hat, und wie wir glauben, mit Recht, die hin und wieder recht schimpflichen niedrigen Gezänke, Wortspiele und (quaint) gezwungne Redensarten des Verfassers vermieden, dergleichen bathos ist noch genug vorhanden, und S. hat allerdings mit dem alten Lucilius gemein, daß ein vernünftiger Leser recht wünschen möchte, bey dem echten Schönen vieles nicht zu sehen, das er hier finden muß. Hingegen sind hin und wieder unnachahmlich schöne Scenen, wie der ganze Charakter des Shyloks; und Arthurs Vertheidigung gegen den Hubert.[1] Vermuthlich wird es S. 360 ein Druckfehler seyn, was vom Blitze des Puders gesagt wird. Das Pulver war zwar auch nicht erfunden, aber Shakespear hat noch viel gröber wider die Ordnung der Zeiten gefehlt.

1764, 825–828: Voltaire, Contes de Guillaume Vadé, 1764.

62   Genf.

[...] und in einer andern [Geschichte] macht er die Einwürfe der Geistlichen wider die Schaubühne lächerlich, (und dennoch finden wir die Comödie in Frankreich, zumal beym Moliere, so lasterhaft, daß wir der Geistlichen Widerwillen nicht tadeln können. Der Betrug wird fast in allen Stücken gerühmt, und die Einfalt derjenigen lächerlich gemacht, die ihm nicht widerstehen können.[1] Das Jourdains Freund dünkt uns zehnmal unwürdiger, als der elende Jourdain,[2] der sich auf die unwahrscheinlichste Weise zum Mamamouchi[3] machen läßt, und ein guter Türke zu

---

61 [1] In *King John*, IV, 1.

62 [1] Vgl. 1768, 767: »Hrn. Weißens mißtrauischen haben wir immer mit Vergnügen gelesen, weil er, gerade wieder des Herrn Destouches poetische Ungerechtigkeit, der stammlenden Bescheidenheit den Vorzug vor dem lasterhaften Witze giebt: da hingegen alle Lustspieler, und Moliére der erste, das witzige Laster krönen, und die Einfalt allein lächerlich machen.«
    [2] Im *Bourgeois Gentilhomme*.
    [3] Von Molière *(Bourgeois Gentilhomme)* erfundener Titel für einen türkischen Würdenträger.

seyn verspricht.) [...] Eine Geschichte des Moliere,[4] die Beurtheilung seiner Schriften ist angenehm zu lesen, doch viel zu vortheilhaftig. Moliere ist grossentheils ein Possenreisser; in der wahren Kenntniß zumal der tugendhaften Menschen ist er fremd, und keines seiner Spiele kan mit den Conscious Lovers, ja nicht einmal mit der Hecyra[5] hierinn verglichen werden. Er kannte und mahlte eine lasterhafte Welt. Wir übergehen die andern Schriften. [...]

1764, 1068–1071: Pierre Corneille, Théâtre, hrsg. von Voltaire, I–XII, 1764.

63   Genf.

[...] Er schrieb überhaupt unrein, und opferte den ersten Reim gar zu sehr dem zweyten auf. Er schrieb auch zu geschwind, und besserte zwar zuweilen in den nachfolgenden Auflagen etwas, aber nicht oft genug aus. Die kritischen Anmerkungen sind wichtiger. Voltaire ist ein alter erfahrner Meister in der Schaubühne, und besitzt zumal die Gesetze des Wohlstandes sehr wohl, den Corneille oft verabsäumet, ob er wohl zu allererst ihn auf die Schaubühne eingeführt hat. Voltaire fühlt also sehr genau die Fehler wider die Einheit des Schauspieles, wider die richtige Folge der Auftritte, wider die Beybehaltung der Theilnehmung an einer Person, ohne die kein Schauspiel gefallen kann. Seine meisten Anmerkungen sind gut und richtig: hin und wieder mag er den Scrupel etwas weit getrieben haben, und er hat wirklich dadurch die Nation ziemlich aufgebracht. [...] In der Rodogune ist uns in der That das Verlangen einer tugendhaften Fürstinn unerträglich, da sie denjenigen von zwey Söhnen zu heyrathen sich erbietet, der seine Mutter ermorden werde. [...] Auch beym Leben des P. Corneille ist V. scharf, und fast caustisch. Die wunderschöne Athalia fühlt seine böse Laune, vielleicht weil sie aus dem alten Testamente ist. Beym Shakespear finden wir ihn völlig unbillig. Der Mann schrieb unter der Königinn Elisabeth. Was hatten damals die Franzosen für Schauspiele? Er starb jung, und war von gemeinen Leuten entsprungen. Es ist fast ein Wunder, daß er dennoch die römische Geschichte so wohl besaß, und die vornehmsten Personen nach ihrem Charakter, selbst Voltaires Geständniß nach, reden ließ, besser, als noch kürzlich geschah, da sich Cato von Catilina zu Paris schweigen heißen ließ, eben der Cato, dessen unüberwindlicher Muth wider des Cäsars künstliche Rede, den Senat zwang, die Verschwornen zum Tode zu verurtheilen.[1] Die große Achtung für den Racine, und selbst für den Quinault, vergeben wir dem Hrn. v. V. leichter. Er macht aus der Reinigkeit der Sprache den ersten Vorzug, den doch

_____

62 [4] ›Vie de Molière‹.   [5] Von Terenz.   63 [1] Vgl. oben S. 41.

seine eigene Reime oft ermangeln. Wenn übrigens V. deutsch könnte, so würde er sich über die Seltenheit der Reime im Französischen nicht beklagen noch schreiben, in keiner Sprache sey die Versifikation mehr gefesselt. [...]

1764, 1081–1084: Jos. de La Porte, Ecole de littérature, tirée de nos meilleurs ecrivains, I, II, 1764.

64   P a r i s.

[...] Das Purgiren der Paßionen ist wohl eine bloße Einbildung. Was kann die höchst tragische Geschichte des Oedipus purgiren? Nichts als höchstens anrichten, daß man keine alte Frau heurathen solle, denn nur die kan unsere Mutter seyn. Es ist offenbar kein Zweck dabey, als zu rühren. Dem Menschen ist der Tumult der Passionen angenehmer als ihre Stille. Er sucht ihn im Spiele, im Roman, auf der Schaubühne, überall ist nur seine Absicht, bewegt zu werden. Die Lehre über das Mechanische der Schaubühne zeigt einen sehr erfahrnen Verfasser. Das Comique larmoyant wird ohne alle Ursache verurtheilt. Wenn etwas nützliches auf der Schaubühne ist, so können es die Schauspiele seyn, wo Leute, wie wir, uns große und rührende Beyspiele der Tugend geben. Denn die tragische Tugend ist mehrentheils für die meisten Menschen zu hoch, zu selten, und in den meisten Tragödienschreibern falsch und romanisch. Die Natur hat unserm Geschmacke nach so wenig sich beym Moliere erschöpfet, daß er mehrentheils nur für den Pöbel, und sehr selten für den Kenner geschrieben hat; und sein verdorbenes Herz strafte die Einfalt, dabey es des Lasters schonte. Terentius hat nicht nur la vie honteuse des Courtisanes d'Athenes gemahlt, wenig heutige Schauspiele haben mehr Zärtlichkeit, als er besaß, und auch nur in der verachteten Hecyra zeigt. Und des Plautus Captivi gehören offenbar zur edlen Comödie. [...]

1764, 1264: Shakespeare, Theatralische Werke, übersetzt von Wieland, IV–VI, 1764–1765.

65   Z ü r i c h.

Wir haben den 4., 5ten und 6ten Band der theatralischen Werke des Shakespear erhalten, die Herr Wieland übersetzt und Orell und Comp. gedruckt haben. Hr. W. hat das allzupöbelhafte oder auch auf lauter Wortspielen beruhende Geschwätz des Englischen Schauspielers mehrentheils ausgelassen, bey andern etwas leidlicheren Wortspielen gezeigt, worinn das wahre lächerliche liegen solle, und das gute beyzubehalten getrachtet. Es ist in der That an dem ungelehrten Manne, der bloß aus einer Uebersetzung des Plutarchs seine Geschichte gelernt, eine besondere

Fähigkeit, den römischen Character, und zumal das große aber leicht zu
verführende Herz des Antonius, und hingegen den immer seinem Zwecke
in allen seinen Thaten zuzielenden jungen Cäsar richtig zu schildern: wobey man ihm zuweilen einen niedrigen, und zuweilen auch einen aufge-
dunsenen Ausdruck nicht verübeln, noch eine Art der Einigkeit verlangen
muß, die damals in Europa unbekannt war.[1]

1765, 89–96: Henry Home (Lord Kames), Elements of Criticism, I, II,
1762.

66   E d i m b u r g.

[...] Sentiments heißt L. K. die Gedanken, die durch eine Bewegung
oder durch eine Leidenschaft erweckt werden. Hier ists, wo Hr. H. der
Franzosen Unwillen sich zugezogen hat, indem er ihnen eine allgemeine
Kälte in ihrer Abmahlung der Leidenschaften, und sogar in ihrer Aus-
sprache zuschreibt. Beym Ueberlegen seiner Critik haben wir gefunden,
daß die Franzosen Fürsten und Könige in ihren Tragödien reden lassen,
daß diese vornehmen Personen von Jugend auf lernen, ihre Leidenschaften im Zaume zu halten, und weder Zorn noch andere heftige Affecten zum Ausbruche zu lassen; daß folglich die Franzosen die Leidenschaften dieser erhabenen Menschen nur durch einen Schleyer zeigen, und
daß die Gewohnheit dennoch dieselben dem Leser und zu sehen eben
so begreiflich macht, als wann sie sich, wie die alten Griechen, dem Ach
und Wehe überliessen. Rendez grace au seul noeud qui retient ma colere[1]
ist ein eben so starkes Gemählde eines wohlgezogenen aber aufgebrachten
Achilles, als wann ihn Shakespear hätte toben lassen, und dieser letztere,
und durchgehends die Engländer haben auf ihrer Seite durch die Figuren
eben so sehr gefehlt, die sie in der höchsten Leidenschaft sich erlauben.

---

65 [1] Vgl. 1765, 1126: »Vom Shakespear wird viel zu viel gesagt. Ein grosser
    Theil seiner Schauspiele sind voll concetti, und unnatürlicher Ausdrücke,
    wozwischen allerdings zuweilen etwas unverbesserlich schönes hervor schim-
    mert; und es ist eine Anmerkung in der Geschichte des menschlichen Ver-
    standes, daß zur nemlichen Zeit die Italiäner ihre besten Schauspieler und
    Dichter, die Engelländer die helle Morgenröthe des Shakespears, und Frank-
    reich die elendesten Dichter von der Welt besessen hat. Ben Johnson wird
    hingegen etwas hart gerichtet.«
        1770, 163: »Aus des gelehrten Johnsons Vorrede wird Shakespear, und
    nur allzusehr, vertheidigt. Man kan seine Wortspiele, seine niedrigen Aus-
    drücke, nicht entschuldigen, und muß hingegen das eigenthümliche, uner-
    wartete, und ausnehmende Schöne vieler seiner Züge bewundern.«

66 [1] In Racines *Iphigénie*, IV, 6.

96

Ein anders ists, wann Hr. H. die Galanterie der Französischen Dichter tadelt, die allerdings eine schwache Abbildung der Liebe ist. [...] Die Mechanic der Verse ist gleichfalls sehr umständlich, und die Franzosen würden dabey viel zu lernen finden. Hingegen würde Hr. H., wenn er deutsch verstünde, vieles leichter gefunden haben. Wir lernen von unserm Ohre, daß bey den zehnsilbigen Versen der Abschnitt allemal auf die vierte Silbe fallen sollte, und daß es eine Freyheit ist, wenn er auf die fünfte fällt. Was L. K. von den Reimen sagt, ist nicht ohne Grund, doch finden wir Exempel genug, wo nicht nur im angenehmen, sondern auch im erhabenen, die Reimen keinen Uebelstand machen, und es bleibt ihnen allemal die Schönheit, die von der überwundenen Schwierigkeit entsteht. [...]

1765, 113–115: Henry Home, Elements of Criticism, III, 1762.

67   E d i m b u r g .

Der dritte Band von Heinrich Homes, Lord Kames Elements of criticism (s. S. 89.) beschließt dieses merkwürdige Buch, und hat 406 Seiten, ohne ein allgemeines Register. Er geht noch tiefer in das besondere der freyen Künste. Von den Gleichnissen handelt Hr. Home umständlich, einer Figur, die mit keiner Gemüthsbewegung nach unserm Begriffe bestehen kann, und überhaupt sehr sparsam gebraucht werden muß, und niemals anders, als vom Dichter selbst mit einigem Anstande kommen kann. Doch finden wir, aus der nehmlichen Ursache, Popens Gleichniß aus dem Rape of the Lock schön, weil es eine scherzhafte Nachahmung des epischen ist. Die Figuren haben die Namen oft aus der Quelle der Leidenschaften. Nachahmung unbeseelter Dinge nennt unser L. K. eine Personification. Sie belebt überhaupt ein Gedicht gegen den Kunstgriff der Alten, den zumal die Franzosen sehr verabsäumet haben.[1] Die Hyperbole ist gleichfalls der Furcht, auch wohl des Zornes und der Liebe Sprache, und bey den Alten sehr gemein, aber verdient, wie unser V. wohl lehrt, mancherley Einschränkung. Im folgenden Exempel wird nach der Verwandtschaft der Begriffe ein Beywort gebraucht, das nicht unmittelbar dem Vorwurfe selbst zugehört, wie »frölicher Wein«; eine Figur, die gemein ist, aber eine Mäßigkeit erfordert. Wir übergehen die noch sparsamer zu gebrauchende Allegorie, und die weit natürlichere Metaphor. Von dieser letztern sondert unser V. den Figurative sense, der eben dahin gehört, wie der Morgen des Lebens für die Jugend, und alle folgende Exempel, in welchen durch und durch ein verwandter Begriff für den andern gebraucht wird, und wobey Hr. K. verschiedene Stellen recht beurtheilt, in welchen die

---

67 [1] Vgl. unten S. 140.

Verwandtschaft zu weit gedähnt worden ist. Die Beschreibungen folgen hiernächst. Hier ists, wo Hr. H. mit größtem Recht Voltairens und in der That anderer Franzosen allgemeine abstracte Beschreibungen tadelt, da doch nur die Umstände eine Beschreibung eindruckend machen, worinn niemand den Richardson übertrift; und auch die großen Alten entrinnen der gerechten Kritik nicht. Unser Lord rechnet es dem Virgilius zum Laster, daß er niemals sinkt, sondern in einer prächtigen Schreibart vom Anfange des Werks bis zum Ende sich erhält. Wann dieser Vorzug wahr wäre, wie wir ihn nicht durchgehends wahr finden, so finden wir ihn den größten, dessen ein Dichter fähig ist. Der Name selbst des Heldengedichts fordert diese Pracht, und schließt das kalte und gemeine aus, in welches Homer so oft versinkt, und welches bloß durchs costume entschuldiget werden kann. L. K. unterscheidet im folgenden Capitel die epische Schreibart von der dramatischen. Er wünscht, daß das letztere im epischen selber den größten Antheil haben möchte. In beyden Arten ist der Haupt-zweck, den Leser wie zu bereden, daß die Geschichte wahr seye, auf daß er daran Theil nehmen, und die Leidenschaften fühlen möge, die die spielenden Personen leiden, deswegen verwirft der V. auch der Französi-schen Heldendichter moralische Personen, die uns alle Augenblicke erin-nern, wir haben eine bloße Fabel vor uns. Bey den drey Einheiten denkt er etwas frey und brittisch. Nur eine Fabel zu verfolgen findet er recht, aber weder die genaue Beybehaltung der Zeit noch des Ortes so nöthig, wann nur das letztere mit einem neuen Aufzug sich verändert, und die erste nicht so ungeheuer lang ist. Diese zwey Einheiten haben ihre Quelle aus Griechenland, weil daselbst das Chor niemal von der Schaubühne ab-trat, und folglich eine ununterbrochene Zeit und einen unveränderten Platz erforderte. Gewiß ist, daß diese Regeln die meisten französischen Schauspiele verunstalten. Lange Kriege haben zu plötzlichen Aufruhren gemacht werden müssen, und Emilie verschwert sich wider den August in eben dem Zimmer, in welchem dieser sich mit sich selber unterredet, und sich selbst das Urtheil spricht.[2] Die besondersten und eigensten Ge-danken, zumal für einen Leser, der kein Britte ist, folgen zuletzt in der Abhandlung von den zierlichen Gärten und der Baukunst. Beyde sind auf die ersten Grundsätze zurück gebracht, und die Quellen des Gefallens metaphysisch entdeckt. Wir können aber diese Abhandlungen nicht weiter verfolgen.

---

67 [2] In Corneilles *Cinna,* 1640.

98

1765, 129–131: Fingal, an Ancient Epic Poem with other Poesies by Ossian, 1762.

68   London.

Wir haben schon lange in den Wochenschriften dieses Werk angesagt gelesen, da es aber zu unsern Händen endlich gekommen ist, so glauben wir, es wäre eine Ungerechtigkeit, es nicht selbst anzuzeigen, und ihm seinen verdienten Ruhm zu geben. Wir sprechen von Fingal, an Ancient epic poem with other Poesies by Ossian, son of Fingal, translated from the Galic language by James Macpherson, bey Becket und Dehondt 1763 in Quart auf 334 Seiten. Wir müssen zuerst den Verdacht ablehnen, den wir in Französischen Monatschriften gelesen haben, die diese Gedichte für eine Arbeit des Herausgebers, und folglich für untergeschoben angeben. Wir finden an hundert Orten Beweise, die diesen Argwohn widerlegen, der übrigens in keinem Englischen Journal uns vorgekommen ist. Der Herausgeber beruft sich auf die in Händen habende Handschrift, die er habe herausgeben wollen. An vielen Orten sagt er, dieses und jenes Gedicht werde noch in Schottland zur Harfe gesungen: das eine seye im Lyrischen Silbenmaasse aufgesetzt, auch seye seit mehr als bey Menschen-Alter auf diese Gedichte sehr oft angespielt worden. Der Ungenannte, der über diese Gedichte Vorlesungen gehalten hat,[1] zeigt nicht den geringsten Verdacht, und findet diese Gedichte den Zeiten angemessen, in welchen sie aufgesetzt seyn sollen. Wir haben selbst das Costume eines nördlichen Landes, und eines noch in der Barbarey lebenden Volks in allem beybehalten gefunden, es müßte dann des Cuchullins mit kostbaren Steinen gezierter Wagen, eine sonst alte Brittische Erfindung, etwas zu kostbar seyn. Die Sitten und die Religion sind auch so uralt, daß es zwar unerwartet ist, im dritten Jahrhunderte ein so beträchtliches Gedicht zu finden, aber noch weit wunderbarer uns vorkäme, wenn ein heutiger Britte die Sitten der alten Welt so genau abzuschildern wüßte. Denn wir finden in diesen Gedichten eine Schreibart, die aus den biblischen Schriften, aus dem Homer, und aus den Reden der Irokesen zusammengesetzt ist, und dennoch ihr eigenes hat. Minder geschwätzig als der Griechische Barde, ernsthaft und traurig wie der Irokese, voller Bilder und Gleichnisse wie die Schriftsteller des alten Testaments, mahlt uns Ossian, uralte Menschen ohne Schriften und Wissenschaften, und ohne Künste, blosse Jäger und Krieger, die aber ein unendlich zärtliches Gefühl von der Ehre, und zum einzigen Zwecke ihrer Thaten haben, das Lob der Nachwelt zu verdienen. Das blinde Alter des Verfassers dämpft den Ton seiner Muse, und überstreuet alles mit einer gelinden Schwermuth, so wie auch fast alle Begebenheiten traurig sind. Freylich sind die Gleichnisse

---

68 [1] Hugh Blair, vgl. den letzten Absatz.

zu häufig, und die Schreibart etwas zu monotonisch; aber sie ist dennoch voll Feuer, Empfindung und Leben, ohne Witz und ohne Epigramma. Die Sitten sind sonst vollkommen, und Fingal ein Muster eines großmüthigen Retters der Unterdrückten; durch und durch sind auch Ossians Helden weit freygebiger, bescheidener, und gütiger als Homers seine blos durch die Stärke sich erhebenden Räuber. Das vornehmste Gedichte beschreibt einen Sieg des Fingals, der noch wider den Caracalla Krieg geführt hat, und das Gedicht soll gegen das Ende des dritten Jahrhunderts von dem nunmehro alten Sohne des Helden, dem Sänger Ossian, der selbst ein Held war, gedichtet worden seyn. Fingal war ein Celte, der in den westlichen Hochländern herrschte, da schon damals die nehmliche Sprache, und das nehmliche Volk wohnte, das auch Irrland besaß. Das Gedicht selbst ist kurz, und hat eine vollkommene Einheit so gar in der Zeit, da es nur sechs Tage dauret. Es endigt sich durch Fingals Großmuth sehr angenehm. Angenehm ist es auch, wie der Held jüngern Helden die Gelegenheit gönnt, selbst auch Ruhm zu verdienen, und aus der Schlacht tritt, hernach aber zu rechter Zeit wieder kömmt, und seine nothleidenden Freunde rettet. Die übrigen Gedichte sind kürzer, und mehrentheils Erzählungen des Todes zweyer Verliebten. Das tadelhafteste möchte wohl der Streit des Fingals mit dem Schutzgeist der Mitternacht (Loda) seyn, den Fingal mit seinem Schwerdte entzwey gehauen haben soll. Hingegen kömmt der Widerwille Gauls, die Feinde im Schlafe zu überfallen, vollkommen mit den Begriffen der Nordländer überein. Nacht und Tag wolte auch der damalige Thronfolger Christiern nicht ungewarnet überfallen, und ließ alle Trompeten blasen, wie hier Ossian an seinen Schild stieß. Gaul hielt den tödlichen Streich seines Freundes auf, und rettete dem Lathman das Leben, der auch diese Großmuth als ein Held erkannte.

Die Critical dissertation on the poems of Ossian, son of Fingal müssen wir bey unserer Kürze übergehen. Der Ungenannte vergleicht die Schönheiten dieser Gedichte mit dem Homer, dem Vergil, den biblischen Büchern, und auch mit andern alten nordlichen Liedern, die Ossian dennoch weit übertrifft.[2]

1765, 312: F. R. L. von Canitz, Sämtliche Gedichte, hrsg. von B. L. Walthard, 1765.

69   B e r n.

[...] Wir haben blos bey der Vorrede eine Anmerkung zu machen. Man vergleicht den Herrn von Canitz mit dem römischen Horaz. Man muß

---

68 [2] Vgl. 1775, 628: »Fingal ist ein unnachahmlicher Held, und fast ein unbegreiflich schönes Ideal, wann man bedenkt, zu welchen Zeiten und in welchem Lande er geschildert worden ist.«

hierbey den satyrischen, und nicht den lyrischen Horaz bedenken. Denn der letzte hat wegen seiner gedrungenen Kürze, seinen ausgesuchten Bey- wörtern, und in dem ganzen Schwunge, etwas vom Canitz allzuverschie- denes. In den Satyren nähert sich Horaz in etwas der ungebundenen Rede, und mit derselben dem leichten, einfachen und fliessenden Vortrage des Hrn. v. Canitz, bey dem die Liebe zur Tugend, und die Gottesfurcht noch immer ein unschätzbarer Vorzug ist: da hingegen an vielen Stellen die allzufliessende Schreibart fast unter der poetischen Wärme bleibt: obwol an andern allerdings seine Muse sich erhebt. Wir haben das »Doris, kanst du mich betrüben« niemals poetisch noch rührend finden können. Da hin- gegen gleich darauf »Was für Wellen und für Flammen« von einer be- sondern Schönheit ist.[1]

1765, 560: C. M. Wieland, Der Sieg der Natur über die Schwärmerei oder die Abenteuer des Don Sylvio von Rosalva, I, II, 1764.

70   Ulm.

Hr. Wieland ist der Verfasser des Sieges der Natur über die Schwärmerey, oder des Abentheurs D. Sylvio von Rosalva, in zwey Octav Bänden. Hr. W. hat einen jungen Edelmann zum Helden, der von den Mährchen der Feen, ungefehr wie D. Quichotte von den Ritter Abentheuren, eingenom- men ist, und dieselben für wahr hält; alles was ihm begegnet, dahin rechnet, und sich dadurch in allerley Beschwerlichkeiten stürzet. Er hat auch am Pedrillo seinen Sancho. Man kann nicht leugnen, daß Hr. Wie- land vielen Witz in diese abentheurliche Geschichte verschwendet habe: er hat auch gar oft, das zierliche und reizende in die Beschreibungen ge- bracht, das man beym Geschichtschreiber des Quichotte nicht findet. Er hat sich aber von seinen empyreischen Höhen weit heruntergelaßen, und manchen ganz in die körperlichen Begierden einfallenden Stellungen einen Platz gegönnt. Bartholomäi hat diese Geschichte 1764. verlegt.

1765, 936: J. J. Bodmer, Die Noachide, 1765.

71   Berlin.

Bey Voß ist im J. 1765. abgedruckt die Noachide in zwölf Gesängen, groß Octav, auf 362. Seiten. Es ist des Hrn. Bodmers bekannter und ehemahls von uns angezeigter Noah.[1] Wir haben beyde Auflagen verglichen, und die letztere ganz umgearbeitet angetroffen, so daß überall grössere und

---

69 [1] Beide Zitate aus der ›Klag-Ode über den Tod seiner ersten Gemahlin‹.

71 [1] *GGA*, 1750, *501, *695; 1752, 623.

kleinere Stücke, oder einzelne Verse umgegossen, und überall der bessere
Ton, der leichtere Schwung und die deutlichere Ordnung gesucht worden.
Der Hr. Verfasser hat hierinn seines vorigen Werkes gar nicht geschont,
und hin und wieder ganze Stücke weggelassen, die meisten aber umgegossen. Wir wünschten, daß die Stelle S. 223., die mit »Thamar bemerkte«
anfängt, auch dem richtenden Verfasser unter die Augen gefallen wäre,
der sie ohne Zweifel gleich streng angesehn haben würde. Wir wiederholen sonst unser ehemaliges Urtheil, und finden in diesem Gedichte viele
wahre und ohne Zweifel der Nachwelt Beyfall verdienende Schönheiten.

1765, 999–1000: James Thomson, Gedichte, I–IV, übersetzt von Joh.
Tobler, 1765.

72   Z ü r i c h.

[...] Wir befürchten überhaupt, da die Hexametrische Dichtkunst schon
bey den besten Mustern an neuen, und der Sprache unbekanten, Schwüngen fruchtbar gewesen ist: und da allemahl gemeinere Geister von den
grössern die Fehler am leichtesten nachahmen, es werde auch in Deutschland anstatt der harmonischen und polirten Muse eines Virgils, ein Lucan
auf Stelzen gehen, und ein Seneca durch Epigrammen sich erheben, die
Sprache aber überhaupt sich selber halb fremde seyn. [...]

1766, 52: Shakespeare, Theatralische Werke, übersetzt von Wieland, VII,
1766.

73   Z ü r i c h.

Die siebende Band der Shakespearischen Schauspiele von Hrn. Wieland
übersetzt, ist mit vorgedrucktem Jahre 1765. allhier abgedruckt. Er begreift die zwey rührenden Stücke Romeo und Othello, und ein drittes, worinn das berühmte Gemählde einer schweigenden und unglücklichen Liebe
gefunden wird.[1] Wir haben zwar die Uebersetzung nicht gegen die Urkunde gehalten, wie zu einem genauen Urtheil nöthig wäre; sie ist uns
aber dennoch in verschiedenen uns wohl bekannten Stellen ganz aus-
drückend vorgekommen: Hr. W. hat auch mit allem Rechte die dem Pöbel gewidmete Scherze weggelassen. Wir haben gelegentlich angemerkt,
daß der Othello gar leicht zur Einheit der Zeit und des Ortes gebracht
werden könnte, und daß die Wege, durch die Jago des Mohren Eifersucht
in die Lohe bringt, überaus wohl dem Character, und der Wahrscheinlichkeit nach, gezeichnet sind.[2] Macht 492. S. in groß Octav.

---

73 [1] *Was ihr wollt.*

 [2] Dieser Hinweis ließ sich in Hallers Rezensionen, soweit sie nachweisbar
 sind, nicht ausfindig machen.

1766, 462–463: Pierre de Marivaux, Œuvres diverses, I–IV, 1765.

74   Paris.

Man hat eine neue Auflage der oeuvres diverses des Hrn. Peter Carlet's de Chamblain de Marivaux bey Duchesne im J. 1765. in 15. Duodezbänden veranstaltet, wovon wir viere vor uns haben. Im ersten Bande stehet sein Leben. Hr. C. ist arm gewesen, und hat von einigen ausgesezten Geldern gelebt, die der König, der H. von Orleans, und Madame v. P.[1] zusammen geschossen. Seine Güte und mitleidiges Gemüth haben ihn arm erhalten. Die zwey ersten Theile enthalten den etwas verbesserten, und mit einem etwas schnellen Ende vervollständigten Roman Pharsamon, oder eines romanenhaften verliebten Helden und seiner gleichgesinnten Schönen Ebentheuren. Er verfiel, wie Don Quichotte in allerley grossentheils niedrige und pöbelhafte Gefahren. Schon hier zeigt sich der nur allzu ausschweifende Witz, der alle Schriften dieses Verfassers anfüllet.

Der dritte und vierte Band der Werke des Hrn. Marivaux ist zwar immer voll Wiz, bleibt aber weit unter der sittlichen Grösse eines erhabenen Geistes. Der dritte von 372. S. ist ein Homere travesti. Wir gestehn, daß uns dergleichen Verunstaltungen erhabener Arbeiten grosser Geister unerträglich sind, und wir für die niedrigen Schilderungen unwürdiger Geschichte keinen Geschmack haben. Dabey greift Marivaux des Homers Character an, und misbilligt, daß der Dichter den Hector aus einem mißlichen Treffen, anstatt zu fechten, selbst nach Troja gehn läßt, seine Mutter aufzumahnen, die Pallas zu begütigen. Im vierten Bande findet man einen Roman, la Voiture embourbée, dessen weit edleres Urbild in der Aramena[2] steht, dabey aber einige Abhandlungen: worunter eine behauptet, die Welt nehme nicht ab, und die Geistesgaben der neuern seyen eben so groß, als sie bey den alten gewesen sind. Sie würde mehr Eindruck machen, wann Hr. Marivaux im Stande gewesen wäre, die Alten in ihrer Sprache zu lesen, und ihre Schönheit zu schätzen. Macht 370. S.

1766, 575–576: C. M. Wieland, Geschichte des Agathon, I, 1766.

75   Frankfurt und Leipzig.

Oder vielmehr Zürich: Hier ist im J. 1766. in groß Octav abgedruckt Geschichte des Agathon, erster Theil, auf 392. S. Dieser Roman ist theils in des Marivaux und theils in Crebillons Geschmack geschrieben, und wird für Hrn. Wielands Arbeit angenommen. Es ist die Geschichte eines Jünglings von

---

74 [1] Vermutlich Mme. de Prie, eine Gönnerin, der Marivaux *La Double Inconstance* (1723) widmete.

[2] Der Roman von Anton Ulrich von Braunschweig, 1669–1637.

lebhaftem Gemüthe und eines tieffen Verehrers der Tugend, den ein Epicurischer Weltweiser, mit allerley wieder die Religion und die Sittlichkeit angebrachten Gründen angreift, die der Hr. W. ein andermahl zu beantworten verspricht: den aber eine schöne und erfahrne Buhlschaft des Alcibiades zu gewinnen weiß: wobey dennoch die Stimme der überwältigten Tugend sich im Herzen des Jünglings von Zeit zu Zeit hören läßt, und die künftige Befestigung im Guten wahrscheinlich macht, die Hr. W. im zweyten Bande verspricht. Bey vielem Witze und einer blumenreichen Einbildung hat diese Schrift mit den obengenannten Franzosen die unzählichen und langen Schlüsse, Scherze und Gedanken des seiner Geschichte nachdenkenden Schriftstellers in einem solchen Uebermaß gemein, daß manche schöne Stelle übersprungen werden wird, weil sie nicht nach Homers Beyspiel zum Ziele eilt. Hr. W. ist auch allerdings philosophischer als die beiden Franzosen.

1766, 903–904: G. E. Lessing, Laokoon, 1766.

76   B e r l i n.

Deutschland hat lange kein Werk von dem feinen Geschmacke hervorgebracht, den wir in des Hrn. Gotthold Ephraim Leßings Laokoon, oder über die Grenzen der Mahlerey und Poesie gefunden haben, davon der erste Theil bey Vossen im J. 1766. auf 295. S. in groß Octav abgedruckt ist. Hr. L. hat die urkundlichen Schriften der Alten in ihrer Grundsprache mit forschenden Augen gelesen, und dadurch ein Uebergewicht über die vorigen Kunstrichter, und selbst über Hrn. Winkelmann erhalten; der zwar die gemahlten und geschnizten Alterthümer vortreflich kennt, sonst aber mehr die neuern Bücher gelesen hat. Die Hauptabsicht des Hrn. Verfassers ist zu zeigen, daß die Poesie eigentlich das fortschreitende, und die Mahlerey das zugleich gegenwärtige abmahlt; daß diese nur in sehr wenigen Fällen einigen Begriff vom succeßiven geben kan, und die Dichtkunst hingegen das gegenwärtige nicht so vorzustellen vermögend ist, wie es nöthig wäre, sich einen Begriff von dem ganzen zu machen: darum eben, fährt er fort, hat Homer keine Schönheit jemahls nach ihren Zügen beschrieben. Hr. L. giebt für seine Meinung ein Beispiel aus des Hrn. v. Haller Beschreibung der Kräuter; niemand kan sie, sagt er, aus diesen Gemählden erkennen, wer sie nicht vorher gesehen hat, wohl aber in einem Gemählde. Uns dünkt aber, Hr. L. verfehlt hier des Zwecks, den ein Dichter bey solchen Gemählden sich vorgesezt hat. Er will blos einige merkwürdige Eigenschaften des Krautes bekannt machen, und dieses kan er besser als der Mahler: denn er kan die Eigenschaften ausdrucken, die inwendig liegen, die durch die übrige Sinne erkannt, oder durch Versuche entdeckt werden, und dieses ist dem Mahler verboten. Selbst das von Hrn. L. angebrachte Beyspiel aus dem Virgil gehet eben dahin, und doch kan der Dichter selbst sichtbahre Schönheiten mahlen, die einem Mahler unbekannt bleiben. Dahin gehört der bunte Bliz vom feuchten Diamant, oder die Regenbogen-Farben des Thaues, der in den glatten Blättern des Enzians sich sammlet: und von dieser Art ist die Perle, die von einer Feye an das Ohr einer jeden Schlüsselblume beym Shakespear angehängt wird.[1] Man wird sonst mit Vergnügen und Hochachtung die Subtilitet der Anmerkungen des Hrn. L. lesen. Die Griechen hatten einen Abscheu vor dem Flamändischen Geschmacke, niedrige Vorzüge zu schildern (und wir wären von eben dem Geschmacke mit ihnen). Den Laokoon prüft Hr. L. aufs genaueste. Die Griechen drückten in ihren Bildsäulen nur einen gemäßigten Schmerzen aus, weil ein grösserer den Mund verstellt hätte. Hr. L. verweißt dem Hrn. de Chateaubrun, daß er dem Elende des Philoctetes seine wahre Grösse entzogen habe, nehmlich die Einsamkeit. Er wiederlegt den Cicero, der die tragischen Helden der Griechen gering schäzte, weil sie nicht so unempfindlich waren, als die Römischen Fechter: eben wegen dieser Heldenmäßigen Unempfindlichkeit, meint Hr. L., schrieben die Römer schlechte Trauerspiele. Des Spence Polymetis wird oft beleuchtet. Bey abgezogenen Begriffen haben die Dichter ein sehr grosses Vorrecht vor den Mahlern, dann der Pinsel stellt Körper, und die Worte Abstractionen vor. Homer hat nichts als fortschreitende Handlungen abgemahlt. Sehr viele schöne Bildsäulen sind unter den Cäsarn verfertigt, und das εποιει bezeichnet niemahls einen sehr alten Meister.

1766, 1077–1078: Charles Churchill, Poems, I, II, 1765.

77   L o n d o n.

Poems of Charles Churchill, sind uns zu Handen gekommen. Sie sind im Jahr 1765 in zwey Quartbänden gedruckt. Wir wollen nur überhaupt dieses giftigen Satyrenschreibers gedenken. Seine Verse haben eine Heftigkeit und Stärke, die allerdings gefällt, und zuweilen unerwartet, überfällt. Sie sind dabey in höchster Eile geschrieben, so unharmonisch, daß man sie zuweilen fast nicht lesen kan, und der Faden des Gedichtes sehr oft verwirrt, daß man keine Anlage findet. Sie sind auch offenbahr ungerecht, und hyperbolisch, sowohl was besondere Personen angehet, als was die ganze Nation betrift. Wie wenig Gefühl von Tugend und ächtem Verdienste C. gehabt habe, erscheint an seiner eigenen Aufführung, und an seiner Freundschaft mit den offenbahrsten Verächtern aller Sittlichkeit.

---

76 [1] *A Midsummer Night's Dream*, II, 1, 14 ff.

Und was ist zuletzt dieser Parthey Scribenten Verdienst? Von ihren Leuten zu seyn; was ist Laster? als sich in der entgegen gesetzten Meynung und Parthey zu finden. Dann solcher Leute Haß und Gunst ist an keine wahre Tugend, und an kein Laster gebunden.

1767, 168: Carlo Goldoni, Théâtre d'un inconnu, 1765.

78   Paris.

Theatre d'un inconnu ist A. 1765. in einem ziemlich groß Duodezbande heraus gekommen. Es sind zwey Schauspiele des Goldoni, von einem Ungenannten übersetzt,[1] das erste beydes in Versen, und in ungebundener Rede. Die leztere Uebersetzung ist genau dem Grundtexte nach, die erstere aber eine freye Nachahmung der Serva amorosa in ungleichen Reimen. Der Ungenannte hat nach der heutigen blassen französischen Mahlerey das Laster verringert, und eine theatralische Bekehrung der Hauptperson anstatt der Italiänischen Bestraffung ihrer Laster gesezt, wodurch aber, wie wir anderswo angemerkt haben, in der That die einzige gute Frucht der Schauspiele verlohren gehet, die in den üblen Folgen des Lasters besteht. Die andere reimlose Uebersezung ist das lange Schauspiel von den Unzufriedenen, worin H. G. viele Characteren wie verschwendet, aber doch den Leser eben nicht gezwungen hat, einen grossen Antheil am Schauspiele zu nehmen.

1767, 280: Shakespeare, Theatralische Werke, übersetzt von Wieland, VIII, 1766.

79   Zürch.

Bey Orell und Compagnie ist im J. 1766 der achte Band der durch Hr. Wieland übersetzten theatralischen Werke des Shakespears auf 406 Seiten, in groß Octav heraus gekommen. Sie enthalten den Hamlet, und das Wintermährchen, beyde nach der Weise des Hrn. W. übersetzt, so daß vieles Niederträchtiges und Langweiliges in eine kurze Erzählung zusammen gezogen wird. Am Ende vertheidiget sich Hr. W. einiger massen wider seine Beurtheiler, zumahl wider die berlinischen Kunstrichter.[1]

---

78 [1] Ch. Sablier. *La Serva amorosa* und *I Malcontenti*.

79 [1] Friedrich Nicolai und C. F. Weiße. Vgl. Genaueres in Wielands *Ges. Schr.* (Akademie-Ausg.), 2. Abt., III, 566–569.

80   B e r l i n.

Wir werden nicht weit irren, wann wir den Ort des Drucks der zweyten
Sammlung über die neuere deutsche Litteratur hieher setzen, die mit dem
vorgedruckten Jahre 1767 auf 380 Seiten in Octav herausgekommen ist.
Der Verfasser ist ein Kenner der Sprachen, und hat eine philosophische
Einsicht in das innere der Dichtkunst. Er übt eine billige Critik ohne Schonen, und auch ohne Verschweigung des Guten aus. Wir wollen nur von der
zweyten Sammlung etwas anzeigen. Der Verf. vergleicht darinn einige
neuere deutsche Dichter mit den Morgenländern und Griechen, in deren
Geschmacke sie geschrieben haben. Er zeigt zuerst die Ursachen des Unter-
scheides zwischen der morgenländischen und der heutigen Dichtkunst, und
versteht eigentlich durch jenes Wort die jüdische, denn von der arabischen
und persischen liesse sich nicht alles sagen, was er von der orientalischen
überhaupt sagt. Der Nationalstolz der Juden, ihre völlige Absonderung,
und ihr Widerwille gegen andere Völker, auch ihre Vorurtheile, bestimmen
vieles in ihrer Dichtkunst. Klopstock hat in so weit die Morgenländer
nachgeahmt, daß er aus der heiligen Schrift viele Bilder und Ausdrücke
nachgebildet hat. Man findet hier eine Critik, die zum Theil allemahl die
unserige gewesen ist. Hr. K. läßt seine Personen zu viel reden und zu wenig thun. Freylich kan man antworten, Jesus habe in der vom Hrn. K.
besungenen Zeit mehrentheils durch innere grosse unerträgliche Empfindungen gelitten, die sich durch keine Handlungen ausdrucken lassen. Aber
dennoch sind der Reden zuviel, und die meisten zu lang. Hingegen finden
wir seine Abbildung der bösen Geister nicht tadelhaft, sie ist völlig im
Costume, sie wird auch durch viele Stellen der heiligen Schrift unterstützt.
Hierauf folgen die Griechen, für die unser Verfasser sehr, und etwas mehr
als wir, eingenommen ist. Ueber die Dithyramben sind wir in so weit mit
ihm einig, daß wir das ganze Geschlecht entbehren wollen, wann es Ra-
sereyen der Mänaden seyn sollen: auch hat Frankreich und Engeland sie
entbehrt, und die Italiäner haben einen andern Begrif davon. Unsers Verfassers Geschmack unterscheidet sich von unserm hauptsächlich beym
Theokrit. Es ist uns unmöglich, etwas niederträchtiges und grobes uns gefallen zu lassen, wann es noch so griechisch besungen, und noch so sehr im
Costume der Ziegenhirten wäre. Solche Dinge soll man nicht mahlen, weil
auch die Aehnlichkeit zum Fehler wird. Geßner hat allerdings eine Manier,
und vielleicht sollte ein Dichter so wenig als ein Mahler, eine Manier haben. Wann aber die Manier angenehm ist, so streite ich nicht gegen mein
Vergnügen, und lasse mir gefallen, was mir gefällt. Warum macht sonst
unser Verfasser aus Bodmern und seinen Nachahmern, eine Nation, die er

oft ziemlich mishandelt, S. 221. 297 u. s. f. Hat denn Helvetien nicht auch Dichter, die weder Hexameter geschrieben, noch mit Gottscheden gestritten, noch die morgenländische Poesie nachgeahmt haben? und sollen diese entweder für fremde Sünden büssen, oder nicht mehr Schweitzer seyn, und warum heissen Wieland und Mably[1] Schweitzer? Noch ein Fehler, doch nur am Pantoffel. Des Don Quichotte Vaterland, aber nicht sein Dorf, heißt Mancha. Wir wolten nicht gerne, daß es scheine, als wann unser Verfasser diese unnachahmliche Satyre nicht recht gelesen hätte.

1767, 392: Karl Wilhelm Ramler, Gedichte, 1766.

81   Berlin.

Ohne Namen des Orts haben wir im Jahr 1766. abgedruckt erhalten: Gedichte von H. Carl Wilhelm Ramler. Diese Sammlung ist eine der kleinsten, und überschreitet nicht 152 Octavseiten, mit Spänen. Aber der innere Werth ist um desto grösser. Hr. R. hat sich eine eigene erhabene vernünftig dithyrambische Manier für Helden gemacht. Die schöne Ode über den Granatapfel, haben wir vor vielen Jahren mit dem grösten Vergnügen gelesen, ohne den Verfasser zu kennen. Alle Kenner haben Ino und Melicertes,[1] die Ode über den Prinzen Ferdinand, und mit einem Worte, alle Seiten dieser schätzbaren Sammlung bewundert.

1767, 471–472: Bodmer, Calliope, I, II, 1767.
Ueber *Kriemhilde:*

82   Zürch.

[. . .] Diese Romanze ist recht im Geschmacke der mittlern Zeiten, blutig, und auf die übertriebensten Begriffe von Ehre und Tapferkeit gegründet. [. . .]

1767, 1008: Lessing, Minna von Barnhelm, 1767.

83   Berlin.

Minna von Barnhelm ist der Titel eines Heroischen Lustspieles vom Hrn. Leßing. Man hätte es die Großmüthigen betiteln können. Denn selbst der Reitknecht ist so edel gesinnet, daß er sich zum Schuldner seines Herren macht: und die beyden Hauptpersonen bestreiten sich aus lauter feinen Empfindungen; da der abgedankte und mittellose Liebhaber seine reiche

---

80 [1] Gabriel Bonnot, Abbé de Mably war Franzose. Vgl. Herder, *Sämmtl. Werke*, hrsg. v. B. Suphan, I, 1877, S. 306.

81 [1] ›Ino, eine Kantate‹; dort erscheint auch Inos Sohn, Melicertes.

Braut nicht unglücklich machen will; diese aber sich recht aufdringt, und endlich ihren Zweck erhält, da sie sich selbst als verunglückt darstellt. Man darf nicht fragen, ob Witz in dieser Schrift herrsche.

1767, 1127–1128: C. M. Wieland, Geschichte des Agathon, II, 1767.

84   Leipzig.

Hier, oder vielmehr zu Zürich, ist der zweyte Theil der Geschichte des Agathon Ao. 1767 auf 351 Seiten in gr. 8. abgedruckt worden. Hr. Wieland hatte im ersten Theile versprochen, dasjenige im zweyten wieder gut zu machen, was er etwa der Wollust und der falschen Weisheit zu günstiges in den Mund des Hippias gelegt hatte. In der That erwacht hier Agathon etwas wider seinen Willen, aus den Armen der Wollust. Er wird der erste Minister des jüngern Dionysius, und scheint, zwar mit einer nachgebenden Klugheit, an einem verderbten Hofe, dasjenige, was im Gemüthe des Fürsten Gutes war, zum allgemeinen Besten gelenkt zu haben. Aber der Verfasser läßt ihn doch eben durch seine Enthaltsamkeit, durch seine um etwas romanische Treu gegen die Ehre des Philistus, und durch die Begierde, die Fehler des Fürsten in einem Mittelmaaße zu erhalten, folglich durch seine Tugenden gestürzet werden. Aristippus ist auch etwas günstiger abgemahlt, als es ein Mann verdient, der dem natürlichen Verderben des Menschen zu sehr schmeichelt, und in der Welt nichts als Rosen pflücken will. Archytas wird als ein Mann von vollkommner Tugend angesagt, und das innere seiner Bemühungen zum Besten des Vaterlandes auszuführen versprochen. Der Vortrag überhaupt ist sehr aufgeweckt, sehr witzig und sehr reitzend. Einige niedrige Sprüchwörter, zumahl Lateinische, würden wir lieber nicht gesehn haben, da zumahl der Verfasser öfters auf das Frauenzimmer, als seine Leser, Anspruch macht. Auch redet der V. etwas zu oft selber, fast wie im Marivaux. Der Leser wird hierdurch in seiner Ungedult, die Personen der Geschichte selber spielen zu sehen, aufgehalten, und die Würkung hiervon ist allemal nachtheilig. Endlich sehen wir ungern, den Julian in einer Linie mit dem Antonin:[1] des erstern Menschenliebe war noch zu sehr eingeschränkt, und zu viel Theatralisches in seinem Geiste. Des Grafen von Teßin Lob[2] haben wir hingegen mit Vergnügen gelesen, und überhaupt ist Agathon der witzigste Roman, den die Deutschen aufweisen können.

---

84 [1] In Buch X, Kap. 2 wird gleich anfangs erwähnt, daß zu allen Zeiten, »die Regierungen der Antonine und Juliane ausgenommen«, höfische Korruption geherrscht habe. Anspielung auf die römischen Kaiser Marcus Aurelius Antoninus und Flavius Claudius Julianus.

   [2] In Buch X, Kap. 3, gegen Ende. Gemeint ist der schwedische Graf Tessin (1695–1770).

85   K o p e n h a g e n.

Rothens Wittwe und Proft haben Ao. 1767. abgedruckt Julie, ein Trauerspiel in fünf Aufzügen. Die 40 S. starke Vorrede begreift critische Anmerkungen über die deutsche Schaubühne, und die Art, wie die Rollen
gespielt werden. Das Trauerspiel selbst ist von der schaudrigen Art, und
endet aufs allerschrecklichste: der Zuseher wird auch um desto trauriger
überrascht, da er die Hauptpersonen durch Waldemars Großmuth in Sicherheit glaubt. Die jugendliche Hitze Belmonts wird zu hart gestraft, und
eben so Juliens zu starke Anhängigkeit an einem ungleichen Liebhaber.
Endlich gönnen wir dem großmüthigen Waldemar die Vorwürfe nicht, die
er sich über die Erlegung des Belmonts zu machen hat. Ist 136 S. stark.

1768, 198–200: C. F. Weiße, Beitrag zum Deutschen Theater, V, 1768.

86   L e i p z i g.

In der Dyckischen Buchhandlung 1768. Beytrag zum deutschen Theater,
fünfter Theil. Wir sind zu weit von allem Theater entfernt, und müssen
uns überhaupt zu wenig dramatische Kenntniß zutrauen, um unser Urtheil hierinnen, oder auch nur unsern Geschmack, dem Publico aufzudrin-
gen. Allein, das Theater ist zu genau mit dem Fortgang der Cultur und
des Geschmacks einer Nation verbunden, und das angezeigte Werk hat
einen der Lieblingsschriftsteller unsrer Nation, Hrn. Weißen, zum Verfasser, so daß wir es nicht ganz übergehen und uns auch nur einer blossen
Anzeige dieses fünften Theils, so wie der vorigen, entziehen können. Er
enthält drey Stücke: Romeo und Julie, ein bürgerliches Trauerspiel in
fünf Aufzügen, in Prose. Herr Weiße fand in der ursprünglichen Fabel,[1]
welche das Sujet ausmacht, sehr vortheilhafte Umstände und Situationen,
welche Shakespear, der doch die ganze Novelle in sein Drama hineingezo-
gen hat, nicht genutzt hat, weil sie in der verstümmelten Uebersetzung, die
er vor sich hatte, fehlten. Die Vergleichung und die Benutzung dieser Stellen macht also einen Theil des feinern Vergnügens aus, das die genauere
Prüfung und Beurtheilung dieses Stücks verschaffen kan; so wie die Ueber-
tragung und Verpflanzung der grossen Züge im Shakespear, die Vermei-
dung seines Quibble, der gleichere Gang, die bessere Anlage, und die regel-
mäßigere Einrichtung auf der andern Seite. Die Sprache der beyden Liebhaber ist sehr feyerlich, bilderreich und blühend; ohngefähr wie der tragische Stil der Engländer; vielleicht auch eben so wohl zuweilen Blätter statt

86 [1] Matteo Bandellos Erzählung in seinen *Novelle*, 1554. Shakespeares Vor-
lage, Arthur Brookes *Romeus and Juliet*, ging darauf zurück.

der Früchte. – Herr W. vertheidiget diese Sprache in der Vorrede. Die Leidenschaft in einem paar zarten Herzen wird meistentheils schwärmerisch und enthusiastisch – noch hinzugesetzt, die heftigste Leidenschaft, wenn sie unglücklich ist, wenn sie Gram u. Schwermuth wird, wenn sie in Melancholie und in Zerrüttung der Sinne übergeht. – Diese Nuancen sind in der Zeichnung der Clementine des Richardson[2] unverbesserlich behandelt. Freylich muß sich der Leser über die Sphäre gemeiner Liebhaber hinaus setzen können, und entweder einen Begriff von jener feinern Schwärmerey, dem Quell aller grossen Freuden und aller grossen Schmerzen, so wie aller grossen Tugenden, haben, oder er muß nicht ohne aller Anlage dazu seyn; und weh dem, der dieses Gepräge der Unsterblichkeit, wie es Young nennt, in seiner Brust nicht an sich trägt. – Auf der Schaubühne selbst hat das Stück vielen Beyfall erhalten. Die starke Rührung, und an einigen Stellen Erschütterung des Gemüthes beym blossen Durchlesen sind Bürge, daß an jenem Beyfall das Herz Antheil gehabt hat. Züge, oft phantastische Züge, aber die glänzendsten, die mächtigsten, dringen auf das Gefühl ein und verdrängen die kalte Beurtheilung. Aber eben dieß ist die große Bahn, welche die Natur vorzeichnet, der Weg zum Herzen durch die Phantasie. – Die letzte Scene scheint uns doch mehr zur Novelle, als zum Plan des Trauerspiels zu gehören. – Die Freundschaft auf der Probe, ein rührendes Lustspiel in fünf Aufzügen; aus des Hrn. Marmontels Erzählung gleiches Namens.[3] List über List, ein Lustspiel in fünf Aufzügen. Wir wollen gern glauben, daß auf dem Schauplatz die Zuckerdiete,[4] wie einige andre comische Auftritte, Lachen erregen mögen.

1768, 423–424: S. M. M. Gazon-Dourxigné, L'Ami de la verité, ou lettres impartiales [...] sur toutes les pièces de théâtre de M. de Voltaire, 1767.

87   Paris.

Jorry und andre haben A. 1767. in Duodez abgedruckt l'ami de la verité ou lettres impartiales sur toutes les piéces de theatre de M. de Voltaire. Diese Lobschrift scheint vor einigen Jahren aufgesetzt worden zu seyn, denn das Lustspiel, la femme qui a raison, les Scythes, le triumvirat, Samson und andre Schauspiele mangeln, ohne des Sauls zu gedenken,[1] von dem hier freylich nicht die Rede seyn kan. Der uns unbekannte Verfasser durchgeht vom Oedipe an bis zur Olympie die Trauer- und Lustspiele des bekannten Dichters, er zeigt ihre Schönheiten, vertheidigt sie, liefert einige schöne Auftritte ganz oder zum Theil, und macht auch wohl einige kleine

86 [2] Clementina della Porretta in Richardsons *Grandison*.

  [3] *L'Amitié à l'épreuve,* 1765.

  [4] III, 2.

87 [1] Voltaire stritt seine Verfasserschaft ab.

Kritiken. Wir finden von den leztern mehrere, und allgemeine, die der Verfasser übergangen hat. Der Ausgang des Trauerspieles (Catastrophe), wird mehrentheils durch ein qui pro quo bewirkt, das, aufs gelindeste zu reden, etwas kleines hat, und eine unfruchtbare Einbildung zeigt. So finden wir es in der Zaire, dem Tancrede, der Semiramis, der Nanine, und öfters ist dieses qui pro quo höchst unwahrscheinlich. Das Costume ist oft in wesentlichen Stücken ganz umgekehrt, wie in der Zaire, wo die Braut des Sultans in einem Vorsaale bleibt, wohin man fremde und zum Theil gefangene Christen führt. Dieses ist im Morgenlande eben so sehr wider die Sitten, als wenn eine Königin im Hemde an einem Balle sich zeigte. In eben der Zaire rauchen die Altäre zur Einsegnung im Tempel, da bekanntlich die Ehe bey den Muselmannen ein bürgerlicher Contract ist, und mit der Moschee nichts gemein hat. Den indianischen Mörder eines Statthalters in Peru, hätte nichts in der Welt vom Feuer erretten können.[2] Eben so wenig ersticht sich ein Muselmann, oder eine christliche Fürstin, um einer Mitbuhlerin ihr Ehbett abzutreten;[3] und überhaupt hat der Hr. von V. sich von der ritterlichen Sittenlehre der französischen Schauspielschreiber nicht genug los gemacht, die das Leben für nichts schäzt, Thron und Zepter gering hält, und seine Schöne zum einigen Zwecke der Thaten macht. Freylich ist es schwer, diesen alles schwächenden Mangel zu heben, da das Frauenzimmer in Frankreich der Richter der Schauspiele ist: aber ein herrschendes Genie konnte [könnte?] es versuchen. Wir haben auch in der Sprache viele kleine Nachlässigkeiten gefunden. Mit allem dem fühlt man am Hrn. von V. den Vorzug unsrer Zeiten über die unwissenden, unphilosophischen Zeiten des Corneille. Die mehrere Kenntniß der Sittenlehre und der Philosophie, und das Durchlesen englischer Schriftsteller hat den Gedichten des Voltaire einen Kern gegeben, den C. nicht haben konnte, und unstreitig hat V. überhaupt den schönsten Colorit, den die französische Scene kennt, zärtlich und ausgemahlt wie Racine, erhaben, wie Corneille an seinen guten Stellen, und philosophischer als beyde. Ist von 139 S.

1768, 560: P. A. Caron de Beaumarchais, Eugénie, 1767.

88   P a r i s.

Merlin hat A. 1767. gedruckt: Eugenie, Drame par M. de Beaumarchais. In einer Vorrede vertheidigt der Verfasser das bürgerliche Trauerspiel, und will sogar das gewöhnliche Trauerspiel, worinn Fürsten die Rollen spielen, vom Vorzug berauben, daß der Zuschauer an dem Schicksale dieser ausser seinem Range stehenden Personen einen Antheil nehme. Hierinn

---

87 ² In *Alzire*.

³ *Zaire* und *Zulime*.

geht er offenbar zu weit. Die Bedrängniß der sterbenden Iphigenie ist eben deswegen grösser, weil sie eine Tochter des Agamemnons und Achillens Braut ist, und Andromache rührt mehr, als eine Bürgers Witwe, weil sie Hectors Witwe ist. Das dießmahlige bürgerliche Trauerspiel hat einen englischen Lord zum Vorwurfe, der eine Wallische Familie beredet, er lasse sich mit der jungen Eugenie vermählen, hierzu aber an eines Priesters Stelle seinen Hofmeister gebraucht. Er will sich anderwärts verheyrathen, seine Untreu wird bekannt, und nachdem sich Eugenie genug mit ihrem schrecklichen Schicksale gemartert hat, wird der Lord gerührt, und heirathet sie würklich. Die Zweykämpfe, die erzählt werden, benehmen dem Schauspiel etwas von seiner Einfalt, und tragen zur Entwickelung wenig bey. Hr. B. ist wie Hr. Diderot, sehr sorgfältig in Bestimmung der Kleider und der Auszierungen: er läßt den Vorhang niemahls fallen, und füllt ihn zwischen den Acten mit einigen mechanischen, doch zur Geschichte dienenden Bemühungen der Bedienten. Herr B. sagt in der Vorrede, das Trauerspiel seye wohl aufgenommen worden: es ist ein Glück, daß die muthwilligen jungen Herren die Schwangerschaft der keuschen Eugenie nicht ins Lächerliche gezogen haben. Ist 118 S. in groß Octav stark.

1768, 751–752: Boyer d'Argens, Histoire de l'esprit humain, X, XI, 1768.

89   B e r l i n.

[...] Rabelais, der unreinliche, unverständliche Rabelais ist sein Held. Vom Thomas Corneille rettet er einige Verse, die er für schön hält: und zieht des Pope geraubte Haarlocke, die er doch in der Urkunde nicht scheint gelesen zu haben, billig dem Pulte des Boileau vor. Pope hatte unsäglich mehr Erfindung und Anmuth. Den Moliere vertheidigt er gar sehr, und glaubt, sein Tartuffe und Misanthrope seyen doch voll von einer guten Sittenlehre; sie mögen es seyn, aber überhaupt hat doch Moliere den schlauen Betrug begünstigt, und die Einfalt lächerlich gemacht, die das mindere Laster ist. Er spricht ein Wort von den deutschen Schauspielen, und sagt, die verstorbene Frau P. Gottschedin habe die deutsche Schaubühne mit verschiedenen guten Stücken bereichert; [...] Algarotti[1] wird wegen seiner Liebe für die Engelländer, und seiner Abneigung gegen die Franzosen hart angefahren, und Herr d'A. kennt die englischen grossen Männer nicht gnug, davon urtheilen zu können. Milton wird bewundert bleiben, ohne daß sein Paradieß in eben dem Geschmacke sey, wie die Henriade. Ist von 356 Seiten.

---

89 [1] Francesco Algarotti (1712–1764), vielseitiger italienischer Schriftsteller und Kritiker, der zweimal England bereiste.

90   Z ü r i c h .

Wir haben neulich zwey Werke von dem Herrn Professor Bodmer gesehn.
Das erste hat zum Titel politische Schauspiele. Es sind allerdings eigentlich
mehr an einander gekettete Gespräche, von ernstem und Schlüssevollem
Inhalte, als was man sonst Trauerspiele nennt. Ueberal brennt die Liebe
zur Freyheit, und der Haß von allem Zwange. Die Schreibart ist ernsthaft, und verläßt einen eignen Kothurn selten. Hieher gehört M. Brutus,
Tarquin der stolze, Timoleon und Pelopidas, dann Italus hat etwas mehr
dichterisches: Herr B. hat die Redart des Fingals darinn nachgeahmt, und
sein Sigovesus ist sein rechter Held nach Oßians Manier. Der Trieb zur
Freyheit geht hier so weit, daß Herr B. eine neue Stadt an der Lippe nie-
derreissen, und die tugendhaften Deutschen in ihre Wälder und Hölen
zurückeilen läßt. Solten wir eine Kleinigkeit anmerken. Warum braucht
Herr B. französische Endigungen Pharsale, Electride, Despotisme, Pa-
triotisme: warum nicht die Ursprache? und worinn ist Phantome so viel
besser als Gespenst? und zuweilen als Erscheinung. Ist 329 Seiten in Octav
stark.

91   P a r i s .

Le Chateau d'Otrante, ist eine Geschichte aus den ritterlichen Zeiten, von
einer erlauchten Feder. Herr Horatio Walpole, Sohn des großen Grafen
von Orford,[1] hat einen Versuch thun wollen, ob er bey dem Wunderbaren
der Rittergeschichte die Trockenheit und die grobe Einfalt der Unterredungen und Gesinnungen vermeiden könte. Die Geschichte ist mit Ge-
spenstern und Wundern, und einem den Engelländern eigenen schauerich-
ten reichlich begabet: die Religion der mitlern Zeiten auch ganz wohl
nachgeahmt. Aber die Reden sind weder einfältig noch gothisch, und die
heutigen Sitten und Gesinnungen herrschen überall. Man sollte sich erinnern, daß einfältige Völker wenig algemeine, und abgezogene Begriffe
haben, und daß sie bey dem einzelnen bleiben: man würde auch hierbey
nichts verlieren, dann die Beschaffenheit unserer Seele macht ohnedem,
daß besondere und einzelne Bilder mehr, und die abgezogenen fast gar
nicht rühren. Herr Walpole hat nicht, wie wir gedacht, aber dabey die
Illusion verlohren, die von der Nachahmung der Natur entsteht. Ist in
zwey Anfängen 236 Seiten stark, und bey Prault gedruckt, obwohl Amsterdam auf dem Titel steht, ohne daß wir absehen können, was für Ursache zu einem falschen Nahmen man gehabt habe.

91 [1] Robert Walpole, Premierminister unter George I und George II.

1768, 1072: Bodmer, Archiv der schweizerischen Kritik von der Mitte des
Jahrhunderts bis auf gegenwärtige Zeiten, I, 1768.

92   Z ü r i c h .

[...] Dem Friso[1] wird ein großes Lob gegeben: uns geht es bey ihm, wie bey
gewissen regelmäßigen Tragödien; der Mangel an der Ausführung läßt
uns das Schöne des Grundrißes nicht fühlen, und allerdings ist der Grundriß in einem Heldengedichte der geringere Theil: nichts ist fehlhafter als
die Fabel des volkommenen Virgils. [...]

1768, 1088: Dante, Von der Hölle, übersetzt von J. L. Bachenschwanz,
1767.

93   L e i p z i g .

L. Bachenschwanz, ein Candidatus Iuris, hat A. 1767 auf seine Unkosten
drucken lassen: Dante Alighieri, von der Hölle, übersetzt, und mit Anmerkungen vermehrt, Octav auf 268 S. Das Leben dieses angesehenen,
aber in den damaligen unglücklichen Zeiten aus seiner Vaterstadt ver-
triebenen, und in seiner Acht verstorbenen Florentiners, ist vorangesetzt.
Die Hölle mag zur Hauptabsicht gehabt haben, seiner Rache ein kleines
Genügen zu leisten; dann in allen Gegenden seiner phantastischen Hölle
findet man seine Feinde unter den Martern liegen. Die bösen Päbste sind
auch nicht geschont, ungeachtet sonst Dante der Kirche alle Ehrfurcht beweiset. Die Bilder sind höchst wunderlich, man muß aber auf die Zeit zurück sehn, in welcher Dante dichtete, und seine Arbeit mit dem Ge-
schwätze vergleichen, das damals in Frankreich die einzige Poesie war.[1]
Der Herausgeber hat den schweren Dichter mit nöthigen Anmerkungen zu
erläutern getrachtet, und verschiedentlich einige Reimen neuer deutscher
Dichter eingeschaltet. Maremma ist eben nicht ein fruchtbares Feld am
Meere, es bedeutet die höchst ungesunde, waldige und feuchte Gegend
dem Meere nach von Pisa bis in den Kirchenstaat, einen für Schlangen
auserlesenen Landesstrich.

---

92 [1] *Gevallen van Friso,* Heldengedicht von Willem van Haren, 1741.

93 [1] Vgl. 1777, Zugabe 245: »Wider den Dante: aber was waren zu des Dante
      Zeiten die Dichter anderer Europäer?«

1768, 1251–1253: J. Racine, Œuvres, avec des commentaires par Luneau de Boisjermain, I–VI, 1768.

94   Paris.

[...] Aber dagegen hat es, uns wenigstens, vorzüglich vergnügt, daß man das Süse und Weichliche in dem Tragischen des Racine, hin und wieder so gar das Witzige und Gespitzte, mit Unzufriedenheit bemerkt und doch dabey nicht vergessen hat, die vorzüglichen Schönheiten zu bezeichnen, und das Genie, oder die Kunst des Dichters merklich zu machen. [...]

1769, 1006: S. G. Lange, Sammlung gelehrter und freundschaftlicher Briefe, I, 1769.

95   Halle.

Der erste Theil der Sammlung gelehrter und freundschaftlicher Briefe, den Hr. M. Samuel Gottlob Lange, Pastor zu Laublingen, bey Hemmerde Ao. 1769 auf 319 S. in klein Octav hat abdrucken lassen, ist allerdings ein angenehmes Buch. Es sind Briefe berühmter Männer, Gleims, Sulzers, Hagedorns, Bodmers, Breitingers, eines die schönen Wissenschaften liebenden Hrn. Generals von Stille, und alle diese Briefe sind durch und durch witzig geschrieben. Sehr vieles betrift den ehmaligen Krieg mit Gottsched, Mylius und andern Anhängern der leichten Dichtkunst, denn wider dieselben stritten alle die Freunde des Hrn. Samlers, fast den einzigen friedfertigen Hagedorn ausgenommen. Und nunmehr, da das Schauspiel ausgespielt ist, und Gottsched, mit seinen meisten Anhängern im Grabe liegt, dünket uns die Geschichte des Krieges minder wichtig: bald würden wir so gar wünschen, er wäre vergessen. Hin und wieder findet man auch einzelne Verse und kleine Gedichte, in ihrer ersten und frühesten Aufblühte. Hingegen hätten wir verschiedene Stellen, die Englisch oder Französisch sind, und hier sehr incorrect erscheinen, lieber entweder vermieden oder verbessert. Der arme Henzi! erscheint hier hin und wieder als ein Dichter, den aber der König selbst verschmähet hat, zu dessen Ruhme er seine äussersten Kräfte anwandte.[1]

---

95 [1] Friedrich d. Gr.; Henzi hatte 1745 Oden auf die preußischen Siege im 2. schlesischen Krieg geschrieben.

1769, 1061–1062: F. J. Riedel, Über das Publikum, Briefe an einige Glieder desselben, 1768.

96   J e n a.

Bey Cuno ist Ao. 1768 abgedruckt: Ueber das Publikum, Briefe an einige Glieder desselben, von Friedrich Just Riedel, groß Octav auf 227 S. Diese in einer sehr aufgeweckten Schreibart verfaßte zehn Briefe sind eigentlich critisch. Ihre Absicht ist grossen Theils, einer seits Bodmern zu widerlegen, denn auch, die ästhetischen Lehrer als zur Poesie ziemlich entbehrlich zu zeigen: eine critische Geschichte theils der Satyre überhaupt, und theils der deutschen Dichtkunst verkürzt zu liefern, und überhaupt diejenigen neuen Dichter zu vertheidigen, die zur lächelnden und frölichen Classe gehören. Gelegentlich rühmt Hr. R. aus einem schönen Gedichte[1] des Hrn. Zachariä ein Gemählde der Mexicanischen Kayser Tochter, weil es so wohl nach dem Geschmacke dieser Nation geschildert seyn soll. Wir müssen erinnern, daß dieses Gemählde eine Guineische Mohrin vorstellt, daß Montezumas Tochter weder schwarz wie Ebenholz, noch ihr Haar kraus wie Wolle gewesen ist. Auch die Diamanten gehören nicht unter die Reichthümer der Mexicaner. Man kan antworten, hat doch Raphael das Costume oft verfehlt. Wir können auch nicht ungeahndet lassen, daß mit der gänzlichen Verwerfung der Bodmerischen Gedichte viel schönes, zumahl auch aus der Noachide verworfen wird; hingegen Gottsched zwar als ein grammatischer und prosaischer Schriftsteller sein Lob verdienen mag, der Geschmack aber eines Lobredners des Hermanns[2] und der Verächter des Miltons unmöglich mit Ruhm erwähnt werden soll. Die Kleidung des Schönen mochte er beurtheilen, für das Schöne selber hatte er in der That kein Gefühl.

1769, 1292–1293: Carlo Goldoni, Sämtliche Lustspiele, IV, 1769.

97   L e i p z i g.

Eisfeld hat mit vorgedrucktem Jahre 1769 den vierten Theil der übersetzten Schauspiele des unerschöpflichen Goldoni in Octav auf 397 S. abgedruckt. Wir haben unlängst eine scharfe Beurtheilung dieses Mannes gelesen, und finden hin und wieder an den Einheiten, zumahl des Ortes auszusetzen: aber den Ruhm muß man doch dem Manne lassen, daß er eine unzählbare Menge neuer fehlhafter Gemüthsarten abgeschildert hat, die auf dem Theater neu waren, und mehrentheils feiner und minder Carricaturen sind, als die Molierischen geitzigen, oder bürgerliche Junker, wobey die Unwahrscheinlichkeit oft aufs höchste getrieben wird. Aus dem

---

96   [1] *Cortes* (der erste u. einzige Band erschien 1766).
     [2] Schönaichs Epos.

Stolze des Adels, der eine eindringliche Bürgerfrau verhöhnet, aus den Klatschereyen zweyer Bedienten, aus den kleinen Zänkereyen zweyer eifersüchtiger und auffahrender Verliebten, hat Goldoni ganze Schauspiele erbaut, die wir, ob sie wohl etwas lang sind, dennoch mit Vergnügen gelesen haben.[1] Die Uebersetzung ist überhaupt gar nicht übel gerathen.[2]

1770, 191–192: Voltaire, Les Guèbres, ou la tolérance, 1769.

98   G e n f.

Dann hier ist dieses Trauerspiel A. 1769. auf 116 Seiten abgedruckt: Les Guebres ou la tolerance par M. D. M. Dieses Schauspiel ist nicht vorgestellt worden, und kömmt, wie man versichert, von einem jungen Dichter. Die Fabel hat etwas neues und sonderliches. Zwey Römer verlieren ihre Kinder, die von einem Perser im Glauben des Zoroasters erzogen werden. Gallienus verbietet diesen Gottesdienst bey Todesstrafe, wegen seines Hasses gegen Persien. Der Geber verlobt die zwey vermeinten Geschwister, die Kinder der Römischen Brüder, mit einander, und sie lieben sich aufs vollkommenste. Die Braut wird von den Priestern des Pluto aufgefangen, und ihr eigener unerkannter Vater, ein Römischer Tribun, soll sie zum Tod übergeben. Die Natur würkt in ihm, und um ihr Leben zu retten, will er sie heyrathen. Sie gesteht, sie seye mit ihrem Bruder verlobet, und liebe ihn. Der Bruder kömmt, rasend vor Eifersucht und Liebe, und verwundet erstlich den Tribun, und tödtet hernach den Priester. Man erkennt einander, und der Kayser schaft endlich das Gesetz ab, und läßt die Gebern in Ruhe. Es ist viel Schönes in diesem Trauerspiel, nur hätte billig, wer selber um Duldung bittet, den Verfolger nicht tödten sollen, und die Liebe einer Schwester gegen ihren Bruder hat doch etwas anstößiges, obwohl sie endlich nur ihres Bräutigams Base ist. Der Kayser redet wohl und edel.

---

97 [1] *Die eigensinnigen Weiber (Le Donne puntigliose), Die häuslichen Zwistigkeiten (I Puntigli domestici), Die Verliebten (Gli Innamorati).*
   [2] Vgl. 1771, 544: »Die Kaufleute *[I mercanti]* haben uns wegen der plötzlichen Bekehrung und Belohnung des noch im Schauspiele selber so äusserst verächtlich handelnden jungen Bösewichts misfallen.«
   1771, 408: »Wir hätten auch lieber den jungen, ehrlichen, und bey seiner Liebe einzig auf die Person sehenden Ferdinand [in *L'avaro*] minder lächerlich machen gesehen. Die Hinterlist belohnen, und die Einfalt strafen, war des Moliere unedle Denkungsart.«
   Der Übersetzer der elfbändigen Goldoni-Ausgabe (1767–1777) ist Justus Heinrich Saal.

1770, 231–232: C. M. Wieland, Musarion, ou la philosophie des Grâces, 1769.

99   [L a u s a n n e.]

Musarion, ou la Philosophie des Graces, ist vermuthlich hier, wiewol ohne einige Bezeichnung des Ortes, A. 1769. in Octav auf 59 Seiten abgedruckt. Hr. Roehde,[1] der mit dem Hrn. Grafen von Callenberg reiset, ist der Uebersetzer. Wir haben anderswo unsere Gedanken über die reizenden Schriften des Hrn. Prof. Wielands geäussert.[2] Diese ist eine der besten, wann die Classe gut ist; sie läßt nicht so oft den Schriftsteller sprechen, und der Leser hört mehr die Personen. In wie weit aber diese ganze Classe von Schriftstellern nützlich seye, die die Seele erweichen, und die ohne dem kräftig reizenden Triebe noch verführerischer abmahlen, ist eine andere Frage. Die Bestimmung des Menschen ist doch wohl nicht, für sich, und für den Augenblick zu sorgen, daß er in Wollust hinfliesse. Er hat Verhältnisse gegen die Zukunft und gegen die Gesellschaft, die das angenehme Leben des Phanias nicht erfüllt.

1770, 438–439: Letters written by the late Jonathan Swift [. . .] and Several of his Friends, from the Year 1703 to 1740, I–III, 1768.

100   L o n d o n.

[. . .] Bald solten wir mit Buffon glauben, das Vornehmste an einem Buche seye die Wohlredenheit. Denn was hat S. in seinem Leben ernstliches, gutes und brauchbares geschrieben? Seine Satyren waren Caricaturen: seine Bilder oft pöbelhaft und unanständig: und in dem Ganzen herrscht ein Geist des Uebelwollens gegen seine Nation und seine Zeiten, das allemahl zu tadeln ist. Denn wir müssen die Menschen, und die aus ihnen bestehenden Staatsverfassungen lieben, ob sie wohl ihre Fehler haben: sonst würden wir sie niemahls lieben. Hingegen erhielt S. seine Irrländer in einem beständigen Mißvergnügen und Murren gegen Engelland. L. Bollingbroke[1] erscheint hier sehr oft, und zu seinem Nachtheil. Auch dieser lasterhafte und schädliche Minister nimmt die Freyheit, alles übersehn, alles tadeln zu wollen. Mit Vergnügen sehn wir, daß auf des Dechants Vorstellungen der Lord gesteht, man müsse die Religion nicht aus der Menschen Herzen reissen. [. . .]

---

99 [1] J. J. Roehde, Angestellter des Grafen Georg von Callenberg.

[2] Vgl. die Rezension von *Don Sylvio* (*GGA*, 1765, 560) und *Agathon* (*GGA*, 1766, 575; 1767, 1127).

100 [1] Vgl. unten S. 125, Anm. 5.

101   L e i p z i g.

[...] Endlich der ehrliche und gutmüthige Jacob Thomson, in dessen
Poesie eben die Nachläßigkeit geherrscht hat, die ihn in seinem Leben
nie verließ, und die ihn hinderte, derselben die richtige Harmonie zu
geben. Er war freylich ein Mahler, so wohl in allegorischen und erdichteten Bildern, als in der Abschilderung der Natur, aber warum solte man
seinetwegen alle seine Brüder erwürgen, auf daß er der einzige mahlerische Dichter bliebe. In England selbst hat man von beiden Arten mahle-
rischer Dichter einen Ueberfluß, und nur der Natur zu gedenken, überaus
schöne Malereyen im Amyntor (des Mallets),[1] in Graingers Sugarcane,[2]
im Pope, und hundert andern. [...]

102   P a r i s.

[...] Hiernächst sagt Hr. L. das gute und böse der Spanischen Schauspiele. Jenes setzt er, und mit Recht, in die Kunst, Verwirrungen in das
Schauspiel zu bringen, und die Personen in die gröste Verlegenheit zu
setzen. Die wunderlichen Flitterzierathen hat er fast durchgehends weg-
geschnitten, die für uns unerträglich seyn würden. Ein anderer Fehler, den
Hr. L. nicht anzeigt, ist die Monotonie der Charactere. Alle Verliebte sind
heftig, wagen alles, zeigen viele Großmuth und glauben sich berechtigt,
ihre Rache auszuüben. Kaum haben wir einen einzigen Character in der
Samlung gefunden, der einige besondere Züge hätte, den alcalde Crespo[1]
ausgenommen. Das Frauenzimmer hat noch weniger Verschiedenheit, und
ist durchgehends so verliebt als immer die Männer. Die einzige Melindrosa[2]
ist eine Caricatur. Hr. L. hat im ersten Bande einige Stücke des fruchtbaren Lopez de Vega Carpio übersetzt: er verläßt ihn aber bey der Melindrosa, deren letztern Theil er sich nicht getraut hat, auch nur im Aus-
zuge zu liefern. Don Pedro Calderon de la Barca zieht er dem Lopez weit
vor, doch dünkt uns, sein Vorzug bestehe bloß in der Zusammenpassung
unvermutheter Begegnungen, wodurch die Personen in beständige Verwirrung gesetzt werden. Seine Gelehrtheit sieht man aus einem Schauspiele, das eine wienerische Geschichte zum Vorwurfe hat.[3] Wien hat

101[1] David Mallet, *Amyntor and Theodora, or The Hermit,* 1747.
   [2] James Grainger, *The Sugar-Cane.* A Poem, 1764.

102[1] In Calderóns *Alcalde de Zalamea.*
   [2] Von Lope de Vega.
   [3] *Il y a du mieux (Mejor està que estaba).*

einen Podesta, dessen Vetter der Gouverneur de Brandenbourg ist. Vieles ist fast unbegreiflich, oder macht doch keinen Eindruck, wann man es lieset, und nicht vorstellen sieht, und fast kein Schauspiel ist ohne bloße Degen. [...]

1770, 1119–1120: L. S. Mercier, Jenneval, ou le Barnevelt français, 1769.

103   P a r i s.

Le Jay hat A. 1769. in groß Octav und mit einem ausnehmend schönen Kupfer abgedruckt: Jenneval ou le Barnevelt françois, von Hrn. Mercier. Hr. M. hat sich hier selber übertroffen, obwohl das Schauspiel sonst nicht vorgestellt worden ist. Er hat die erstere Hälfte des Englischen Barnwells[1] nachgeahmt, und seinen Jüngling einen falschen Wechsel ausstellen, auch mit dem Oheim wegen seiner Buhlschaft sich abwerfen lassen: die zweyte, die Ermordung des Oheims, und die Bestrafung beyder Schuldigen, hat er sich nicht unterstanden aufzuführen. Hierdurch verliert das Trauerspiel seinen wahren Nutzen, es kan so gar schädliche Würkungen haben, und der Jugend den verführerischen Gedanken beybringen, sie könne bey einigen Uebelthaten dennoch die Tugend im Herzen behalten. Die Fabel ist auch gar unwahrscheinlich worden, indem der französische Barnwell, da er eben den Oheim hinzurichten hingegangen ist, auf einmahl, da er ihn von seinem Mithaften schon angegriffen und in Gefahr sieht, sich umwendet, und diesen Mithaften niederstößt. Diese theatralischen Bekehrungen nun, und die Belohnungen plötzlich umgeschaffener Bösewichter halten wir für unmoralisch und schädlich. Sonst ist das Trauerspiel, obwohl ohne Reimen, dennoch mit vielem Feuer geschrieben.

1770, 1368: Barnabé Farmian de Rosoi, Œuvres mêlées, I, II, 1769.

104   P a r i s o d e r D i j o n.

Ohne Jahrzahl, und Bewilligung sind abgedruckt Oeuvres melées de M. de Rozoi, in zwey Duodezbänden. Es sind vermischte satirische, verliebte, und lustige, auch gewisse Gelegenheitsgedichte, und zum Theil prosaische Aufsätze, und viele Fabeln. In den leztern dünkt uns der Verfasser besonders unglücklich, indem er Thiere aufführt, deren Sitten und Gemüthsart sich zu den Geschäften im geringsten nicht schicken, die er ihnen aufträgt. Ein Panther ist der Freund eines Pferdes, er verleumdet seines

---

103 [1] George Lillo, *The London Merchant, or The History of George Barnwell,* 1731.

Freundes Vater und die Mutter, und verliert darüber seinen Freund. Was wir aber weit sträflicher finden als schlechte Verse, sind die anzüglichen und höchst anstößigen Stücke, die hin und wieder stehen. Dichter, die Satyren schreiben, die folglich das Laster mißbilligen, sollten sie denn wohl Triebe befördern, die ohnedem so stark, und so hinreissend sind?

1770, Zugabe CCXXXIX–CCXL: C. J. Dorat, Mes fantaisies, 1768.

105   [P a r i s.]

Jorry hat sauber und mit sehr schönen Kupferzieraten gedruckt: Mes Fantaisies. Es sind kleine vermischte Gedichte vom Hrn. Dorat. Man muß wiederum sich zuerst vergleichen, ob man die Classe von dergleichen Reimen leiden wolle. Hr. Dorat besingt nicht nur bloß Wein und Liebe; er besingt von der letztern bloß den Genuß, und seine Begierden haben sich mehrentheils bey Schauspielerinnen aufgehalten, deren gute Sitten er nicht verlangt, und ihnen gern erlaubt, verbuhlt und untreu zu seyn. Hr. D. hat anbey ziemlich den Wolstand verletzt, den man der Religion schuldig ist, und bey der Abschaffung der geistlichen Bücher, die er mit Dichtern ersetzt, hätte doch die h. Schrift geschont werden sollen. Dieses vorangesetzt, und weder gebilligt noch entschuldigt, kan man dem Verfasser einen leichten und lebhaften Schwung und einen echten Witz nicht absprechen. Ins besondre giebt er in der Vorrede eine Geschichte der Dichtkunst, nehmlich der französischen; dann bey seiner Nation hat sie, wie Hr. Dorat glaubt, ihren Sitz aufgeschlagen. Er hätte die Alterthümer der französischen Poesie vorbeygehn sollen, dann vor dem Corneille war sie fast in ganz Europa die schlechteste. Daß Paris der Sitz der guten Poesie seyn müsse, weil es die Quelle des Lächerlichen ist, kan nur allenfalls für die Satire wahr seyn: und dennoch wie kalt sind der Franzosen Schauspiele gegen die Englischen? In einem eigenen Gedichte hat der höfliche Franzose dem Hrn. Hume ins Gesicht gesagt, in allen Dingen werde London durch Paris übertroffen, zumahl weil zu Paris die einzige Arbeit seye, das Vergnügen zu suchen. Dieses ist nun wohl aller Menschen Arbeit, und warum sagt Hr. D. anderswo S. 7., es herrsche seit zweyhundert Jahren zu Paris die lange Weile. [. . .]

1771, 104: J. F. Ducis, Hamlet, tragédie imitée de l'anglais, 1770.

106   Paris.

Hamlet, tragedie imitée de l'anglois par Mr. Ducis ist den 30. Sept. 1769. auf dem Parisischen Schauplatze aufgeführt, und bey Gogué abgedruckt

worden. Hr. Ducis kennt den Hamlet nur aus des la Place Auszügen.[1]
Er hat diese wilde Blume nach den Regeln der Gartenkunst verbessern
wollen. Hamlet ermordet seine Mutter nicht, sie fällt durch ihren Verführer, und auch dieser wird nur erlegt, weil er mit seinen Verschwornen
den Prinzen überfällt. Der Geist erscheint bey weitem nicht mit der Feyer-
lichkeit des Shakespears, auf eine gesetzte Stunde um Mitternacht, und in
der Einsamkeit; er verfolgt den Hamlet zu mehrmalen, und macht sich zu
gemein. Hin und wieder sind auch die Verse matt, der Geist sagt viel zu
frostig:

> fut de ma mort sur tout le complice et l'auteur.[2]

Sehr oft findet man die Füllwörter, le coeur, ton ame. Der Franzose hat
zwar die Fehler des Englischen Hamlets nicht, es mangelt ihm aber die erhabene Rede zu ihm selber, und die natürliche Größe vieler Scenen.
Dennoch ist das Schauspiel nicht verächtlich.

1771, 305–307: J. J. Dusch, Briefe zur Bildung des Geschmacks, IV, 1770.

107   Leipzig und Breslau.

Im vierten Bande der Briefe zur Bildung des Geschmacks, der A. 1770.
abgedruckt ist, werden die Heldengedichte beleuchtet. Der Verfasser giebt
davon verschiedene Gestalten, und selbst Lehrgedichte zu, die zugleich
episch sind, wie der Telemach.[1] Er beurtheilt unter andern Gedichten des
Thomsons Freyheit,[2] die er überhaupt hochschätzt, und dann die Cam-
paign des Addisons.[3] Hier kömmt er uns etwas zu streng vor; freylich
konnte A. nicht wie Homer Zweykämpfe abschildern, da heutiges Tages
nicht Mann auf Mann, sondern Treffen auf Treffen losgehn, und das
Feuer alles entscheidet. Aber unser Ungenannter hat nicht genug die moralischen Schildereyen des Addisons bewundert, dergleichen Homer keine
hat. Wie künstlich rühmt nicht A. die französischen Hausvölker, und
schlägt sie mit einem rühmlichen Nationalstolze mit einem Worte nieder.

> with native freedom brave
> the meanest Briton scorns the highest Slave.

Wie unnachahmlich schön ist das vom Verfasser angeführte, aber nicht
genug bewunderte industrious to conceal great Bourbon's crimes. In dem

---

106 [1] Pierre Antoine de La Place, *Théâtre anglais*, II, 1745; besprochen von
      Haller in *GGA*, 1746, 304–305.
    [2] II, 5.

107 [1] Vgl. oben S. 19, Anm. 1.
    [2] James Thomson, *Liberty*, 1734–36.
    [3] Joseph Addison, *The Campaign*, 1704; über den Feldzug des Herzogs von
      Marlborough im Spanischen Erbfolgekrieg.

berühmten Gleichnisse vom Engel[4] ist die Kritik ungerecht. Addison schrieb für seine Britten, ihre Sprache war nicht wie jetzt in Europa bekannt, und in Engelland war der große Sturmwind des 1703. Jahres in vollem und fürchterlichem Angedenken. Wie schmeichelhaft und wahr ist das

hourly instructed u. s. f.

Ueber Voltairens Fontenoi[5] urtheilt unser V. auch hart. Wir sind nicht eben Bewunderer des schädlichen Dichters von Fernex, so bald man aber urtheilen will, so muß man einem jeden Theile eines Gedichts Gerechtigkeit wiederfahren laßen. Des Grafen von Sachsen Krankheit und Wunsch ist historisch und schön, und der Monsieur Mars, der lächerlich seyn soll, ist es nicht für einen keine Fehler andichtenden Leser. Die Erzählung einiger Krieger in der französischen Armee, ist unendlich minder anstößig, als die unzählbaren erdichteten Krieger des Homers, die einander umbringen; die Nahmen sind in Frankreich groß, und V. hat sie mehrentheils characteristisch gemacht. O combien de vertus que la tombe devore u. s. f. ist für uns nicht frostig, es ist ein schuldiges Denkmahl der National-Dankbarkeit. Der Gebrauch, den V. von der Liebe in der Henriade macht, ist schön und wahr, und so wenig wir die Mythologie lieben, so läßt sie sich hier entschuldigen, weil die Begebenheiten in der That durch den Einfluß der Liebe gelenket worden sind. Wir finden überhaupt, der Verfasser setze zu viel Werth auf die poetische Schilderey sinnlicher Dinge, die ein Mahler auch in seiner Gewalt hat, und fühle nicht genug die moralische Schilderey, wodurch sich der Dichter weit über den Mahler erhebt.

1771, 742–744: Edward Young, Œuvres diverses, I–IV, 1770.

108   P a r i s .

Hr. le Tourneur[1] hat A. 1770 bey le Jay in vier Octavbänden abdrucken lassen: Oeuvres diverses de Mr. Young. In den zwey ersten Bänden stehn die Nachtgedanken, deren wir nicht gedenken wollen.[2] In dem dritten

---

107 [4] So when an angel by divine command
     With rising tempests shakes a guilty land,
     Such as of late o'er pale Britannia past,
     Calm and serene he drives the furious blast; *(The Miscellaneous Works of Joseph Addison,* Oxford 1830, I, S. 70.) Die vorhergehenden Zitate: S. 70 und S. 64; das folgende: S. 63.
     [5] *Poème de Fontenoy,* 1745. (Sieg der Franzosen über die Alliierten im zweiten schlesischen Krieg, 1745).

108 [1] Pierre P. F. le Tourneur, der Übersetzer.
     [2] Haller hatte die *Night Thoughts* in den *GGA* bereits besprochen: 1746, 173; 1750, * 819; 1761, 232.

die Estimation de la vie mit dem dazu gehörigen Anhange von den Leidenschaften. Dieses Werk ist sehr verstümmelt, wie wir bey der Zusammenhaltung der Urkunde gefunden haben. Die Kürze und Präcision derselben mangelt auch in der Uebersetzung gänzlich. Die Lettres morales sur le plaisir sind zuerst den Ungläubigen entgegen gesetzt, und hernach werden die Wollüste des Lebens auf ihren innern Werth gesetzt, auch ein Ungläubiger, der alles seinen Begierden aufgeopfert, in den letzten Augenblicken seines Lebens verzweifelnd geschildert. Hr. Y. rückt auch das Gebet eines Wollüstigen ein, das die wallenden Begierden seines Herzens ausdrückt. In den Conjectures sur la composition originale, die Hr. Y. in seinem hohen Alter an den berühmten Richardson gerichtet hat, rühmt er eigentlich die Originalgeister, und erniedrigt die Nachahmer. Er beurtheilt hiernächst die vornehmsten Englischen Dichter. Er tadelt mit vieler Lebhaftigkeit des Pope Anhängigkeit an den Reimen; erzählt eine Weissagung des Swifts über ihn selber, da er bey Erblickung eines oben vertrockneten Ulmbaums gesagt, auch er würde von oben an absterben: rühmt den Shakespear, und schreibt dem Addison bey andern Vorzügen eine Kälte im Tragischen zu, gedenkt aber seines erhabenen und christlichen Todes. Dieser Band ist von 364 S.

In dem vierten stehn zwey Trauerspiele, die Rache und Busiris. Jene hat eine Aehnlichkeit mit dem Othello;[3] nur hat der Urheber des Unglücks hier mehr Ursache zu seiner Bosheit, und weckt durch andere Mittel die Eifersucht des Alvaro auf. Busiris ist ein kriegerischer und dabey tapferer König, der aber dennoch unten liegt, nachdem er mehr die Liebe seiner Unterthanen, als ihre Hochachtung, verlohren hat. Aber dieses Trauerspiel hat, nach unserm Geschmacke, sehr grosse Fehler. Der Myris Buhlerey und des Busiris Liebe für die unbekannte Amelia (einen sehr unägyptischen Namen) sind völlig abgeschnitten, und überflüßige Stücke. Die Nothzüchtigung der Mandana kann niemals eine gute Wirkung thun, und muß den Charakter der Heldinn erniedrigen. Das unwahrscheinliche Gezänke zwischen ihr und ihrem Verlobten, welches von beyden sich tödten solle, ist vielleicht im theatralischen Geschmacke, nicht aber in der Natur. In der Epitre à Milord Lansdown[4] rühmt Y. den Utrechtischen Frieden, und bis auf die gute Begegnung, die Bollingbroke zu Versailles gefunden hat.[5] Seine Vergleichung des Französischen Trauerspiels mit dem Englischen, geht auch nicht sehr tief. Dieser Band ist von 392 S.

---

108 [3] Gerstenberg ist in den *Briefen über Merkwürdigkeiten der Literatur* dieser Ähnlichkeit weiter nachgegangen.

  [4] ›An Epistle to the Right Honourable, the Lord Lansdown‹, 1713 (Gedicht).

  [5] Henry St. John, Viscount Bolingbroke war 1713 an den Utrechter Friedensverhandlungen beteiligt (Abschluß des spanischen Erbfolgekriegs).

1771, 822–823: Elite de poésies fugitives, hrsg. von Luneau de Boisjer-main, IV, 1770.

109   P a r i s.

Hier und nicht zu London ist der vierte Band der elite de poesies A. 1770. abgedruckt. Sie sind zum theil sehr alt, doch meistentheils neu und von jetzt lebenden Dichtern. Der Inhalt ist mehrentheils Tändeley und Liebe, und die meisten sind ganz artig. Diese Art von Gedichten ist dem Natio-nalcharakter der Franzosen am besten angemessen, und in derselben sind sie am glücklichsten. Ob aber diese Classe überhaupt zum Besten des menschlichen Geschlechts etwas beytrage, ob sie die grosse Achtung ver-diene, die viele Fürsten gegen ihre Verfasser zu unsern Zeiten bezeugen, das wäre eine ernsthaftere Frage. Sie können dienen, einen Augenblick zu belustigen. Sie können, wenigstens viele von ihnen, Lüste rege machen, die von der Natur selber ihr Angenehmes haben; aber zum wahren Be-sten des Menschen, zu seiner beständigen Glückseligkeit, tragen sie nichts bey. Ohne die Religion zur Hülfe zu rufen, lehrt uns die Erfahrung, sie lehrt es auch selbst diejenigen, die es am ungernsten lernen, daß Arbeit, und tugendhafte Thaten das Gemüth stärken, daß sie ihm eine Fähigkeit beybringen, zum gemeinen Besten arbeitsam und thätig zu seyn, und daß alles Schwere, was der Mensch oft thut, ihm geläufig, leicht und vergnü-gend wird. Da hingegen alle weichliche Triebe, alle sinnliche, oder nach der sinnlichen abgemahlte, Wolluste das Gemüth erweichen, ihm ernsthaf-tere Arbeiten ekelhaft machen, und auch diese unglückliche Wirkung haben, daß die Gewohnheit, sich zu vergnügen, das Vergnügen selbst schmacklos, und wie die starken Getränke den verwöhnten Geschmack endlich gegen alles unempfindlich machen, was nicht noch reitzender, als die gewöhnten Lustbarkeiten sind. Ist in klein Duodez 262 Seiten stark.

1771, 922–925: Quatre Poétiques d'Aristote, d'Horace, de Vida et de Boileau, hrsg. von Batteux, I, II, 1771.

110   P a r i s.

Ueberaus sauber ist die Auflage der quatre poetiques d'Aristote, d'Horace, de Vida et de Boileau, die der Abbé Batteux A. 1771 bey Saillant und Nyon in zwey Bänden in groß Octav herausgegeben hat. 1.) Aristoteles. Mr. B. versichert, er habe wörtlich übersetzt; das hat er nicht gethan, und vielmehr seinen Verfasser umschrieben. Man lieset das Buch selten mehr, es trägt aber, ob es wohl nur ein Theil von einer Dichtkunst ist, das Gepräge eines grossen Meisters. Der Geschmack des Philosophen ist überhaupt vor-trefflich. Was er von den Einheiten sagt, selbst von der Einheit des Cha-racters bey den tragischen Personen, was er über die Entwickelung des Knoten, den Vorzug des Trauerspiels (es war eine wirkliche Oper) erin-

nert, und überhaupt das ganze Werk ist aufs Feinste gedacht. Obwohl nun
Hr. B. vom Aristoteles glaubt, er habe genugsame Muster grosser Dichter
vor sich gehabt, Regeln für die Dichtkunst von denselben abstrahiren zu
können, so finden wir doch des Stagiriten Begriffe eben um deswegen um
etwas zu enge, weil er nur wenige Muster vor sich gehabt hat, daher sein
dunkler Begriff, durch das Trauerspiel den Schrecken und das Mitleiden zu
reinigen. Das ist nicht der Zweck des Trauerspiels, sondern das Herz durch
ernsthafte Triebe zu rühren. Die blosse Bewunderung, die Großmuth, macht
ohne Schrecken und Mitleid einen vortreflichen tragischen Character, so ist
Cinna und Titus, selbst Nicomedes und Heraclius.[1] Aber die Athener (warum doch so weitläuftig Athenienser) litten in ihren Schaubühnen am liebsten
unglückliche Tyrannen: sie nahmen sie deswegen gern aus den trauervollen
Häusern des Lajus und des Pelops; doch nicht allemal, wie Aristoteles
meynt, denn Aeschylus hat die neuesten Perser aufgeführt. Eben so un-
richtig ist der Begriff, die tragischen Personen müssen weder gar zu lasterhaft, noch allzuvollkommen seyn: ein gestrafter Lasterhafter ist tragisch,
und die belohnte Standhaftigkeit eines mit dem Unglücke kämpfenden
ächten Helden ist es auch. Daß der Ausgang allemal traurig seyn müsse, ist
eben ein solches Vorurtheil; er war es auch bey den Alten nicht, wie in des
Euripides Alcestis. An einem grossen Verehrer des Homer's muß man es
entschuldigen, wenn Aristoteles meynt, er habe die Menschen besser gemahlt als sie seyn: wir finden alle Charactere vermuthlich nach der Natur
gemahlt, aber sehr unvollkommen. Die Ilias ist der Sieg der Gewalt, und
die Odysseea der Triumph der List. Daß die Jamben eben nichts zur Satyre
vorzügliches haben, haben die lateinischen Satyrenschreiber bewiesen. Nach
dem Werke kommen einige Anmerkungen. Das Reinigen durch den Schrek-
ken und das Mitleid sucht Hr. B. zu erklären; es bleibt aber für uns noch
immer dunkel, und wir wünschten nicht, daß man das Mitleid aus unsern
Freunden austriebe, oder es bey uns auch nur schwächte. Hr. B. vertheidigt
den Achilles wider den grossen Kenner des Horaz,[2] wir finden aber den
Peliden noch viel tadelhafter. Sein Verkaufen des Körpers des Hectors,
des einzigen Helden, der einige Menschlichkeit zeigt, ist bloß durch bar-
barische Sitten zu entschuldigen. Und Jupiter kannte ihn besser, der durch
ein Wunderwerk ihn zwingen mußte, den Priamus leidlich zu empfangen.

2.) Horaz. Dieses grosse Muster des guten Geschmacks hat freylich auch
nur einen Theil einer Dichtkunst geliefert, was er aber sagt, ist wahr und
lehrreich. Dieser Band ist in zwey Anfängen 411 S. stark.

---

110 [1] Gemeint sind die Dramengestalten Corneilles.
    [2] I, S. 255 f. in einer Anm. zum 2. Kap., allerdings ohne Dacier zu nennen,
der in seiner Ausgabe der Poetik des Aristoteles (1705) zu derselben Stelle
angemerkt hatte, Homer habe Achilles tapferer dargestellt, als der Wirk-
lichkeit entspreche.

3.) Vida:[3] ein im Virgilius wohl bewanderter Mann, der fleißig sich mit den Blumen der Alten zu schmücken wußte, aber dabey weitschweifig, mit fremden Dingen beschäftigt, oft überaus niedrig war: und überhaupt dringt er in das Innere der Kunst nicht ein. Die Auferziehung eines Knaben, womit er sich lang abgiebt, ist eine ganz fremde Sache. Die Regel, eine Heldengeschichte in der Mitte anzufangen, und das Vorhergegangene zu erzählen, hat uns nie gefallen wollen. Nicht nur bringt sie eine unnöthige Unordnung in die Erzählung, sondern man braucht die Personen selbst zum Erzählen, wodurch unserm Begriffe nach entweder die ganze Schreibart erniedrigt, oder auf eine unwahrscheinliche Weise der epische Stil einer Person in den Mund gegeben wird, wohin er sich nicht schickt, da er in der Feder des Dichters an seinem Orte ist. Denn wann braucht ein Fürst im Erzählen Gleichnisse, Metaphoren und dergleichen Zierrathen, die nicht ohne Ueberlegung und Arbeit können erfunden werden. Uns gefällt, daß Vida, ganz ehrlich, die niederträchtigen Gleichnisse des Homer's, und die langen Reden in den Schlachten mißbilligt, und es für keine Schönheit ansieht, wenn eben die Worte wiederholt werden. Odini[4] Anmerkungen werden im ursprünglichen Latein hier abgedruckt.

4.) Boileau. Man kennt seine gefeilte und mühsam ausgeschliffene Art, Verse vollkommen zu machen. Sie erscheint hier in ihrer Vollkommenheit. Aber auch hier suche man nichts aesthetisches, nicht einmal einen recht gereinigten Geschmack. Malherbe[5] war der Mann nicht, Helden würdig zu loben: und die verbuhlten Verse des Horaz[6] gehören nicht zur ächten Ode: ein Sonnet ist auch ein Spielwerk, dem wir niemals den Vorzug unter den Gedichten geben würden. Eben so wenig schränken wir das Heldengedicht in die Götter der Fabeln ein: aber Boileau hatte den Namen des Milton, auch des Addison's, nie gehört. Und wie füllt des Achilles Zorn eine Ilias an? weil der Dichter zwanzig Schlachten erzählt, und in jeder die Umstände aus einander setzt, wie jener durch die Leber und dieser durch den Hals gestochen worden sey, ein Ueberfluß in Kleinigkeiten, worinn noch Fenelon[7] den Homer zwar nachgeahmt, aber doch mehrentheils etwas einzuflechten getrachtet hat, woran der Leser Theil nehme. Ist in zwey Anfängen 372 S. stark.

---

110 [3] Marco Girolamo Vida, *De arte poetica*, 1527.
   [4] Odinus ist le Père Casimir Oudin.
   [5] Boileau (*L'Art poétique*, I, V. 131 ff.) lobt Malherbe als den Begründer der »korrekten« französischen Dichtung.
   [6] Boileau zitiert in seinem Abschnitt über die Ode Horaz als Vorbild (*L'Art poétique*, II, V. 69 f.).
   [7] Im *Télémaque*. Vgl. oben S. 19, Anm. 1.

111   Frankfurt und Leipzig.

Im Jahr 1771 sind nachgedruckt worden: Friedrich Gottlieb Klopstoks kleine poetische und prosaische Werke, in Octav auf 433 S. Freylich sehen wir lieber Klopstoks Werke sich vervielfältigen, als die die weichen Herzen der Jugend noch mehr erweichenden Werke der sogenannten Anacreonten, die wohl gar gerade zu sich versprechen, auf dem Genusse ihrer Lüste, wie auf verdienstlichen Handlungen, sich einen Weg zur glückseligen Ewigkeit zu bahnen. Freylich verehren wir Klopstoks Liebe zur Tugend und zu GOtt. Ist schon unser Geschmack an die neuen Wendungen noch nicht gewöhnt, womit er die Sprache bereichert hat: sind wir noch immer in den Gedanken, ein Vers müsse nicht mit einem Worte abgebrochen werden, das zu nahe mit dem ersten Worte des folgenden zusammenhängt: finden wir noch immer, hin und wieder sey man gegen GOtt vertraulicher, als es seine unendliche Grösse zulassen sollte: so hindern uns diese eingeschränkten Gefühle nicht, das Grosse und Erhabene in Klopstoks Geiste zu empfinden. So wenig wir uns an die neuen Sylbenmaasse gewöhnen, so wenig wir die Harmonie in vielen derselben fühlen: so sehen wir nicht auf dieses für uns fremde Aeusserliche, das durch schwache Nachahmer so oft mißbraucht worden ist; wir sehn auf das Herz, auf die edeln Gesinnungen, und auf die athmenden Ausdrücke des Dichters. Unter den prosaischen Schriften steht gleich Anfangs eine Beleuchtung des verächtlichen Julian's,[1] des abergläubischen Verehrers falscher Wunderthäter, des sophistischen Widerlegers einer göttlichen Lehre, woran er nichts zu tadeln fand. Wir glauben auch mit Hrn. K., in der poetischen Mahlerey und in der erhabenen Schreibart habe die deutsche Sprache viele Vorzüge, selbst vor der englischen, die viel ärmer im Zusammensetzen ist, und deren Wörter noch viel weniger Gelenk haben.

112   Genf.

Wir glauben, die Werke Carls Palissots, des schon bekannten Verfassers des satyrischen Lustspiels les Philosophes, seyn hier abgedruckt. Die Policey scheint den Abdruck in Frankreich verboten zu haben. Sie sind merkwürdig. Der Mann besitzt einen beissenden Witz, und erklärt den neuen Philosophen einen unversöhnlichen Krieg. Der erste Band heißt: La Dun-

---

111[1] ›Betrachtung über Julian den Abtrünnigen‹ (zuerst 1758 im *Nordischen Aufseher*).

ciade, poëme en dix chants, Londres 1771, in groß Octav auf 263 S. Es ist
in soweit eine Nachahmung des Pope, doch ohne das Geringste von ihm
zu borgen. Auch die Dummheit nimmt in Paris vor, den Parnaß einzunehmen; Marmontel wird zum Feldherrn ihrer Völker erklärt, aber Apollo
treibt sie mit einer Pfeife zurück, dem fürchterlichen Sifflet, das die nicht
gefallende Schauspiele zum Schweigen bringt. In einer Vorrede, und in
verschiedenen andern kleinern Schriften, entschuldigt Hr. P. seine Schärfe.
Wir wollen ihm eingestehn, daß eine Kritik über Werke des Geistes nützlich ist. Er hat auch nicht unrecht, wann er anmerkt, daß beyde, Boileau
und Pope, sehr scharf mit denjenigen umgegangen sind, die sie als schlechte
Dichter angesehn haben. Aber mit allem dem können wir erstlich nicht
billigen, wann Boileau und Palissot die von ihnen verachteten Dichter so
lächerlich, und zuweilen auch so lasterhaft abgemahlt haben, daß sie in
dem gesellschaftlichen Wesen darüber alle Achtung verlieren müßten. Ein
schlechter Reim, eine übel angebrachte Metaphore, ein irriger Grundsatz,
ein Stück von einer schädlichen Sittenlehre, können billig durch die Kritik
gestraft werden; nicht aber muß man deswegen einen ganzen Dichter, in
seiner völligen Person, bey vielleicht andern wahren Verdiensten, verhaßt abmahlen: selbst für die Wissenschaften hat eine solche allgemeine
Kritik keinen Nutzen, da hingegen die Anzeige eines Fehlers ihren Nutzen haben kann. Aber ein anderer grosser Vorwurf wider einen Kunstrichter ist es, wann ganz würdige Männer, bloß weil sie dem Richter mißfallen, schmählich behandelt werden. Das hat doch Pope nicht gethan;
Boileau zwar zuweilen, aber hierinn hätte ihn Mr. P. nicht nachahmen
sollen. Nun wird niemand am Hrn. P. billigen, daß er dem Arnauld
schimpflich begegnet, dessen Euphemie, Cominge und Fayel selbst so voll
ächter Schönheiten sind.[1] Marmontel's Belisaire und seine Erzählungen[2]
sollten ihn auch von der unrühmlichen Erhebung zum Feldherrn der
Dummköpfe gesichert haben. So verächtlich ist er nicht, obwohl an seinen
Trauerspielen etwas hartes mag geblieben seyn. Auch der gefallende Sedaine leidet allzuviel, und unverdient. Es wird zu deutlich, daß Hr. P.
eigentlich nicht die Feinde des Geschmacks, sondern seine eigene Feinde
bekriegt. Wider die sogenannten Philosophen, als Feinde der Religion, die
sich mit einer Larve von Sittenlehre schminken, und die Sprache derselben
reden, ohne sie im Herzen zu fühlen, geht Hr. P. mit mehrerm Rechte zu
Felde: ihre Zusammenverschwörung, alle andere zu verachten, die nicht
von ihrem Bunde sind: ihre heimliche Bestrebung, die Offenbarung zu
untergraben: selbst ihre Bitterkeit, und ihr Verfolgungsgeist wider die

112[1] Haller besprach *Euphémie* in *GGA*, 1768, 1111; *Les Amants malheureux,*
   ou le comte de Comminge ebda, 1765, 1111; die Tragödie *Fayel*, 1770,
   offenbar nicht.
   [2] *Contes moraux*, 1763.

130

Christen, verdienen eben keine Schonung. Aber warum nimmt hingegen aus dieser Zahl Hr. P. einige aus, deren Gesinnung gegen die Rechte eines Schöpfers um nichts besser sind? Freron wird abscheulich mißhandelt, und zum fliegenden Esel gemacht, dessen Flug aber durch einen natürlichen Trieb immer in die Tiefe des Bathos geht. Coyer, der artige und wohlgemeynte Coyer, sollte gewiß nicht unter den Anbetern der Dummheit stehn, und sein Sobieski[3] ist eben so gewiß nicht in einer lächerlichen Schreibart geschrieben. Gegen den Voltaire ist Mr. P. behutsam, der doch wider die Offenbarung der Anführer der Philosophen gewesen ist, und es ist ein Widerspruch, diese Philosophen wegen ihrer schlechten Sittenlehre zu verdammen, und dann die arouetische Pucelle[4] anzurühmen. Doch Hr. P. macht sich selbst eben des Fehlers schuldig, schlüpfrige Gemählde zu schildern, und Marmontel's Liebesgeschichte (Gesang 8) ist von eben dem Geschmacke, wie viele von des Voltaire Erzählungen. Der Haß gegen die Engländer, und gegen die bürgerlichen Trauerspiele (die die nützlichsten von allen sind) sind auch keine Wahrzeichen einer richterlichen Gerechtigkeit, aber Anmuth, Witz, scharfsinnige Bosheit, und lächelnde Ironie mit einem geschärften Dolche bewafnet, herrschen allerdings in der Dunciade. Auf dieselbe folgen verschiedene kleine Schriften, die theils zur Absicht haben, zu zeigen, wie sehr der Verfasser von den Philosophen sey beleidigt worden, und theils den Beyfall beweisen, den Hr. P. von den Herren la Harpe, Clement, le Brun, und selbst vom Voltaire genossen hat, obwohl der letztere für seine Philosophen mittelt. Aber Rabener und Haller sollten nicht unter denjenigen stehn, die sich heftige Satyren erlaubt haben.

1771, 1023–1024: Sophie von La Roche, Geschichte des Fräuleins von Sternheim, I, 1771.

113   Leipzig.

Ein kleiner sittlicher und empfindsamer Roman ist vom Hrn. C. M. Wieland[1] A. 1771 angefangen worden, dessen ersten Band auf 367 S. klein Octav Weidemanns Erben und Reich gedruckt haben. Das Feine, fast Subtile des Verfassers, seine lebhafte Einbildungskraft, und die Metaphysik des Herzens finden wir hier wieder; erfreuen uns aber, daß Hr. W. selber gefühlt hat, seine Heldinn müßte keine Rahimu, keine Danae, auch keine Musarion seyn,[2] wenn der Leser an ihrem Schicksale Theil nehmen

112 [3] Gabriel-François Coyer, *Histoire de Jean Sobieski*, 1761.
    [4] Von Haller besprochen in *GGA*, 1756, 26.

113 [1] Wieland schrieb nur das Vorwort.
    [2] Die verführerischen Frauengestalten in Wielands *Idris Agathon* und *Musarion*.

sollte. Seine Sophie hat Religion, und hält sehr viel auf ihren Pfarrer; nur einmal setzt Hr. W. sie als eine Moralistinn einer Frommen entgegen, und giebt ihr einen grossen Vorzug. Die Shaftsburyschen Reden wider die Furcht der Hölle, und den Wunsch für den Himmel verlieren alle Kraft, wann man ihnen das Figürliche wegnimmt, das durch die eingemischten fabelhaften Begriffe etwas von der Würde des Urbildes geschwächt hat. Sophie thut gute Werke mit Begier, sie freut sich darüber, sie erlangt ihren eigenen Beyfall. Aber sollte denn der Beyfall des unendlichen Wesens nicht auch unendlich mehr des Suchens werther seyn? GOttes Beyfall ist der Himmel, sein Mißfallen ist die Hölle, beydes im Wesen und in den Folgen. Hr. W. läßt indessen seine Heldinn, durch die Verwirrung der Umstände, und durch die List eines wohlgezeichneten Lovelace,[3] in die äusserste Gefahr für ihre Ehre gerathen; sie läßt sich durch einen erkauften Kerl, der kein Geistlicher ist, mit einem Bösewichte trauen, und entflieht mit ihm. Doch wir zweifeln nicht, Hr. W. werde Mittel finden, seine edelmüthige Schöne von aller Befleckung zu bewahren, und nicht dem Rousseau nachahmen, der seine Julie, wie das gemeinste der Weiber, fallen ließ.[4] Hat zum Titel: Geschichte des Fräuleins von Sternheim.

1771, 1038–1039: J. T. Hermes, Sophiens Reise von Memel nach Sachsen, I–III, 1769 ff.

114   Leipzig.

Wir sind sonst nicht gewohnt, Romane anzuzeigen; aber Sophiens Reise von Memel nach Sachsen unterscheidet sich von andern dergleichen Geschichten dennoch so merklich, daß wir sie anzuführen wagen, auch da schon der dritte Band aus der Presse gekommen ist. Der Verfasser wird in der Vorrede Bothe genennt. Er drohet zwar, sein Werk abzubrechen, und das, weil kein Wochenblatt ihn mit seiner Kritik beehrt hat. Nun macht uns diese Drohung nicht recht bange: wir erwarten vielmehr noch mehrere Bände, da die Hauptperson von Memel erst bis nach Danzig gekommen ist, und noch bis nach Sachsen einen langen Weg vor sich hat, da auch der Leser die vornehmsten Personen noch nicht kennt. Wir wissen aber dennoch so viel, daß Frauenzimmer von gutem Geschmacke die Fortsetzung erwarten; nur daß wir wünschten, der Setzer möchte bey seinem Amte bleiben, und uns mit seinen Anmerkungen verschonen. Das Buch ist sonst voll Empfindung und Tugend. Sophie, bey ihrem Geständnisse, wie nahe sie dem Untergange gewesen sey, und wie wenig eine junge Person sich selber zutrauen solle, ist ein frommes und tugendhaftes Fräulein, und ihr Less ein Grandison, Puff ein ganz runder aber doch unsere Freundschaft verdienen-

---

113 [3] Der Verführer in Richardsons *Clarissa*.
   [4] Vgl. Hallers Rezensionen, *GGA*, 1762, 673, 1000; 1763, 447.

der alter Holländer, Henriette, bey ihrem Muthwillen eine noch lenksamere junge Frau, als Richardsons Charlotte.[1] Die andern Charaktere stechen ziemlich ab. Julchen verliebt sich in einen Unwürdigen, und wird darüber neidisch und ungerecht. Die vornehme Pastorin ist unerträglich; Constantia und Ludewig ein Abscheu der Welt. Der Verfasser besitzt die Kunst, den Leser für seine Personen einzunehmen, und man ist begierig zu vernehmen, wie Sophie sich aus der Schlinge winden wird, ohne Verletzung der Tugend, einer Eheversprechung zu entgehen, und zu ihrem Geliebten zu gelangen; denn das wird doch die Absicht seyn.

1771, 1043–1045: Charles Palissot de Montenoy, Œuvres, II, 1771.

115   Genf.

[. . .] Wider Diderot's bürgerliche Trauerspiele. Und warum sollen uns nur die Unglücke und die Tugenden der Fürsten rühren? Ihm wird auch die Dunkelheit zur Last gelegt. Duclos[1] ist nach dem Hrn. P. ein Miniaturmahler, dessen Pinsel kalt und gekünstelt ist. Wider den Fontenelle sehr hart. Boileau war ein guter Richter über das Mechanische der Poesie, aber wie oft irrte er, wann es um Wissenschaften zu thun war. Freylich sind des v. Fontenelle Hirtenlieder[2] nicht Lieder, wie sie unsre Hirten singen; sie sind aber in ihrer Art, und wann man ein Urfeisches Foret[3] zum Grunde setzt, unnachahmlich schön. Wider Mad. de Grafigny hart. Wir finden an einer Cenie[4] unendlich mehr gutes, als an den meisten Stücken des Moliere. Jene lehrt uns eine unsern Umständen angemessene Tugend: in diesem reitet die Bosheit auf der Einfalt. Larcher, nicht ungünstig, ungeachtet der Ungnade, die Voltaire auf ihn geworfen hat.[5] Linguet,[6] viel zu günstig. Malherbe viel zu rühmlich. Ein übertriebenes Lob vom Moliere. Dem Manne fehlte es am Herzen, er haßte nicht das Laster, sondern die Ungeschicklichkeit, und seine Sittenlehre war eben die, wie beym Reineke Fuchs. Das niedrige Poßierliche wollen wir nicht ahnden, das seinem Bewunderer, dem Boileau mißfallen hat. La Motte, sehr hart. Wenn er nur dieses gesagt hätte:

     Rois, serons-nous toujours des grenouilles pour vous?[6a]

114 [1] In *Grandison.*

115 [1] Charles Pinot Duclos, Romancier und Historiker.
  [2] *Poésies pastorales,* 1688.
  [3] Anspielung auf den Schäferroman *Astrée,* 1607–1628, von Honoré d'Urfé.
  [4] Comédie larmoyante von Françoise de Graffigny.
  [5] Pierre Henri Larcher schrieb 1767 eine *Réponse à la ›Défense de mon oncle‹* (gegen Voltaire).
  [6] Nicolas Simon Henri Linguet (1736–1794), Historiker und Dramatiker.
  [6a] Schlußsatz der Fabel ›Les Grenouilles et les enfants‹.

so hätte er eine bessere Begegnung verdient. Und dann wird des Abbé de la Porte voyageur françois[7] gerühmt. Die v. Puisieux[8] ist doch würklich ein Frauenzimmer: uns kam ihre Sittenlehre sehr männlich vor. Rabelais wird dem Swift vorgezogen. Der Unterschied ist unendlich. Swift hat einen Plan, eine Absicht, seine Einbildung ist reich, und der Natur ähnlich. Rabelais' Räthsel gleichen oft den Einfällen eines Verrückten. Regnard's Spieler wird dem Beverley[9] vorgezogen; aber gegen grosse und vernichtende Laster ist das Lächerliche nicht genug. Die Unglücke, worein sich Beverley durch seine Begierde zum Spielen gestürzt hat, sind täglich historisch wahr geworden. Rosoi[10] sehr hart. Rousseau der ältere,[11] sehr günstig, wobey Voltaire sich selber entgegengesetzt wird. Rousseau von Genf, überhaupt billig. Aber sollten seine Grundsätze in der Religion nicht härter geahndet, und solten sie fast gar gerühmt werden? Sabatier,[12] ein Ausfall auf die Deutschen, die man in Frankreich übersetzt, und doch immer deutsch bleiben. Der Herr v. Haller wird ausgenommen, aber auch hier verliert der Nationalstolz nichts; denn der soll sich nach dem Boileau gebildet haben. Keine Dichter können unähnlicher seyn. Des Boileau Vorzüge waren in der Mechanik des ausgefeilten Verses, und in der schlauen Bosheit: sein Geschmack schränkte sich auf die Dichtkunst ein, aber sein Herz fühlte nichts, und man wird kein Zeichen einer Rührung bey ihm finden. Gilblas, mit Recht gelobt. Malherbe verdient kein anders Lob, als daß er die Sprache und den Reim von einigen Freyheiten gereinigt hat. Saurin der jüngere,[13] hart: noch härter, Sedaine.[14] Der Graf von Tressan[15] hat zuerst den Mr. Palissot verfolgt, hernach versöhnt geschienen, und soll zum zweytenmahl in der Encyclopädie, Art. Parade hart mit ihm umgegangen seyn. Wir kennen einige Unbeständigkeit an diesem Herren. Vernes,[16] dem das Buch zugeschrieben ist, wird gelobt und vertheidigt. Voltaire, günstig aber künstlich. Der Verfasser verspricht, einige Artikel neu durchzuarbeiten. Dieser Band ist von 348 S.

---

115 [7] Joseph de la Porte, *Le Voyageur français*, 1765 ff.
   [8] Madeleine d'Arsant de Puisieux, Verfasserin von Romanen und pädagogischen Schriften.
   [9] J. F. Regnard, *Le Joueur*, 1696. Edward Moore, *The Gamester*, 1753.
   [10] Barnabé Farmian de Rosoi (Rozoi), 1743–1792, vielseitiger Erfolgsschriftsteller.
   [11] Jean Baptiste Rousseau (1671–1741).
   [12] François Sabbathier (1732–1807), Hrsg. des *Dictionnaire pour l'intelligence des auteurs classiques grecs et latins*, 1766 ff.
   [13] Der Dramatiker Bernard Joseph Saurin (1716–1787).
   [14] Der Opernlibrettist und Dramatiker Michel Jean Sedaine.
   [15] Louis Elisabeth de la Vergne de Tressan.
   [16] Der Genfer Theologe Jacob Vernes (1698–1789).

116   L e i p z i g.

Biographie der Dichter, zweyter Band, von Christian Heinrich Schmid, Professor zu Erfurt, ist A. 1770. in der Dyckischen Handlung auf 480 S. abgedruckt worden. Man lieset solche Bücher doch mit Vergnügen, und das diesmalige hat den Vorzug, daß neben den Lebensumständen mehrentheils auch die Gedichte eines Poeten durchgegangen, und die Schönheiten oder Fehler beurtheilt worden. 1. Shakespear. Hr. S. thut uns hier unrecht, er zählt uns zu den Tadlern, die Wielands Uebersetzung für elend ausgegeben haben: wir haben sie vertheidigt, und insbesondere auch Hrn. W. guten Geschmack gelobt, der die vermischten elenden Scenen unübersetzt gelassen hat.[1] Die Entschuldigung, solche niederträchtige Reden werden einer unwürdigen Person aufgetragen, ist nach unsern Gedanken unzureichend. Der gute Geschmack läßt sowohl den Clown weg, als des Clown's elende Zotten. Wohl haben wir einige wenige Sprachfehler an Hrn. W. angemerkt, und es ist immer noch nöthig, die deutschen Uebersetzer zu ermahnen, das Innere des Englischen zu kennen. Auch unser Hr. S. sagt: der Deputirte von Irrland, da er vom Statthalter spricht. Ueberhaupt hat Shakespear unnachahmlich schöne Stellen, aber aus Mangel von Geschmack sinkt er in die niedrigsten; auch in dem Lustspiele Measure for Measure, einem Stücke, das sich noch am leichtesten zu einem unsträflichen und moralischen Schauspiele umschmelzen liesse. Es ist an dem, der Geschmack der Zeiten hieng damahls am Hanswurstischen. Aber dieses ist eine Entschuldigung für den Shakespear, nicht aber für die Schauspiele, deren Maaß die Vollkommenheit seyn soll. Die schöne Stelle S. 71. soll eigentlich übersetzt werden: und lächelt ihre Betrübniß an.[2] Ueber seine Traurigkeit lachen, ist ganz ein anderer und unfeiner Begriff. Die Stellen über Bodmern S. 103.[3] wird Hr. S. bey der Ueberlesung vermuthlich selbst durchstreichen. Unverschämt ist ein Wort, das sich ein gesitteter Schriftsteller nicht von einem Manne entfallen lassen soll, wenn auch der Mann ein schwaches Schauspiel schriebe. Gelehrt war wohl Shakespear nicht. Sein Theseus spricht vom Aristoteles.[4] Wir können auch sein Lob nicht zugeben,

---

116 [1] Hallers Selbstverteidigung ist gerechtfertigt; vgl. die oben abgedruckten Rezensionen von Wielands Shakespeare-Übersetzung.

[2] Zitat aus *Twelfth Night*, II, 4, Z. 118: »Smiling at Grief.« Bei Schmid: »Lachte / Ihrer tödtenden Traurigkeit.« Vgl. unten 1778, Zugabe 127, Anm. 2.

[3] Bodmers *Julius Cäsar* und *Markus Brutus* seien unfreiwillige Parodien: »Ich würde sie hier gar nicht genannt haben, wenn der Verfasser nicht selbst so unverschämt wäre, seine Misgeburten mit Shakspear in Parallel zu setzen.«

[4] Haller irrt offenbar. Theseus (*A Mid-Summer Night's Dream*) spricht nicht von Aristoteles.

daß er so vortreflich die Leidenschaften geschildert hätte, wenigstens nicht die Liebe. Ein überaus ausführlicher Auszug von Spensers Feenkönigin. Die Stelle 258. aus Priorn hätte billig nicht eingerückt werden sollen.[5] Dann folgt Pyra. Uz, dessen Leben und Lob wir mit dem grösten Vergnügen gelesen haben. Hier sagt Hr. Uz, und man schreibt es ihm nach: Hr. v. Haller sey einer der Uebersetzer der Clarissa. Das war er nicht, er prieß blos dem Buchhändler das unnachahmliche Buch an, und bewog ihn, es übersetzen zu lassen. Pindarus ausführlich. Mit dem Thucydides, hätten wir nicht erwartet, daß man ihn vergliche, und daß das edle Bewußtseyn der eignen Grösse allen grossen Genies eigen sey, glauben wir nicht. Virgils Bescheidenheit unterbricht gleich die Induction. Hagedorn, umständlich. Hr. S. sagt S. 391. Hagedorns Haupteigenschaft sey nicht der Witz gewesen u. s. w. und S. 410. besaß er einen schnellen und scharfen Witz. Auch Hagedorn war bescheiden. Rost, daß er nicht so lose gewesen als seine Gedichte, ist keine Entschuldigung. Rost, der Obersteuereinnehmer, konnte mit wenigen Leuten, und wenige Jahre leben, sein Beyspiel mußte bald auslöschen.[6] Aber die Entzündung heftiger Leidenschaften wird in Rosten, dem Dichter, wie im la Fontaine, Jahrhunderte durch dauern. Wenn auch Theokrit unzüchtig geschrieben hätte, so hielten wir es für keine Vertheidigung eines Rosten. Gay, hier denken wir von den Schäfergedichten[7] desselben gar nicht, wie Hr. S. Sie waren Satyren und Parodien, und mit Fleiß die gröbsten und niederträchtigsten Bilder mit dem angenehmen Bucolischen vermischt, um die ganze Gattung der Hirtengedichte, und hauptsächlich den Philips lächerlich zu machen. Lichtwehr, von seinem eignen Leben. Wir wünschen mit einigen wenigen Anmerkungen in keinen Streit zu gerathen, um desto mehr, da uns das meiste an dieser Biographie gefällt.

1771, 1294–1296: Haller, Usong, 1771.

117   B e r n.

Die typographische Gesellschaft hat A. 1771. in Octav auf 420 Seiten abdrucken lassen: Usong, eine morgenländische Geschichte. Der Herausgeber, Hr. von Haller, zeigt in der Vorrede, worinn die Geschichte der Hand-

---

116 [5] Ein schäferlich-erotisches Gespräch.
    [6] Johann Christoph Rost (1717–1765) war anfangs Gottscheds Protegé, verfeindete sich aber mit ihm, als es zwischen Gottsched und der Neuberin zum Bruch kam. Sein satirisches Heldengedicht *Das Vorspiel*, 1742, verhöhnt Gottsched und seinen Kreis. Im folgenden scheint Haller an die *Schäfererzählungen*, 1742, zu denken, die z. T. an La Fontaine erinnern.
    [7] *The Shepherd's Week*, 1714, Parodien auf Ambrose Philips' Hirtengedichte.

schrift, davon diese Geschichte ein Auszug ist, von den Nachrichten der abendländischen Geschichte unterschieden sey. Der vornehmste Unterschied besteht in Usongs mongolischem Herkommen, und in seinen Reisen; denn das übrige kömmt mit des Bizaro Nachrichten[1] gänzlich überein. Usum Caßan, denn so heißt man sonst den Usong, war ein vortreflicher Fürst, der hier als ein vollkommener Herrscher abgeschildert wird. Er kömmt auf den Persischen Thron, zu einer Zeit, da das Reich lange Jahre in viele Staaten zerrissen, durch die Enkel und die Abkömmlinge des Befehlshaber Timurs tyrannisch war beherrschet worden. Usong sucht dem Reiche aufzuhelfen: er richtet die Einkünfte zuerst ein, und legt einen Grundzins auf das fruchtbare Land, der sehr gering, aber bey dem weiten Reiche doch zureichend ist: Neben dieser Grundsteuer hat er noch einige Zölle beym Eintritte ins Land, und die Krongüter. Er will keine andere Auflagen ausschreiben, auf daß er nicht eine eigne Classe von Leuten bedürfe, die dem Reiche zur Last fallen. Er richtet hiernächst den Rechtsgang und die Gesetze ein, und bestellt eigene Richter und Gerichtshöfe, deren Beysitzer kein anderes Amt und kein anderes Geschäfte haben sollen. Der Kriegsstaat besteht in den verbündeten Curden und Georgiern, die eine Anzahl Hülfsvölker dem Reiche liefern, welches die stehenden Völker sind. Nebst denselben hält das Reich eine weit grössere Anzahl Landvölker, zu welchen alle Unterthanen gezogen werden, und drey Jahre dienen müssen, hernach aber frey sind, entweder in ihre Heymath sich zu begeben, oder als Leibwachen beym Kaiser zu bleiben. Die Kriegsgesetze erstrecken sich nur auf dasjenige, was eigentlich den Kriegsdienst antrift, in allen übrigen Fällen steht der Kriegsmann unter den gewohnten Richtern. Endlich werden die Obrigkeiten eingerichtet, die in Dörfern, Städten und Provinzen bestellt sind, und auch die sehr einfache Steuer einnehmen: So entstehn vier Abtheilungen (departemens): für den Gottesdienst, den Krieg, das Recht und die Policey: die alle von einander unabhängig sind, und deren Häupter bey dem Kaiser den Vortrag thun. Ueber alle diese Abtheilungen wachen die kaiserlichen Abgesandten (missi Dominici), die in den Provinzen wohnen und auf alles achten, ihren Bericht einsenden, selbst aber nichts verfügen sollen. Keine Gesetze, keine Verordnungen werden unüberlegt abgefaßt, dreymahl hört man die Vorstellungen an, und so lange bleiben sie aufgeschoben, endlich aber müssen sie befolget werden. Nach diesen Grundsätzen, die in weiterm ausgeführt sind, hoffte der Verfasser, daß eine despotische Macht gemildert, und einem Reiche heilsam seyn könnte, und in Persien sind viele dieser Einrichtungen unter den Nachfolgern Usongs würklich in Uebung gewesen. Das Ernsthafte der Lebensbeschreibung Usongs ist mit einigen muntern Umständen aufgeheitert, und über-

---

117[1] Hallers Quelle, Pedro Bizaro, *Historia rerum Persicarum*, 1583.

all hat der Verf. sich beflissen, die Sitten, die Gewohnheiten, und die Sprache der Morgenländer beyzubehalten. Die lezten Tage Usongs hat er, da
sie blos zur Religion gehörten, ganz weggelassen, weil er glaubte, die Würde der Ewigkeit duldete keine, auch nicht die erlaubten Ergötzlichkeiten
des jetzigen Lebens. Vermuthlich werden die wichtigen Wahrheiten, die
den sterbenden Fürsten beschäftigten, in einer andern Gestalt erscheinen.[2]
Eine zweyte Auflage des Usongs ist zu Leipzig abgedruckt worden. Sie
ist der vorigen in allem ähnlich, hat aber wegen des um etwas grössern
Papiers nur 404 Seiten. Sie führt eben den Titel.

*1771, Zugabe XLVII–XLVIII: Elizabeth Montagu, An Essay on the
Writings and Genius of Shakespeare, compared with the Greek and French
Dramatic Poets, 1770.*

118   L o n d o n.

Hughs hat A. 1770. 8. auf 288 S. abgedruckt: An essay on the writings
and Genius of Shakespear, compared with the greek and french dramatic
poëts. Den Anlaß zu dieser Vertheidigung des geliebten Dichters der Zeiten hat Voltaire gegeben, der das Pöbelhafte im Shakespear in Vergleichung mit dem edeln Anstande des Corneille getadelt hatte.[1] Das Werk
ist wohl geschrieben, doch dem alten Barden etwas günstig. Freylich ists
eine billige Betrachtung, daß Shakespear zu einer Zeit gelebt hat, da Wortspiele und dunkle Redensarten am Hofe, auf der Kanzel, selbst in den
Schriften eines Verulams[2] herrscheten, und daß er sich dennoch sehr oft
der allgemeinen Seuche entzogen hat: daß er auch wegen seiner wenigen
Kenntniß der Sprachen noch an die schlechten Quellen damahliger Romane gebunden war. Auch ist der Vorzug nicht zu leugnen, den das
Schauspiel vor dem Heldengedichte hat, das blos gelesen werden kann.
Man gesteht aber nicht genug, wie unfähig S. gewesen seye, eine vernünftige und zärtliche Liebe abzumahlen: doch man tadelt mit Recht die
zur Unzeit in die schrecklichsten Umstände angebrachten kleinen und
lauen Liebesvorträge des Theseus, und des Philoktetes in jedem französischen Oedipus. S. wird als der Urheber des historischen Schauspiels angesehen, das gewiß seine Nationalvorzüge hat. Billig hätte man des Corneille Clitandre verschonen sollen, den niemand für eine Arbeit hält, die
Ruhm verdiente, oder ihres Verfassers würdig wäre, und Othon und Age-
silas sind wieder von seinen schlechtern Stücken. Hierauf durchgeht der

---

117 [2] In den *Briefen über die wichtigsten Wahrheiten der Offenbarung*, 1772.

118 [1] Vgl. Montagu S. 2 und 16. Gemeint sind wohl Voltaires *Lettres anglaises*.
    [2] Francis Bacon.

Verfasser einige Schauspiele des Shakespears, zuerst von der historischen Art, wie Heinrich IV., wo in der That S. die Sitten und das Costume sehr wohl beobachtet hat. Er rühmt darauf den Gebrauch, den S. von den Hexen und Feyen gemacht hat, und zeigt viel wahrhaftig schönes im Macbeth. Die Gespenster hätte er mit Voltaires Beyspiel schützen können, der des Ninus Geist eben auch hat erscheinen lassen,[3] (und sein Trauerspiel mit einem qui pro quo zum Ausgang gebracht hat). Cinna[4] erhält ein strenges, und in der That mehrentheils gerechtes Urtheil; nur muß man sich den Augustus, und nicht den Cinna, als den Helden des Schauspiels vorstellen, dessen Rolle sehr mittelmäßig ist. Voltaire wird wegen seiner ungetreuen Uebersetzung zu recht gewiesen,[5] und kennt in der That das Innere der Englischen Sprache nicht. Des Shakespears gleichfalls auf einer Verschwörung beruhender Julius Cäsar, wird mit dem Cinna verglichen, wo wiederum, einige niedrige Stellen ausgenommen, Shakespear die Characteren des Brutus, Caßius und Cäsars sehr wohl beybehalten hat: dann Cäsar sprach damahls sehr hoch, und trotzte dem Schatten der übrigen Freyheit.

1771, Zugabe CXCII: Thomas Gray, Poems, 1768.

119   Glasgow.

Wir wollen die prächtige Ausgabe der Poems of M. Gray nachholen, die bey den Brüdern Foulis A. 1768. in Großquart auf 64. S. ungemein ansehnlich abgedruckt worden ist. Hr. Gray ist ein Odendichter, mit dem Feuer der Alten begeistert, die er sehr fleißig gelesen hat, und dabey von einem in seiner Nation sehr gewöhnlichen traurigen Wesen, und einer herrschenden Schwermuth angefüllt. Verschiedene von seinen Oden haben wir schon angezeigt.[1] Wir merken überhaupt an, daß der Mangel eines echten Sylbenmaasses auch den Englischen Dichtern sehr nachtheilig ist. Oft vermengt Hr. G. jambische Verse mit trochäischen, welches uns sehr widerlich vorkömmt, wann zumal beyde unrein sind, und z. E. brisk eine kurze Sylbe seyn soll. Die Metaphern sind nach unserm Geschmack auch öfters zu dreiste, wie brennende Fahnen. Einige Anmerkungen geben dieser Auflage einen Vorzug, in welchen Hr. G. bald die dunkeln Stellen seiner prophetischen Oden aufklärt, und bald die Stellen alter Dichter anzeigt, die er bey seinen Gedichten vor Augen gehabt hat.

---

118 [3] In *Sémiramis*.
   [4] Corneilles Drama.
   [5] Vgl. Montagu S. 11. Vgl. *GGA*, 1774, 734–735.

119 [1] *GGA*, 1759, 220.

120   Leipzig.

Weidemanns Erben und Reich haben A. 1771. verlegt: Allgemeine Theorie der schönen Künste in einer alphabetischen Ordnung von J. Georg Sulzer, Mitglied der königlichen Akademie der Wissenschaften zu Berlin, groß Quart auf 568 S. Dieser erste Band des wichtigen Werkes geht bis Jonisch. Hr. S. hat darinn die Dichtkunst, die Beredsamkeit, die Musik, die Baukunst, die Mahlerey und die Bildhauerey abgehandelt, und ein seltenes Beyspiel der tiefesten Einsichten in so viele Künste abgegeben. Er hat von den schönen Künsten einen höhern Begrif, als man insgemein zu haben pflegt, und glaubt, sie können zur Aufnahme der Wahrheit und der Tugend bey einem Volke sehr vieles beytragen. Auch hat er nicht als ein blosser Liebhaber, sondern als ein Philosoph geschrieben, und die Quellen tief erforscht, woraus das Schöne und das Rührende entspringt, und er macht einen grossen Unterscheid zwischen dem wahren Dichter, und demjenigen, der eine Kleinigkeit fein auszufeilen, oder einen Reim mechanisch zu wenden weiß. Wir wollen bloß bey der Dichtkunst und der Beredsamkeit bleiben. Aeneis, ein sehr richtiges Urtheil. Aesthetik, ein tiefgedachter Artikel. Hr. S. scheint es am Alexandrinischen Verse zu rühmen, wenn der Verstand von einer Zeile in die andere übergeht; aber die Franzosen, die dieses Enjambement vermeiden, finden keine Langwierigkeit in ihren langen epischen und tragischen Gedichten, und wir glauben, das Enjambement sey nur alsdann erträglich, wenn der Verfasser in den Affect gekommen ist. Nahls Allegorie zu Hindelbank[1] ist billig gerühmt, sie ist eigentlich die Geschichte selber ausgedruckt. Was Batteux, und überhaupt die Franzosen sagen, man müsse im Heldengedichte den Anfang in die Mitte bringen, ist eine Nachahmung der Odyssee, in welcher Ulysses den Phäaciern seine Ebentheuer erzählt; den haben alle anderen epischen Dichter nachgeahmt. In der Natur finden wir keinen Grund dazu, und Homer selber hat es in der Ilias nicht gethan, in welcher die Geschichte Tag für Tag fortschreitet. Daß es die Franzosen den andern Völkern in der Ausarbeitung vornämlich bevorthun. Einige, und zum Theil: die Geissel der Kritik zwingt sie dazu. Doch sind Pope's Verse besser ausgearbeitet, harmonischer und richtiger als des Voltaire. Belebung, war der grosse Vorzug der Alten, dem insbesondere die Franzosen nicht beykommen, deren Gedichte bey den allgemeinen Begriffen und Worten bleiben, und deswegen mehrentheils kalt sind. Wie wußte Virgil seinen niedrigsten Vorwürfen eine Seele und einen Adel zu geben!

---

120 [1] Das allegorische Grabdenkmal des Bildhauers Nael (Sulzers Schreibung) in der Kirche zu Hindelbank bei Burgdorf. Sulzer S. 42 und 239 f.

Hr. S. bestraft mit Recht die bloß angenehmen, in Wein und Liebe versunkenen Dichter. Die Geschichte der Dichtkunst. Zu den schwäbischen Zeiten war es eine allgemeine Beschäftigung der Edeln, welches um desto besondrer ist, weil sehr wenig Wissenschaft unter ihnen war. Daß nicht alles fliessend seyn müsse: es ist allen starken Leidenschaften (und auch dem Erhabenen) entgegen. Von den Schranken der Freude. Von den Gleichnissen. Hr. S. hat nicht den Widerwillen gegen dieselbe, den wir fühlen, sie legen nach unserem Geschmacke allemal allzudeutliche Spuren der Kunst ab, sobald sie etwas lang sind. Hr. S. dringt auf die Einheit der Handlungen, wider die die Engländer sehr oft fehlen, und recht mit Fleiß über das Plot noch ein Underplot verlangen. Aber die Rührung zerstreuet sich, wenn man den Leser an vieler Helden Schicksal Theil nehmen lassen will. Mit Recht widerlegt Hr. S. den Shaftesbury (und Aristoteles), der an den Helden Fehler haben will. Die tadellose Grösse eines Grandison's[2] benimmt ihm nichts von der Liebe, die er sich erwirbt. Unter den Heldendichtern verdient Fingal eine vorzügliche Stelle,[3] auch weil er, noch mehr als Homer, in einem ungebildeten Volke gelebt, und doch feinere Empfindungen gehabt hat, als selbst Virgil. Mit Vergnügen sehen wir das aufrichtige Zeugniß, das S. 532, Hr. S. dem Hrn. Bodmer giebt, den die heutigen sogenannten Anacreontischen Dichter sich fast zur Pflicht machen zu verspotten. Vom deutschen Hexameter: er ist sehr wenigen gerathen. Eines Freundes Gedanken über die Idyllen. Wir können die Vollkommenheit unmöglich fühlen, die man den theokritischen Idyllen zuschreibt. Allerdings war die Sprache musikalisch. Wieviel reizender tönt συρισδειν als pfeifen! Aber der Geschmack fehlte dem Manne, und grobe Hirten verdienen nicht, besungen zu werden. Die alten Patriarchen, und die Araber, ihre Nachfolger, geben Muster ächter und dennoch edeldenkender Hirten, die keine Werke der Einbildung sind. Homer. Hr. S. denkt sehr vortheilhaft von dem Manne, wir auch, wenn wir den Mann ansehn, der in ungesitteten Zeiten und vor der Philosophie gelebt hat. Aber vom Dichter denken wir anders: es war unmöglich, daß er zu seinen Zeiten die Idealvollkommenheit habe erreichen können, die zu den spätern Zeiten möglich wurde, die auch jetzt möglich seyn würde, wenn nur nicht alle europäische Sprachen gegen die griechische so schwach, so ungelenk, und so tonlos wären. Aber wir können die vorzüglichen Stellen des vortreflichen Werkes nicht alle anzeigen.

---

120 [2] Vgl. Hallers Rezension in *GGA*, 1755, 161.
 [3] Vgl. Hallers Rezension in *GGA*, 1765, 129; und 1767, 1132, 1137.

1772, 798–799: J. G. Sulzer, Die schönen Künste in ihrem Ursprung, ihrer wahren Natur und besten Anwendung, 1772.

121   Leipzig.

Weidemanns Erben und Reich haben A. 1772. in klein Octav auf 85. S. abgedruckt: J. Georg Sulzers schöne Künste in ihrem Ursprung, ihrer wahren Natur und besten Anwendung. Es ist eigentlich ein Abschnitt aus des vortreflichen Mannes zweyten Theile des von uns angeführten Werkes.[1] Hr. S. wolte gerne seinen geliebten schönen Künsten eine höhere Würde geben: er sieht sie als ein Mittel an, den Verstand zu verbessern, und zur Tugend zu bilden. Sie geben, wenigstens die redenden Künste, den Ermahnungen und Lehren unstreitig eine mehrere Kraft; selbst eine bessere Sprache erleichtert die Wissenschaften, und giebt dem Volke einen Vorzug, das sie besitzt. Vom Ursprung der schönen Künste. Griechenland hat sie im Osten von den Chaldäern und im Westen von den Hetrurern gehabt. Von ihrer Abnahme nach dem Falle Roms: es blieben dennoch hin und wieder Künstler, und Hr. S. hat zu Hervorden einen schönen Kopf Heinrich IV. in einem Siegel gesehen. Von dem Misbrauche der schönen Künste, und von dem übeln Geschenke, mit welchem man den schlüpfrigen Mahler, und den noch schlüpfrigern Dichter (wir fügen den verführenden Freygeist bey) eben so wohl beehrt und belohnt, als wann beyde ihre Kunst auf edle Vorwürfe gewandt hätten. Auch das Schauspiel wird schädlich, das von allen menschlichen Erfindungen am kräftigsten die Verbesserung der Menschen zu befördern geschickt wäre.

1772, 799–800: Salomon Geßner, Schriften, III, 1772.

122   Zürich.

Orell und Comp. haben A. 1772. in Octav auf 224. S. abgedruckt: Salomon Geßners Schriften, dritter Band. Der erste Theil dieses Bandes besteht in Idyllen des Hrn. Verfassers. Sie sind den vorigen[1] ähnlich, doch nicht so merklich in zehnsylbigen Versen verfaßt. Man fühlt mit Vergnügen, daß nicht nur die unschuldige Liebe zwischen beyden Geschlechtern, sondern die noch unschuldigere und uneigennützigere gegen die Eltern noch immer das Herz am angenehmsten rührt, ohne daß eine heimliche Schaam das Vergnügen unterbreche, wie bey witzigen, aber die Sitten verderbenden Gedichten geschehen würde. Bey dem vielen Schönen dünkt uns doch zuweilen das Schäferische Costume nicht genug geschont. Scene dünkt uns für die Hirten ein allzustädtisches Wort. Dann einige Erzählungen von Diderot. Zuerst die Freundschaft zweyer sonst eben den Ge-

121[1] Vgl. die Rezension der *Allgemeinen Theorie* in *GGA*, 1772, 298.

122[1] Vgl. *GGA*, 1756, 1231; 1763, 622.

setzen nicht nachlebender Menschen,[2] und fast von Jaffiers[3] Gelichter. Wir können die ganze lange Casuisterey in der zweyten Erzählung[4] nicht begreifen. Niemahls ist es erlaubt, ein fremdes Eigenthum seinem recht-mäßigen Herrn zu entziehn, und alles ist verlohren, wenn man diese Freyheit sich erlaubt: es ist dem bösen Herzen allzu leicht, sich zu be-reden, es habe bey dem Diebstahl eine gute Absicht. Nur gefällt es uns, daß Diderot in einem Hammerschmidt seinen Vater erkennt. Endlich eine schon abgedruckte Abhandlung des Hrn. Geßners über die Verwandtschaft der Dichtkunst mit der Mahlerey.[5]

1772, 990: Voltaire, Le Dépositaire, 1772.

123   L a u s a n n e.

Le depositaire, comedie en cinq Actes par M. de Voltaire ist 1772. bey Grasset auf 116 S. in groß Octav sauber abgedruckt. Eine Begebenheit des Gourville,[1] dem bey seiner erlittenen Ungnade die bekannte Ninon das bey ihr niedergelegte Geld getreulich wieder zugestellt, ein Heuchler aber eine ähnliche Summe abgeleugnet hat, ist der Vorwand dieses satyrischen Schauspiels, wozu die wahre Geschichte des Billards[2] Gemählde ausmachen soll. Die Schreibart ist nachläßig und zuweilen nicht sprachrichtig; aber immer viele Spuren des ehmaligen Feuers und der Kenntniß der Welt. Freylich ist die Sittenlehre nicht die nützlichste, sie ist ungefehr wie beym Tom Jones, man könne sich seinen Lüsten überlassen, für das Vaterland und die menschliche Gesellschaft nichts thun, und dennoch die Liebe und so gar die Hochachtung seiner Mitbürger verdienen.

   Oui, je suis debauché, mais parbleu, j'ai des mœurs u. s. f. [I, 1]
Nur hat Voltaire nicht wie Fielding gewußt, durch glänzende Proben des Muths und der Menschenliebe seines Wildfanges Character zu erhö-hen. Hingegen macht er den ehrlichen und tugendhaften Bruder lächerlich,

---

122 [2] ›Deux amis de Bourbonne‹ (›Die beiden Freunde von Bourbon‹).
   [3] Einer der Verschwörer in Otways *Venice Preserv'd.*
   [4] ›Entretien d'un père avec ses enfants‹ (›Unterredung eines Vaters mit seinen Kindern‹).
   [5] ›Brief über die Landschaftsmalerei an Herrn [Joh. Caspar] Füßlin.‹

123 [1] Jean de Gourville, Freund der Ninon de Lenclos.
   [2] François Pierre Billard, Schatzmeister der *ferme des postes*, unterschlug drei Millionen Franc, legte 1769 ein Geständnis ab, in dem er jedoch einen Teil der Schuld seinem Beichtvater zuschob. Vgl. Voltaires Brief vom 6. Juni 1770 an N. C. Thieriot in der von Theodore Bestermann heraus-gegebenen *Correspondence,* Genf 1953 ff., LXXV, 127.

weil er sich nicht sauber kleidet, zu gütig, zu aufrichtig, zu arbeitsam ist. Ninon ist die Heldin, V. stellt sie aber auch in einem Alter vor, wo die Lüste sie nicht mehr beherrschen.

1772, 1000: C. F. Weiße, Armut und Tugend, 1772.

124   Leipzig.

In der Dyckischen Buchhandlung ist zum Besten der Armen abgedruckt: Armuth und Tugend, ein kleines Schauspiel 1772. Octav auf 46. S. Der noch fortdaurenden Armuth im Erzgebürge etwas zu helfen, hat der ungenannte Verfasser eine dramatische Aufmunterung geschrieben, in welcher eine in allen ihren Gliedern tugendhafte Familie durch das äusserste Elend gedrückt, verachtet, zum Betteln gezwungen, an der Ehre angegriffen, sich dennoch edel und tugendhaft erhält, und endlich gerettet wird. Wenn je die Schaubühne einen Nutzen haben kan, so ist ein solches sittliches Schauspiel der Fall, als wovon eine Erweckung der allgemeinen Menschenliebe die fast unfehlbare Wirkung ist.

1772, 1175: L. S. Mercier, Le Faux Ami, 1772.

125   Paris.

Le faux ami, Drame vom Hrn. Mercier ist A. 1772. auf 96. S. abgedruckt. Es ist schön. Der falsche Freund, der Uneinigkeiten zwischen den Eheleuten in der Absicht stiftet, die Gemahlin zu verführen, mag in Paris viele Urbilder haben. Die lebhafte Schwester und der feurige junge Freund, sind angenehm und nehmen ein. Vielleicht sollte der Lasterhafte seine böse Absicht nicht ohne Noth geoffenbaret haben: aber die Eitelkeit kan auch die Bosheit verblenden. Immer bleibt uns doch das Vergnügen, zu sehen, daß, wer gefallen will, auch in den verdorbensten Zeiten, die Tugend lehren muß: und daß dieser edle Weg noch gewisser zum Beyfall führt, als schlüpfrige halb verschleyerte Bilder und erweichende Sittenlehren.

1772, Zugabe CCCII–CCCIII: Klopstock, David, 1772.

126   Hamburg.

David, ein Trauerspiel von Klopstock, ist bey Bode A. 1772. auf 140. S. in Quart abgedruckt, und in dieser Länge eher ein Drama, wie es die Franzosen nennen, da in einem der fünf Aufzüge bis 33. Auftritte sind. Freylich hätte man die ganze Geschichte sehr abkürzen können, die zwey

Teufel erscheinen, ohne einigen Einfluß auf die Geschichte zu haben. Chimeams, Mephiboseths und Abisais Streitigkeiten möchten vermuthlich kürzer seyn. Auch sollte Jonathans Sohn, der dem David doch treulich zugethan ist, demselben nicht anrathen, sich selber aufzuopfern. Nathan ist eher etwas zu gefällig, und hat den Ernst und die Majestät eines Propheten nicht, der schon vor etlichen Jahren Gottes Urtheil dem schuldigen Könige angekündigt hatte; er ist fast bloß ein Hofmeister des jungen Salomons. Was wir schon selbst angesehen haben, sollte S. 38. nicht noch einmahl erzählt werden. Hin und wieder ist auch der zehnsilbichte jambische Vers mit Dactylen abgewechselt.

Daß der Engel des Herrn in allen Gränzen,[1] hat kein uns bekanntes Silbenmaaß. Salomon, der beständig bloß sich auf die Schaubühne drängt, thut nichts, daran die Zuhörer vielen Antheil nehmen könnten. Die abscheuliche Geschichte des aus Verzweiflung mordenden, das Sterben Husais in der Gegenwart Davids, hat zwar viel Schreckbares, aber das theils zu widerlich ist, und theils sich unmöglich vorstellen läßt. Bey allen diesen kleinen Mängeln erkennt man doch sehr oft Klopstocks Geist. Davids Angst bey der Niederlage seiner Unterthanen, die Fortschreitung der Pest, und zumahl die Entzückung des frommen Fürsten bey dem unerwarteten Aufhören der Seuche, sind lebhaft und rührend vorgestellt.

1772, Zugabe CCCXVIII–CCCXIX: G. E. Lessing, Trauerspiele: Miss Sara Sampson, Philotas, Emilia Galotti, 1772.

127   Berlin.

Gotthold Ephraim Leßings Trauerspiele: Sara Sampson, Philotas und Emilia Galotti sind bey Voß A. 1772. auf 394. S. in Octav abgedruckt. Die bekante Sara wollen wir übergehn. Philotas ist ein junger feuriger Fürst, der in einer Schlacht gefangen wird: der König, in dessen Hände er gerathen ist, hat aber zu eben der Zeit auch seinen Sohn verlohren, der beym Vater des Philotas gefangen sitzt. Philotas, den man auswechseln will, sieht ein, daß wenn er todt wäre, der feindliche König seinen Sohn theuer auslösen, und vielleicht alle Bedinge eingehn müste, die des Philotas Vater ihm vorschreiben würde. Der junge Patriot ersticht sich also, seinem Vater zu Dienst. Emilia Galotti hat eine Aehnlichkeit mit der Virginia. Eine Braut wird entführt und einem in sie verliebten Prinzen in die Hände geliefert. Sie sieht keinen Weg, der Unehre zu entrinnen, und erhält von ihrem Vater, daß er sie mit einem Dolche aus der Gefahr, ihre Ehre zu verlieren, errettet. Der abscheuliche Höfling, der die Braut

---

126[1] III, 7.

entführt, und den Bräutigam hat ermorden lassen, fällt bey dem verzweifelnden Fürsten in Ungnade. Hr. L. hat die Raserey der äusserst Beleidigten überaus ähnlich in der Shakespearischen Manier geschildert, und auch alle Nebenpersonen haben stark gezeichnete Züge.

1772, Zugabe CCCLVI–CCCLVII: de Cerſvol und J. H. Marchand, L'Homme content de lui-même, ou l'égoisme de la Dunciade avec des réflexions sur la littérature, 1772.

128   B e r n.

Nicht hier, sondern zu Paris ist A. 1772. auf 128 S. in Octav abgedruckt: l'homme content de lui même, ou l'egoisme de la Dunciade avec des reflexions sur la litterature. Diese höflich scharfe, witzige, aber doch etwas schwatzhafte und wiederholende Schrift, soll dem Hrn. Palissot[1] zeigen, er spreche zu viel von sich selber, er halte sich zu hoch; er schütze sich umsonst mit des Boileau Beyspiele, der mit andern Verdiensten die Erlaubniß erkauft habe, Satiren zu schreiben, da hingegen P. nichts als eben Satiren vorzuweisen habe; er mache einen vergebenen Anspruch auf den Ruhm eines guten Herzens; der könne mit der Begierde nicht bestehen, so viele zum theil nicht unverdiente Leute lächerlich, und folglich unglücklich zu machen, er habe so gar wider seine Gutthäter sich Satiren erlaubt, und die Zweytracht unter den gelehrten (wizigen) Männern wieder aufgeweckt. Wir bemerken nur dieses, Boileau ist eben so strafbar als Palissot, weil er mit eben der Freyheit auch zum theil geschickte Männer lächerlich und unglücklich gemacht hat; und es ist der historischen Wahrheit zuwider, ihn mit dem Ruhme zu entschuldigen, den er verdient gehabt haben soll, ehe er sich zum Richter aufwarf, denn eben bey den Satiren fieng sein Nachruhm an, und andre als satirische Schriften hat er vielleicht noch weniger als Palissot aufzuweisen, der doch sich in die Geschichte gewagt hat.[2] Voltaire verdient, sagt der Ungenannte, durch andere Verdienste eine Nachsicht. Aber man setzt Preise auf die Vertilgung der Tieger, ihre Stärke und ihre Schönheit entschuldiget sie nicht, so bald sie schädlich sind.

---

128 [1] Charles Palissot de Montenoy, Verfasser einer *Dunciade* nach dem Muster Popes; von Haller besprochen in *GGA*, 1771, 1010.

  [2] *Mémoires pour servir à l'histoire de notre littérature française depuis François I jusqu'à nos jours,* 1771.

146

1772, Zugabe CCCLXXXIX–CCCXCII: Louis Mayeul Chaudon, Bibliothèque d'un homme de goût, I, II, 1772.

129   A v i g n o n.

Aubanel hat A. 1772. in zwey kleinen Duodezbändchen abgedruckt: Bibliotheque d'un homme de gout, ou choix des meilleurs livres ecrits en notre langue sur tous les genres de Sciences & de Litterature par L. M. D. V., Bibliothecaire de M. le Duc de . . Das kleine Werk hat uns sehr wohl gefallen, auch vielleicht deswegen, weil die Urtheile mit den unsrigen fast allemahl übereinkommen: wir haben auch die Bequemlichkeit dabey gefunden, daß die sonst ungenanten Verfasser hier entdeckt und genannt sind. Allerdings muß man sich erinnern, daß ein Franzose der Verfasser ist, und hier keine Bücher zu erwarten sind, als die in seiner Sprache geschrieben, oder wenigstens in dieselbe übersetzt sind. Dann ist auch das Fach der schönen Wissenschaften freylich weit reicher, als andre ernsthaftere Theile der Gelehrtheit, und in diesen letztern ist das Urtheil des Verfassers nicht von eben der Richtigkeit. Den Lucretius rühmt doch der Verfasser nach unserm Geschmacke allzusehr, dieser Dichter ist unlesbar, wann man vom Virgil zu ihm kömmt. So wie die neuen Bücher fast durchgehends mangeln, so finden wir auch die neuen Uebersetzer des Persius nicht. Lucanus ist, wieder nach unserm Geschmacke, zu hart beurtheilet. Allerdings wird er durch seine umständlichen Beschreibungen der Seuchen und Zaubereyen langweilig, aber er hat dabey die lebhaftesten Ausdrücke: und den Cäsar mahlt er, eben wie er war, und wie ein Römer den Unterdrücker der Freyheit ansehen sollte. Trimalchio[1] und die Satyre, so weit sie ihn angeht, gehört gewiß zu den Zeiten des Claudius. Gegen den Milton ist unser den Protestanten ungünstiger Verfasser zu hart. Von deutschen Dichtern hat er sehr wenig, und mischt darunter Rabenern, der kein Dichter war, und bey dem Andre die kalten Scherze nicht finden, die hier getadelt werden. Vom Hrn. von Voltaire denkt er im Guten und Bösen gerade wie wir: er tadelt ins besondre die allzuhäufigen Antithesen. Billig rühmt er den liebreichen Fenelon. Unter den Trauerspiel-Dichtern setzt er den v. Voltaire nach Corneille, Racine und Crebillon. Hier würden wir vortheilhafter für den Dichter von Fernex urtheilen. Von seinen Satyren: er verläumdet, sagt der Verfasser, die Sitten derjenigen, die nur seine Schriften angegriffen haben. Von seinem feinen Gifte, womit er so viele Schrifften angefüllt hat. Den jetzigen Rousseau vergleicht der Verfasser mit dem Demosthenes. Von den Predigten: zu erhaben vom Bourdaloue,[2] zu unbillig vom Tillotson,[3] jener war ein So-

---

129 [1] Der Emporkömmling im *Satyricon* des Petronius.

     [2] Der Jesuit Louis Bourdaloue (1632–1704).

     [3] Der Erzbischof von Canterbury, John Tillotson (1630–1694).

phist, und wir missen an diesem die Graces nicht, die eine Predigt nicht erfordert. Ein Philosoph sollte nicht so übel aufnehmen, was Saurin[4] etwa der Protestantischen Kirche eigenes hat. Noch zu gütig vom Bouhours.[5] Der erste Band ist von 336 S. [...]

Crebillon der Jüngere:[6] ob wohl man hier vieles an ihm misbilligt, so dringt der sonst strenge Richter nicht genug auf den unendlichen Schaden, den Crebillon mit reitzenden Schilderungen der Wollust der Jugend von beyden Geschlechten gethan hat, die er in ihren frühen Jahren der Schaam beraubt, und zu den sinnlichen Wollüsten angefeurt hat, die so oft ihr Unglück sind. Etwas minder schuldig macht sich Rousseau bey seiner Julie: aber hingegen sucht er für die Verleugnung Gottes Nachsicht, und für die Deisterey Ehrerbietung zu erwerben, und überhaupt hat er alzusubtile Begriffe und Unterscheide, die wenigstens für uns Räthsel bleiben. [...] Vom Rabelais ganz richtig, aber Swift war eigentlich nicht gottlos, und kein Feind der Religion. Wir haben verschiedenes an diesem Werke angemerkt, das uns doch überhaupt nützlich vorgekommen ist. Hat 464 S.

1773, 50–52: J. F. de Cailhava, De l'art de la comédie, II, 1772.

130   P a r i s.

[...] Ueberaus hart wider die Comedies larmoyantes, oder die Schauspiele, wo man das Herz mit edeln Gesinnungen zu rühren sucht. (Uns dünkt, diese Art von Schauspielen sey die edelste und die nüzlichste, die einzig zu unsrer Besserung angewendet werden kan, denn die aufgeblasenen Heldentugenden des Trauerspiels, die Verachtung des Todes, und die römische Großmuth werden alzuselten uns zu Pflichten.)[1] [...]

---

129 [4] Wohl Jacques Saurin (1677–1730), berühmter protestant. Prediger.

   [5] Bouhours' Angriff auf die Geistlosigkeit der Deutschen in *Entretiens d' Ariste et d'Eugène*, 1671, der seinerzeit in Deutschland allerseits Empörung hervorrief, hat Haller also offenbar noch hundert Jahre später nicht verwunden.

   [6] Claude Prosper Jolyot de Crébillon (1707–1777).

130 [1] Vgl. 1775, Zugabe CXIX: »Wir haben es schon gesagt und wiederholen es, eben diese vom Voltaire so verachtete Art von Schauspielen ist die nützlichste und edelste, sie erweckt erhabene Gesinnungen, belohnt die Tugend, bestraft die Laster, und rührt aufs wenigste eben so tief, als die romanischen Geschichte coloßischer Helden.«

131   Paris.

Der dritte Theil des Werkes des Hrn. v. Cailhava (s. vor. J. 146. St. und oben St. 6.) ist ganz dem Moliere gewidmet. Ein jedes seiner Schauspiele wird mit andern lateinischen, italiänischen und französischen Schauspielen verglichen, und diejenigen ausgefunden, aus welchen er entweder die Anlage, oder ganze Scenen, oder auch wohl einzelne Gedanken und Einfälle geborgt hat. Unser Verfasser ist in dieser Art von Critik stark, und hat eine grosse Belesenheit. Es erhellt freylich aus seinen Vergleichungen, Moliere habe überaus vieles sich selber zugeeignet, nur meynt Mr. C., Moliere habe das Geborgte verbessert. Einige Proben wollen wir doch geben. L'amour medecin und die finta amalata vom Goldoni. Die Aehnlichkeit ist sehr flüchtig, und des G. Schauspiel unendlich sittlicher und billiger, obwohl Hr. C. die Rolle der Rosaura langweilig findet, da wir nichts Kälters kennen, als die meisten Verliebten des Moliere. Die kleine Zänkerey der Verliebten im Tartuffe ist aus dem Spanischen, wo sie eher besser gemahlt ist. Des Amphitryons Vergleichung mit dem Plautischen Lustspiel. Das ganze Stück ist für unsre Art zu denken abscheulich, ein Ehebruch eines Gottes, mit der feinsten Sophisterey entschuldigt. Der Unterschied zwischen dem Ehemann und Liebhaber mag zu der Zeit, da das Stück neu war, wegen des bekannten Originals gefallen haben, ist aber für uns langweilig, und muß der Alcmena wie lauter Unsinn vorgekommen seyn. Die Raritäten, die der Filzige seinem Sohn aufdringt, sind aus dem Italiänischen genommen. Des Tartuffe heuchlerischer Ausweg, den Orgon wider die Anklage seines Sohnes einzunehmen, ist eben auch geborgt. Ist 533. S. stark.

[...] Eine eifrige Klage über den grossen Verfall der französischen Schaubühne. Hr. C. macht das Uebel vielleicht allzu groß, und wir haben in unsern Blättern schon manches Stück angezeigt, das uns vortreflich vorkömmt, aber der Geschmack unsers Verfassers geht einzig aufs Lächerliche. Sonst findet er die Ursache des Verfalls im ekeln Geschmacke der Schauspieler, die oft ganz gute Stücke verwerfen, oder doch aufhalten. Dem Uebel abzuhelfen, will er zwey Schaubühnen und doppelte Gesellschaften von Comödianten haben, er hoft nicht nur, hierdurch eine nützliche Nacheiferung zu erwecken; er will so gar die Schauspieler bereden, diese Nebenbuhler würden ihnen zum Vortheile gereichen. Er hat noch andere Räthe, wie die minder geschickten Schauspieler nach und nach anzuführen und zu verbessern seyen. Uns muß hierbey einfallen: ist es für eine Nation ein Glück, wenn bey ihr die Lust zum Geschäfte wird? Dieser Band ist von 500. S.

132   Paris.

M. de la Harpe hat A. 1772. bey la Combe abdrucken lassen Eloge de
Racine, Großoctav auf 99 S. Es sollte eine Preißschrift seyn, weil zu
Marseille auf das Lob des Dichters ein Preis gesetzt worden war, wurde
aber verspätet. M. de la H. ist ein vollkommener Anbeter des Trauer-
spiel-Dichters, er scheint keine Unvollkommenheit an ihm zu erkennen.
Gleich anfangs sagt er, sonst seyen die Republiken das Vaterland des
Ruhms und der Tempel der Talente; in diesem so günstigen Boden ist doch
Racine nicht erwachsen. R., sagt sein Lobredner, fand, daß politische Unterredungen, (des Corneille Vorzug) nicht Trauerspiele sind, er fand in
seinem Herzen, was rühren, was angenehm beschäftigen sollte. Seine
Schönen wußte er bescheiden, anständig und einnehmend zu schildern,
und niemals schritten sie aus den Schranken des Wohlstandes. Er ist allerdings ein Erfinder. Seine Andromaque ist noch von niemand nachgeahmt
worden, und eben so wenig Hermione.[1] Seine Verse sind so fliessend, und
seine Schreibart so harmonisch, als es nur möglich war. In seinem sieben
und zwanzigsten Jahre schrieb er das Meisterstück, die Andromaque. Hr.
de la H. durchgeht hiernächst die Vorzüge eines jeden Trauerspiels (die
zwey ersten ausgenommen). Er bedauret überaus sehr die zwölf Jahre, in
welchen Racine aufhörte, für die Schaubühne zu arbeiten: bis durch das
schönste aller Trauerspiele, die Athalie, seine Laufbahn schloß. Eine beständige Kritik des Corneille, und denn des Shakespears, und aller un-
methodischen Trauerspielschreiber. Viele Lobeserhebung des v. Voltaire.
Durch das viele Schlimme, das der Verfasser vom Corneille sagt, wird er
sich bey manchem Leser allen Glauben benehmen.

*1773, Zugabe XXXII: A. P. Damiens de Gomicourt, Essai sur la poésie
lyri-comique, 1771.*

133   Paris.

Ein Ungenannter hat sich unter dem Nahmen Jerome Carré versteckt,
und schon A. 1771. bey de la Lain in groß Octav ein Essay sur la poesie
lyri-comique herausgegeben, worinn Sedaine, Poinsinet, Favard, du Rozoi
und andere Dichter in der comischen Oper mit der bittersten Ironie durch-
gezogen werden. Vielleicht hat der scharfsehende Mann in diesen Kleinigkeiten eine Würde und eine Genauigkeit erfodert, die zu Werken von
dieser Grösse eben nicht nöthig ist, wobey man nur gefallen und belustigen will. Wie würde es den deutschen comischen Opern ergehen, wenn
man sie eben mit der Schärfe prüfete? Ist von 180. S.

---

132 [1] In Racines *Andromaque.*

1773, Zugabe LXIX–LXX: Tobias Smollet, Humphry Klinkers Reisen, übersetzt von J. J. C. Bode, I–III, 1772.

134   Leipzig.

Weidemanns Erben und Reich haben A. 1772. in drey kleinen Octavbänden abgedruckt: Humphry Klinkers Reisen, aus dem Englischen. Das
Buch ist vom verstorbenen Smollet, und hat in England einen grossen Beyfall gefunden. Die äussere Gestalt ist ein Roman, aber in demselben ist
vieles historisch, und weder unangenehm, noch unwahr. Ueberhaupt reiset
eine Familie, wovon die Hauptperson ein podagrischer etwas hypochondri-
scher und auffahrender, aber gutherziger und großmütiger Mann ist. Die
Schöne spielt hier nur eine untere Rolle, und ist sanftmüthig und bescheiden. Klinker ist ein Original nach der englischen Weise, ein treuer Diener
und frommer Mensch, voll Redlichkeit und guten Willens. Die Begebenheiten bestehn grossentheils in sonderbaren Leuten, die von der reisenden
Gesellschaft hin und wieder angetroffen werden, und mit denen sie in
allerley Lagen gesetzt wird. Wir wollen aber nur das historische und zwar
dasjenige anzeigen, was zu Schottland gehört. Der Strich Landes gegen
Edinburg zu ist fruchtbar, und trägt den schönsten Weitzen, ob er wohl
bloß mit Tang gedünget wird; man sieht auch eine gute Menge adelicher
Sitze. Die Unreinlichkeit der Hauptstadt, worüber hier sehr geklagt wird,
soll seit dem durch eine bessere Policey abgeschaft seyn, und von der neu-
lichen Vergrösserung Edinburgs wird hier auch nichts gesagt. Viele Schotten, sagt unser Reisende, verstehn die Musik, und das Frauenzimmer ist
schön und angenehm. Aber was mögen die Ketzer seyn, die man zum
beliebtesten Spiele der Schotten braucht?[1] Die Grafschaft Fife hat der See
nach viel ansehnliche Adelsitze. Inverary ist doch nur eine arme Stadt.
Morven, Fingals Sitz, ist noch bekannt, und die Gedichte Oßians werden
daselbst noch überall auf galisch gesungen. Die neuen Gesetze haben die
alten Gewohnheiten noch nicht ausrotten können; die Angehörige eines
Clans hangen noch immer mit ihrem ganzen Herzen an ihrem Haupte, und
ein Cameron, der aus Frankreich wieder in seine Güter kam, wurde durch
die freywillige Beysteuer seiner Clans sehr bald in gute Umstände gesetzt.
Man tadelt an den Schottischen Aeckern, daß die Befriedigungen verabsäumet werden. Die vielen Steine hingegen werden zur Fruchtbarkeit erfodert. Aber um Aberdeen, und sogar in Murray, giebt es fruchtbare Gegenden. Glasgow ist eine der schönsten Städte in Europa, und hat dreyßig
tausend Einwohner, aber Mangel an gutem Wasser. Längst des Clyde-
strohms ist das Land mit Landsitzen und Dörfern stark angebaut. Paisley

---

134[1] Sinn unklar. Haller denkt an J. Melfords Brief aus Edinburgh vom 8. August, der im Anschluß an die Erwähnung einer häretischen Sekte unver-
mittelt vom Lieblingssport der Schotten, nämlich Golf, spricht.

ist ein beträchtlicher Ort wegen der Leineweberey und der Seidenmanu-
facturen. Loch Lomond zieht der Reisende, zumahl wegen der Inseln, dem
Genfer See vor; aber die mit Heide bewachsenen Berge werden doch nicht
so gut in die Augen fallen, als die vortreflichen Weinberge um den Leman.

*1773, Zugabe CLVII–CLVIII: Oliver Goldsmith, Le Retour du philo-
sophe, ou le village abandonné, 1772.*

135   B r ü s s e l.

Le retour du philosophe ou le village abandonné, poeme par..., de
l'anglois de M. Goldsmith par le Chevalier R.[1] ist bey Boubers A. 1772.
auf 59. S. abgedruckt. Zuerst eine Vorrede des Uebersetzers, die grösser
als das ganze Gedicht ist, in welcher er vom Ueberflusse in der Pracht
(Luxus) in unbekannten Begriffen handelt, und eben so unbestimmte
Räthe giebt, die bösen Folgen derselben zu verhüten. Er vertheidigt sonst
den Luxus, und auch die Handlung wider den Goldsmith, und sucht
einige Ursachen zum heutigen Verfalle der Dichtkunst in Frankreich.
Das Gedicht selbst ist in Versen übersetzt und nachgeahmt. Es beschreibt
die ehmahligen Freuden und die Bevölkerung der Dörfer, zum Theil in
etwas niedrigen Bildern, und legt den Untergang der Dörfer, der Pracht
der Grossen zu Last. Die Verführung der ländlichen Unschuld durch die
verdorbenen Städte, und die elenden Folgen der Schwachheit, die sie für
die Verführten hat, ist nützlich beschrieben.

1773, Zugabe CLXII–CLXIII: J. F. Ducis, Roméo et Juliette, 1772.

136   P a r i s.

Romeo et Juliette, tragedie par M. Ducis ist den 27. Jul. 1772. aufgeführt
und bey Gueffier in Octav abgedruckt worden. Die Shakespearische Geschichte liegt zum Grunde, ist aber auf französisch methodisirt und gekräuselt worden. Die beyden Väter spielen eine weit grössere Rolle; Romeo's
Vater von dem Hungerthurm (des Grafen Ugolin) nicht vergessen, worinn
er mit seinen Söhnen gesperrt, und diese vom Hunger aufgerieben worden.
Unterm Scheine, sich zu einer Versöhnung bringen zu lassen, will er den
Vater der Juliette ermorden. Diese ergreift den wunderlichen Entschluß,
sich zu vergiften, um den Haß des alten Feindes ihres Vaters zu stillen,
und, wie billig, ersticht sich Romeo, da sie stirbt. Das ganze Natürliche
und Feyerliche der Shakespearischen Geschichte, die viel natürlichere Verzweifelung des Romeo, der die schlummernde Schöne für todt ansieht:
alles ist verschwunden und verkünstelt. Wir finden sonst beym M. Ducis
wiederum viele matte Füllwörter, die auf Flame zum herberufenen Rei-

---

135 [1] James Rutledge.

me Ame. Die ganze Unterredung zwischen Juliette und dem Romeo, der eben ihren Bruder getödtet hat, ist romanisch, und ohne alle Natur, und das theatralische Darbieten zum Tode ist uns zum Eckel worden.

1773, Zugabe CCXXIV: L. T. Hérissant, Le Fablier français, ou élite des meilleures fables depuis La Fontaine, 1771.

137   P a r i s.

Le fablier françois, ou elite des meilleures fables depuis la Fontaine ist bey Lottin dem jüngern A. 1771. auf 556. S. in Großduodez abgedruckt. Die Sammlung ist, wie alle dergleichen Sammlungen, von ungleicher Güte. Der ungenannte Sammler hat aus hundert Schriftstellern diese Wahl gezogen. Vieles ist verwerflich, vieles auch hat den allzugemeinen Fehler: daß man den Thieren menschliche Triebe und Thaten zuschreibt, die von ihren eigenen Trieben nicht abhängen können, und daß die aufgeführten Thiere blosse verkleidete Menschen sind. Wie kann man doch von einer Ehe zwischen einer Biene und einer Eule sprechen! Einige Verse sind unerträgliche Mistöne. [...]

1773, Zugabe CCLXV–CCLXVIII: Haller, Usong, englische Uebersetzungen, 1772, 1773.

138   L o n d o n.

[...] Da wir nun so oft vom Usong zu sprechen Gelegenheit haben, so fügen wir hier über denselben einige Erläuterungen bey. Nicht eine Vertheidigung unternehmen wir, die wird allemal frostig aufgenommen. Der Grundriß deuchte uns deutlich zu seyn. Usong verbesserte zuerst das Steuerwesen, das keinen Verzug litt: dann das Kriegswesen: alsdann die Policey und die Gerechtigkeit. Er kam zuletzt zur Religion, weil er die Schwierigkeit nicht zu überwinden wußte, die er dabey fand. Man muß sich immer erinnern, daß von Persien die Rede ist, obwohl einige Sätze sich auch auf andere despotische Regierungen ausdähnen lassen. Nun in Persien gieng es mit der Religion unter den Aliden am schlechtesten; da sie schon hundert und funfzig Jahre geherrscht hatten, so rückte ihnen der Mufti von Stambul noch unter Morad dem IV. vor, sie gestehen selbst, aus Mangel tüchtiger Geistlicher stehen ihre Me[sd]schiden öde.

Der Landmann bearbeitet das Land, nicht als eine Strafe, es ist sein Beruf, wie andere Künstler und Handwerker in ihrem oft weit unangenehmern Beruf thun müssen. Die Früchte der Erde wachsen nicht ohne die Bemühung der Menschen; und wer bearbeitet sie billiger, als wer von ihrer Tragbarkeit unmittelbar seinen Lebensunterhalt erwartet? Der Bauer darf deswegen nicht arm seyn. Usong erfreuete sich, daß seine Landleute wohlgekleidet, selbst mit einiger Pracht in Frölichkeit und Vergnügen lebten. Nicht die Arbeit, sondern die Unterdrückung macht den Bauer unglücklich, wann er bey den Gesetzen keinen Schutz für seine Person, seine Ehre und sein Eigenthum findet. Aber eine unmittelbare Folge seiner Arbeit ist eine dauerhafte Gesundheit, und eine Leibesstärke, die ihn zum Kriege tüchtig macht: diese Fähigkeit ist ein Vorzug und keine Strafe, wo kein Zwang Soldaten macht. Die alten Römer waren Ackerleute, und bezwangen die Welt.

Die Städte ernähren durch die Künste und durch die Manufacturen weit mehr Menschen als die Dörfer. Eine Baurenfamilie von sechs Personen braucht wenigstens sieben Morgen zum Leben; aber sechs Seidenarbeiter, sechs Weber bedürfen weniger Klafter, und nähren ihre Familien dennoch. Folglich sind die Städte das größte Mittel der Bevölkerung. Sie bereichern den Staat, weil das Getreid eine allzu wohlfeile Waare ist, die nicht weit verführt werden kann, weil Seidenzeuge, Wollentücher und verarbeitetes Eisen nach Indien und in tausend Häfen hingebracht werden können, wohin kein Getreid verkauft werden konnte, und in einem kleinern Gewichte einen mehrern Werth ausmachen. Eine Nation von lauter Dörfern ist allemal arm. Streitbar wird sie seyn, aber Armeen besolden, Flotten ausrüsten, die Kriegsbedürfnisse anschaffen ist ihr unmöglich. Was war Großbritannien, ehe es Handlung und Fabriken hatte, und was ist es jetzt!

Das Gemälde des Oelfu ist aus verschiedenen Gemälden sichtbarlich zusammen gesetzt; ein Theil ist allgemein.[1] Wie gefährlich es sey, die blaue Farbe zu brauchen, wird niemanden unbekannt seyn, der an einer Wochenschrift oder Monathschrift gearbeitet hat.[2] Ein anderes Bild ist augenscheinlich nach einem berühmten Deutschen gezeichnet,[3] und die übrigen haben in ihren Zügen verstellt werden müssen, daß man sie nicht kenne.

Wir brechen hier ab, und der Erläuterungen ist vielleicht schon zu viel. Ein aufmerksamer Leser beurtheilt ein Werk nach seiner eigenen Empfindung, ein unachtsamer, oder eingenommener, wird durch keine Erläuterung überzeugt.

138[1] Schon die Zeitgenossen bemerkten, daß Haller sich in Oelfu selbst porträtiert hatte.

[2] Anspielung auf eine Stelle im dritten Buch des *Usong*, über das Rezensieren von Büchern: »Ich zog einen blauen Kreis um den Namen des Verfassers, wann sein Werk mir mißfiel.«

[3] Haller denkt hier vielleicht an die gewisse Parallele zwischen dem jüngeren Zongtu und Friedrich dem Großen. Im übrigen vgl. W. E. Mosher, *Hallers »Usong«: Eine Quellenuntersuchung.* Diss. Halle 1905.

139   L e i p z i g.

Bey Weidemanns Erben und Reich ist A. 1773. in Octav auf 88 S. abgedruckt: Alceste, ein Singspiel in 5 Aufzügen. Diese Oper ist in dem Geschmacke der Alten, und ziemlich nach der Euripidischen Alcestis nachgeahmt, vieles aber nach einem heutigen und hierinn wirklich bessern Geschmacke umgegossen. Des Herkules allzugute Bewirthung und andere den
heutigen Zuschauern anstößige Stellen sind vermieden, alles einfach und in
gutem Geschmacke. Wir würden zwar vermieden haben, der Urne zu gedenken, da es eben nicht nöthig war, das Wunder zu vermehren, und die
eben verbrannte Alcestis sogleich wieder voller Leben auf die Schaubühne
zu bringen. Einige nach Griechischer Weise mitten im Verstande, und selbst
in Worten abgebrochene Verse hätten auch leicht vermieden werden können. Sehr wohl thut Herkules, daß er die Mittel nicht erzählt, wodurch er
die Königin dem Tode entrissen hat: Beym Euripides war dieser Theil der
Fabel höchst unwahrscheinlich.

140   B e r n.

Fabius und Cato, ein Stück der römischen Geschichte, ist kürzlich auf 286
S. in klein Octav abgedruckt. Der Herr von Haller sagt in der Vorrede,
er habe nunmehr seinen vor vielen Jahren gemachten Entwurf beendiget,
indem im Usong einige Milderungen der despotischen Macht, im Alfred die
Vortheile einer gemässigten Monarchie, und nunmehr in dem neuen Buche
die Vorzüge der Aristokratie gegen die Demokratie gezeigt werden. Er hat
hier die Römische Geschichte genau befolgt, nur daß er seine Römer hat
reden lassen, wie es zu seinen Absichten schicklich war. Eine Hauptabsicht
war es, des J. Jaques Rousseau Contrat social zu beleuchten, der überall
in den Republikanischen Regierungen viele Unruhen verursacht, und zumal an den Genfischen Unruhen einen grossen Antheil gehabt hat, bey
welchen der Verfasser als Beygeordneter des geheimen Rathes gebrauchet
worden ist.[1] Er fängt bey Hannibals Zuge über die Alpen an, den er ohn-
gefehr wie der M. de St. Simon beschreibt.[2] Fabius tritt zuerst als Dictator
nach der Thrasymenischen Niederlage auf. Der Verfasser nimmt nicht an,
daß Hannibals Heer in dem einen Winterlager zu Capua seine kriegerischen Tugenden verlohren habe. Er rühmt des Fabius Großmuth, der lieber eines unersättlichen Ehrgeitzes sich hat beschuldigen lassen, als zugeben

140[1] Vgl. Hirzel S. CDX.
  [2] Maximilien Henri, Marquis de St. Simon, *Histoire de la guerre des Alpes*,
    1769.

wollen, daß ein unfähiger Feldherr dem Hannibal entgegen gesezt würde. Im Lager vor Tarent wird der noch junge Cato mit dem Fabius bekannt. Der gewesene Dictator äussert seine Besorgnis über die fortgesezte Gewalt, die Rom dem ersten Africanischen Scipio ertheilte, und dadurch einem künftigen Tyrannen den Weg bahnt. Hier entsteht zwischen ihm und dem Cato die Frage: Ist es einem freyen Staate vortheilhaft, Edle zu haben, welches Fabius behauptet, Cato aber keinem Bürger einen Vorzug zugestehen will. Fabius zeigt, daß die Verdienste nicht eben der Weg sind, in einer Demokratie zu den Würden zu gelangen: er erzählt eine Menge unbilliger vom Volke zu Rom genommener Schlüsse. Fabius widersezt sich vergebens dem Zuge des Scipio nach Africa. Die Ungnade der Richter trifft einzig den Pleminius, und Scipio behält den obersten Befehl. Fabius stirbt, und das Volk steurt eine kleine Münze, ihn zu begraben. Des Cato Tugenden, die Abschaffung des Oppischen Prachtgesetzes,[3] und des Cato Rede wider diese Abschaffung, die man mit zwey bey den alten Schriftstellern noch aufbehaltenen Reden vergleichen kan: aber freylich hat der Hr. v. Haller seine eigenen Gedanken vornemlich auszuführen getrachtet. Cato dient nüzlich in Hispanien als Proconsul, und erhält den Triumph, trägt auch sehr viel zur Niederlage des Antiochus bey. Das Verderbniß der Sitten nimmt in Rom nach dem Asiatischen Siege überhand, und selbst der Rath begeht grosse Ungerechtigkeiten. Verschiedene abscheuliche Lasterthaten werden zu Rom begangen, und zumal die greulichen Bacchanalien. Cato wird Censor, und sucht der Pracht zu wehren. Des Nasica Widerwillen gegen die Schauspiele, und seine Ursachen dazu, zumal auch die unnöthige Aufmunterung solcher Triebe, die eher einer Mässigung bedürfen. Wider die Schauspiele, die von edelm Frauenzimmer aufgeführt werden, und wider die Folgen der verdorbenen Sitten des Frauenzimmers. Des Carneades Gesandschaft nach Rom. Seine demokratischen Lehren, eben das ganze Contrat social. Cato zeigt den historischen Ungrund, und die entsezlichen Folgen dieser Lehre; die wahren Ursprünge der Königlichen Macht; die Untüchtigkeit der Menge, selbst zu herrschen; die grausamen Thaten der Demagogie. Daß allerdings die Staatsverfassung einen grossen Einfluß auf die Sitten habe, wird mit dem Beyspiele von Sparta gezeigt. Warum in milden Gegenden Despoten, in kältern die freyen Regierungen entstanden seyen. Ein mässiger Staat werde am besten durch eine Aristokratie beherrscht, ein grosser bedürfe eines Königes. Die Vorzüge der Aristokratie. Die bessere Auferziehung und mehrere Kenntniß, die mehrere Schwierigkeit, einen Rath von Edeln zu schlimmen Entschlüssen zu bereden, die Beständigkeit in den Maximen des Staates. Cato entwirft eine Aristokratie: er macht Gesetze wider die Oligokratie, zieht in

---

140 [3] Das von dem Volkstribun C. Oppius empfohlene Luxus-Gesetz (3. Buch).

einem etwas grossen Lande auch einige Unterthanen zur Regierung, erschweret alle Neuerungen, richtet die Auferziehung ein, und bildet die künftigen Regenten in Pflanzschulen, und dann in angemessenen Arbeiten, ertheilt keine Beförderung ohne Proben, und macht alle Aemter wandelbar. Carneades greift hierauf die Götter, und den Unterschied des Guten und Bösen an. Cato entrüstet sich über eine Lehre, die die Gründe wegnimmt, gut zu seyn, und es in unsere Willkühr sezt, böse zu werden. Ein Gott muß seyn, da der Mensch die Gründe seines Daseyns nicht in sich selber hat, und folglich eine Ursache seyn muß, die den ersten Menschen geschaffen hat, denn die Welt sey noch nicht lang bewohnt.

1774, 653–654: Baculard d'Arnaud, Mérinval, 1774.

141   P a r i s.

Le Jay hat A. 1774. in groß Octav, mit einem vortreflichen Kupfer von Eisens's Zeichnung auf 140 S. abgedruckt: Merinval, drame par M. Arnauld. Das Schauspiel scheint nicht aufgeführt worden zu seyn, und die Scene des Gerichtes läßt es auch nicht zu, daß man es spiele. Die Fabel ist aus einem Roman des M. Prevot's[1] hergenommen, und vom dunkelsten Schaudrichten, worinn dann freylich Arnauld's Vorzug liegt, und er das wesentliche des Trauerspiels sezt. Ein Edelmann zwingt seine Frau, Gift zu nehmen, und ersticht ihren vermeinten Liebhaber. Die billige Reu verfolgt ihn, und wird unerträglich, nachdem ihn ein bekannter Freund von ihm belehrt, die Gemahlin sey unschuldig gewesen. Ein erwachsener Sohn eilt diesem Feinde nach, ersticht ihn; er wird gefangen gesezt und verurtheilt; er verlangt vom Vater Gift, auf daß sein Geschlecht die Schande einer Hinrichtung nicht leiden müsse. Der Vater, nach vielem Weigern, bringt das Gift, hat aber die Hälfte selbst eingenommen, und die angekündigte Gnade verhindert den Sohn, sich auch umzubringen. Der Vater stirbt vom Gifte. Das Trauerspiel hat viel schönes, rührendes, und nachdrückliches. Ein Fehler wider Wahrscheinlichkeit ist es wohl, daß der Feind des Merinvals sich blos giebt, dieweil er ganz in der Nähe von seinem Schlosse, und also seiner Rache blos gesezt ist. Ein anderer Fehler ist es, daß der junge Merinval seinen Feind hundertmal durchsticht, und dieser doch so lange lebt, daß er sich selbst den zugelaufenen Leuten für schuldig erklären kan. Ein wichtigerer Fehler aber ist es wohl, daß beyde Merinval, zumal der tadellose Jüngling, für seinen falschen Begriff von der Ehre nicht bestraft wird. Die genaue Einheit der Zeit und des Ortes ist auch nicht beobachtet, ein Fehler, den aber Herr A. selbst nicht für wichtig ansieht.

141[1] *Le monde moral.*

1774, 734–735: Jules César, tragédie de Shakespeare, et l'Héraclius espagnol par D. Pedro Calderón de la Barca, übersetzt von Voltaire, 1774.

142   L a u s a n n e.

[...] Der Heraclius des Calderon's, ein ungeheures widersinniges Schauspiel, aus welchem Corneille die zwey jungen Fürsten genommen haben mag, davon der eine des Phocas Sohn, und der andere der Sohn des Kaysers Mauritius seyn sollte, und unter welchen es dem Phocas unmöglich war, seinen Sohn zu erkennen.[1] Billig gesteht doch Voltaire, daß dieses angebliche Trauerspiel unendlich schlechter ist, als Shakespears.

1774, Zugabe CXC–CXCI: Der Wohltäter (Wochenschrift), hrsg. von J. S. Patzke, I, II, 1772.

143   M a g d e b u r g.

Lieber wollen wir ein etwas altes Buch nachholen, das Faber schon A. 1772. hier abgedruckt hat, als des Wohlthätigen [*sic*] nicht gedenken. Mit dankbarer Rührung lesen wir allemal diejenigen Schriften, die zur Beförderung der Tugend, und zur Erleichterung des menschlichen Elendes geschrieben werden. Hier ist aller Reitz und Schmuck der Beredsamkeit, und Dichtkunst angewandt, dahingegen solche Bücher, die uns nur zu Wollust und Liebe anfeuren, dahin zielen, den Menschen in sich selber und in seinen Eigennutz einzusperren, und gegen seine Mitbrüder ein Herz zu verschliessen, dessen Lüste aller Einkünfte bedürfen, die das Glück einem Menschen verschaffen kann. Der übertriebene Aufwand, sagt der Wohlthätige mit allem Grunde, ist die Quelle des Mangels, er bringt nicht nur viele einzelne Bürger gänzlich ins Elend, sondern er setzt auch unzählbare andere ausser Stand, und benimmt ihnen auch den Willen, des Elendes der Armen sich thätig anzunehmen. Wir sehen doch mit wahrem Vergnügen, daß das Wochenblatt, so wir anzeigen, vieler Menschen Unglück erleichtert, und viele in der äussersten Noth gerettet hat, indem durch denselben der Ueberfluß der Reichen in den Kanal geleitet worden ist, in welchem er einzig rühmlich wird. Es ist ein wahres Lob für Magdeburg, daß seine milde Steuren reichlich ausgefallen, und zuweilen beträchtliche Summen dem Wohlthätigen eingehändigt worden sind. Einige rührende Gemählde des menschlichen Elendes, von welchem die seidenen Söhne des Glückes ihre ekeln Blicke abwenden. Die Geschichte eines verschmähten und verlassenen Bedürftigen. Das glänzende Beyspiel des Heilandes, dessen Thaten alles Thaten der Güte und Mildigkeit waren. Dieser erste Band ist 408 S. stark in Octav.

Der zweyte Band ist von 392 S. und von eben dem Geschmacke: vornämlich hat auch der Verfasser durch kleine rührende Geschichte und Bey-

---

142[1] In Corneilles Tragödie *Héraclius*.

spiele gütiger Wohlthäter, auch solcher, die in sehr mittelmäßigen Umständen waren, seine Leser zu der Rettung der Elenden aufzumuntern gesucht. England hat ihm die meisten Beyspiele hergegeben.

1774, Zugabe CCCXLIV: J. K. Wezel, Lebensgeschichte Tobias Knauts des Weisen, sonst der Stammler genannt, I, 1773.

144   Leipzig.

Crusius druckte A. 1773. Lebensgeschichte Tobias Knautens des weisen, sonst der Stammler genannt in Octav auf 236 S. Der Verfasser will den Sterne nicht gelesen gehabt haben, da schon die Hälfte dieses Romans bey ihm fertig gelegen hat: der Geschmack ist auch ziemlich unterschieden, der Witz und die Laune des deutschen Verfassers ist ganz von anderer Art, als die Sternische, mehr gelehrt und philosophisch, und hingegen mangeln ihr die rührenden Stellen, die für uns des Sterne vornehmsten Vorzug ausmachen. Nicht die Hälfte so sehr würden des guten alten Officiers kleine Thorheiten uns vergnügen, wann nicht hin und wieder rührende Gefühle der Menschenliebe darunter vorleuchteten, wie die vortrefliche Stelle vom Engel und dem unbedachtsamen aber wohlgemeinten Schwure des Hauptmanns.[1] Dergleichen Stellen findet man bey den Knauten nicht, ob wohl alles von Witz und Laune voll ist. Vielleicht ist auch der Witz und die Laune ein Gewürz, das ein Gericht verbessern, aber selbst keines ausmachen kann. Die Absicht ist bey unserm Verfasser bloß das Lächerliche, Unerwartete, oft auch fein Angemerkte, ob wohl der herrschende Ton einer Bambochade[2] ähnlich sieht: und die Begebenheiten aus der niedrigsten Classe der Menschen hergenommen sind, die auch ihrem Stande gemäß sprechen und handeln. Die mit einem seidenen Faden an Knautens Geschichte angehängte Erzählung des wieder gefundenen Sohns ist auch, wie uns dünkt, bey den grossen Lasterthaten der Hauptpersonen zu lächelnd und fröhlich.

1774, Zugabe CCCL–CCCLII: J. J. Lefranc de Pompignan, Lettre à M. Racine sur le théâtre en general et sur les tragédies de son père en particulier, 1773.

145   Paris.

Lettre à M. Racine (fils) sur le theatre en general & les tragedies de son pere en particulier par M. (le Franc de Pompignan), nouvelle edition ist

144[1] Anspielung auf *Tristram Shandy*, Buch VI, Kap. 8, letzter und vorletzter Absatz.

[2] »Groteskes Gemälde«, »toller Streich«.

bey [de] Hansy A. 1773 auf 84 Seiten in gros Octav abgedruckt worden. Wir
haben diesen Brief mit demjenigen Vergnügen gelesen, dem man fast nicht
widerstehn kann, wann man unerwartet aufs genaueste seine eigenen Gedanken von einem fremden und angesehenen Manne vorgetragen und
erwiesen findet. Zuerst über die Schaubühne überhaupt. Möglich wäre es,
sagt Hr. le F., daß sie nüzlich und eine Sittenschule werden könte. Wer
eine Athalia ohne Liebe hat schreiben können,[1] hätte eben auch andre
Schauspiele ohne diesen alzuofft besungenen Trieb erfinden können. Hr. le
F. meynt anbey, man könne ein Trauerspiel aufsetzen, ohne es auf der
Schaubühne, und durch die gewöhnlichen Schauspieler aufführen zu lassen, und hierin liege ein wichtiger Unterscheid. Aber so wie die Schauspiele
jetzt beschaffen sind, so wie sie würklich vorgestellt werden, so seyen erstlich die Lustspiele, und zumahl die Lustspiele des Moliere, durch und durch
mit lasterhafften und anstössigen Stellen angefüllt. Swift habe dieses eingestanden. Man vertilge die edlen Eindrücke des Trauerspiels, durch das
gleich darauf aufgeführte Possenspiel, ein George Dandin folge auf einen
Polyeucte. Hr. le F. wünschte also einen großen Theil der Schauspiele
ganz zu verbieten, und aus andern das Schädliche wegzustreichen, und alsdenn würde die Schaubühne eine unschuldige Belustigung seyn. (Wir fügen
zum Trauerspiele bey, daß die angenommene Sittenlehre desselben übertrieben ist, daß die unnöthige Verachtung des Todes und die Aufopferung
aller andern Triebe gegen die einzige Liebe, zu keinen guten Lebensregeln
führe, und daß die Begebenheiten und Grundtriebe in eine romanische von
der unsern ganz unterschiedene Welt mehrentheils gehören.)

Hierauf kommt Hr. le F. zum Racine. Er hatte weniger Genie als Corneille, so gesteht er es (und in der That, des R. Gedanken und Gefühle
sind den gewöhnlichen näher und wie familiär. Dahingegen Corneille mit
unerwarteten und ihm eigenen Bildern und Empfindungen schimmert. Un
Romain est indigne de vivre lors qu'il peut s'abaisser jusqu'à servir un roi
après avoir servi sous Pompée, – & sous moi.[2] Der Gedanke wäre bey
Racine niemahls entstanden). Aber Racine, fährt Hr. le F. fort, hatte
Empfindung, und die beseelt alle seine Ausdrücke (er hatte auch ein weit
gleichförmigeres Feuer, mehrere Achtung für alle Stuffen des Wohlstandes,
und eine unterdrückte und dennoch edle Schilderung der Leidenschaften.
Die Liebe wuste er in der That unendlich besser abzumahlen als Corneille).
Le F. will nicht eingestehn, daß des R. Helden zu Französisch seyen, das
sind sie dennoch, und man solte am Bajazeth, am Alexander[3] besser den
Unterscheid des Costume zwischen den heutigen befeilten Sitten, und zwischen der morgenländischen rohen Energie fühlen. Dieser Mangel wird da-

---

145 [1] Vgl. den Schluß dieser Rezension.
   [2] *Pompée*, III, 4, Zeile 2–5. Haller zitiert z. T. paraphrasierend.
   [3] Gestalten in den gleichnamigen Dramen Racines.

durch nicht ersetzt, daß Liebe und Haß bey allen Menschen das nehmliche sey: die Ausdrücke sind es aber nicht. Zu viel, sagt Hr. le F., hat R. wohl der Liebe aufgeopfert, und die Fehler der Berenice gesteht sein Vertheidiger ungeachtet der untermischten schönen Stellen. Die Trauerspiele des R. insbesondere. Des Mithridate kleinen Kunstgrif, der Monime Geheimniß auszulocken,[4] misbilligt er: Vielleicht war Mithridates würklich solcher Listen fähig, wie wir ihn aus der Geschichte kennen. Hippolytus[5] hätte nicht so verliebt seyn sollen. Dennoch, sagt Hr. F., wuste sich Racine sehr wohl in die Höhe und zu den edelsten Ausdrücken zu heben, wobey Hr. F. Muster anführt, die uns nicht völlig seinen Satz zu beweisen scheinen. Athalia sey das erste Trauerspiel ohne Liebe, und das vollkommenste unter allen denen, die wir besitzen. Ein kleines Gedicht, das M. le F. im Nahmen des Racine an die bekannte le Couvreur[6] geschrieben hat, und worinn er nur alzu galant ist. Einige Briefe des Racine, worinn er des P. Poree (wie wir es verstehn) Kritik seiner Schauspiele mit aller Gedult und Gelassenheit annimt. Er schrieb diesen Brief zur Zeit der Allmacht des Ordens dieses P. und zumahl des P. de la Chaise.

1775, 498–501: J. B. de la Curne de Ste. Palaye und C. F. X. Millot, Histoire littéraire des Troubadours, I–III, 1774.

146   P a r i s.

Hr. Curne de St. Palaye hat viele Jahre lang an einer histoire litteraire des troubadours gesammlet, bey seinem hohen Alter hat aber der Abbé Millot die Mühe übernommen, seine Handschriften zu nutzen, in Ordnung zu bringen, 23 Bände, theils Gedichte, theils Auszüge in einen Auszug zusammen zu ziehen, die Uebersetzungen hin und wieder leichter und angenehmer zu machen, Ordnung in alles zu bringen, und so genannte Reflexionen an die gehörigen Stellen beyzufügen. Diese Ausarbeitung nun ist bey Durand, dem Neven, A. 1774. in drey groß Duodezbänden abgedruckt. Man ist gewiß beyden, dem Hrn. Sammler als dem Herausgeber, für die höchst unangenehme Mühe Dank schuldig, mit welcher sie diese veralterten, oft fast unverständlichen, und gröstentheils unbedeutenden Ueberreste der Ritterzeiten durchgelesen haben; wir hätten nicht zu zwanzig Seiten Geduld gehabt, so unerträglich widersinnig, kindisch aufgeblasen und kalt metaphorisch sind durchgehends diese Troubadours; der Entrüstung zu geschweigen, die ihre unzüchtige Frechheiten, und die die höchst verdorbene Sittenlehre vieler derselben erwecken müssen. Die Ar-

---

145 [4] In Racines *Mithridrate*.
   [5] In Racines *Phèdre*.
   [6] Die Schauspielerin Adrienne Lecouvreur (1692–1730).

beit des Hrn. M. hat auch nicht gehindert, daß das vor uns liegende Buch nicht sehr trocken, und für weit die meisten Leser völlig gleichgültig geblieben sey. Die kleinen historischen Umstände alter Geschlechter sind für sehr wenige Leser interessant, und das einzige, was noch die Troubadours leidlich macht, ist die Schilderung der Sitten des 14ten und des folgenden Jahrhunderts. So wenig als die Homerischen Helden sich Liebe und Hochachtung erwerben, so wenig gewinnen auch die Ritter dabey, daß sie bekannt werden. Ihre Liebe war nur allzu oft nichts weniger als platonisch, ihre Verschwendung hielt sie in beständigem Mangel, und zwang sie durch die unanständigsten Mittel, die nöthigen Gelder zu suchen, womit sie ihre Pracht bestreiten konnten, selbst der Strassenraub war ihnen nicht zu niedrig. Ihre Religion war der elendeste Aberglauben, und bestund mehrentheils in einem Kreutzzuge, und in der Unterwerfung unter alle Befehle Roms. Hin und wieder treten doch Leute unter diesen Dichtern auf, die den Verfolgungsgeist, die Pracht und das Wohlleben der Geistlichkeit misbilligen. Die Dichtkunst selbst zeigt uns Hr. M. nicht, er giebt lauter Auszüge in ungebundener Rede; sie ist aber, wie wir aus verschiedenen abgedruckten Urkunden wissen, gezwungen, mehrentheils wässericht, doch oft schwülstig, und durchgehends monotonisch. Wir haben in demjenigen, was wir sonst gelesen, nicht einmahl die Natur der Schwäbischen Minnesänger gefunden.[1] Mehrentheils sind es übertriebene Lobsprüche ihrer Schönen, dann auch giftige und grobe Scheltwörter wider ihre Feinde, und sehr oft die unanständigsten Lobeserhebungen der eigenen Vorzüge des Dichters. Der Nationalstolz verleitet den Hrn. M. gar sehr, wann er glaubt, diese so spät entstandenen Troubadours seyen die Quelle aller heutigen Poesie. Lange vorher hatte der Nord seine, ein würkliches Amt versehende Hofdichter, seine Skalden und Barden. Lange vorher hatte Oßian unnachahmlich gesungen; auch Deutschland hatte gedichtet und gereimt. Das geben wir zu, Petrarcha möge die T. vor Augen gehabt haben, obwohl dieselben zu seinen Zeiten in die gröste Verachtung gesunken waren, obwohl seine ganze Manier unendlich politer und reiner ist. Endlich sagt doch Hr. M. ein Wort von den Deutschen, und verspricht im Nahmen des Hrn. v. zur Lauben[2] eine Sammlung aus der Königl. Bibliothek. Das Werk selbst. Der erste Band hat 560 S. Zuerst die Einleitung, dann die

---

146 [1] Hrsg. von Bodmer, *Proben der alten schwäbischen Poesie des 13. Jhs.*, 1748 (Auswahl aus der Manessischen Hs.) und von Bodmer und Breitinger, *Sammlung von Minnesingern aus dem schwäbischen Zeitpunkte*, 1758–59 (Gesamtausgabe der Manessischen Hs.).

[2] Béat-Fidèle A. J. D., Baron de La Tour-Châtillon de Zurlauben (1720 bis 1799), veröffentlichte 1773 *Observations sur un manuscrit de la bibliothèque du roi qui contient les chansons des Trouvères ou Troubadours de Suabe ou de l'Allemagne.*

Troubadours nach der Zeitordnung, ihre verkürzte Leben, und einige Proben ihrer Gedichte. Troubadour war eigentlich ein Dichter, sehr oft ein Ritter, auch wohl ein grosser Herr, und so gar ein König. Jongleur hieß ein Sänger, der die Gedichte des Troubadours absang, und sich damit ernährte. Wilhelm IX., Graf in Poitou und Herzog von Aquitanien, war A. 1071. gebohren. Er war verbuhlt, unbeständig und wollüstig, aber seine Dichtkunst rühmt Hr. M. als leicht, harmonisch und elegant, und eben deswegen hält ihn der Sammler nicht für den ältesten Troubadour, da es nicht wahrscheinlich sey, daß die Kunst auf einmahl auf diese Höhe habe steigen können: doch kennt man keinen ältern. Bernard v. Ventadour: seine Entzückung über einen erhaltenen Kuß ist doch lebhaft abgemahlt. Wilhelm v. Balaun, der aus Liebe den Verstand verlohr, und mit dem wunderlichen Beding seine erzürnte Schöne besänftigte, daß er sich einen Nagel am kleinen Finger ausziehen ließ, und ihn ihr darreichte. Wilhelm v. Cabestaing, der sich in seines Patrons Gemahlin verliebte, ihr nur allzu wohl gefiel, und von dem eifersüchtigen Gemahl ermordet wurde. Die betrogene Schöne aß das Herz ihres Geliebten, fand es gut, und mußte hierauf auch sich selbst von einem Altane zu Tode stürzen, weil der wütende Mann sie mit dem Degen verfolgte. Folquet, der Bischof von Toulouze [de Marseille], vormahls ein Troubadour, und noch als Bischof der Buhlerey ergeben, ein wütender Verfolger der unglücklichen Albigenser. Bertrand de Born, ein streitbarer Ritter, ein Anhänger Richards mit dem Löwenherze, der vom erzürnten Vater dieses Prinzen doch großmüthig begnadigt wurde. Gauzelm (vielleicht Gauzelin) Faidit war nur ein Bürgerssohn, und hob sich langsam empor. Perdigon war gar nur der Sohn eines armen Fischers, der aber gute Verse machte, sie wohl absang, und vom Delphin von Auvergne zum Ritter und zum Waffenbruder gemacht wurde. Wir müssen billig eine Menge dieser höchst unbekannten und sehr oft unbedeutenden Dichter übergehen.

1775, 727–728: J. F. de La Harpe, Eloge de La Fontaine, 1774.

147   P a r i s.

La Combe hat A. 1774 in groß Octav abgedruckt Eloge de la Fontaine, qui a concouru pour le prix de l'acad. de Marseille par M. de la Harpe auf 62 Seiten. Unbequem ist es doch bey den französischen Biographien, nicht einmahl den ganzen Nahmen der Gelehrten zu finden, deren Lobrede wir lesen: wir kennen hier weder den Taufnahmen des Fabeldichters, noch das geringste von seinem Herkommen oder Geschlechte, die neuesten Abstämmlinge ausgenommen, deren sich einige Prinzen von dem königlichen Hause großmüthig annehmen. Man erwartet leicht, daß M. de la H. den la F. weit über den Phaedrus setze, und an ihm den kindlichen Geist erhebet, der ihn tüchtig gemacht hat, an den Begebenheiten der Schafe Theil zu nehmen. Ungeachtet der bekannten Beurtheilung des schwer zu vergnügenden Jean Jaques,[1] ungeachtet der falschen Sittenlehre, die la F. öfters predigt, und andrer unbedeutenden Fabeln, deren Absicht man nicht errathen kan, würdigt der Lobredner diese Richter nicht einmahl, ihre Einwürfe zu beantworten. Wir sehen gern, daß er vornehmlich an seinem Helden die Gutherzigkeit rühmt, die mit einiger Einfalt begleitet schien, aber Schalkhaftigkeit genug bedeckte, wie die Contes beweisen,[2] die aber M. de la H. fast gänzlich übergeht. Fast nimmt er am Louis XIV. übel, daß er fremde Gelehrte belohnt, dem la F. aber kein Zeichen seiner Gnade gegeben hat. Wir vermuthen fast, Ludwigs Herz sey nicht sanft genug gewesen, die gelinden Empfindungen des Fabeldichters recht zu fühlen. Alle seine Triebe drangen nach dem Ruhm.

1775, 1139–1143: Charles Palissot de Montenoy, Mémoires pour servir à l'histoire de notre littérature depuis François I jusqu'à nos jours, nouvelle édition, 1775.

148   G e n f.

[...] Rabelais, wird mit Unbilligkeit dem Swift vorgezogen: er wuste mehr Sprachen, Swift war zwar allzusehr ein Tory, aber seine Bilder sind doch etwas minder schmutzig, er war dabey unendlich reicher an Erfindung, an Neuigkeit und an der Ausarbeitung: einige unter denselben sind auch fast unnachahmlich schön, ohne in die Dunkelheit zu fallen, woraus man das Gute des Rabelais fast nicht zu holen weiß. [...]

1775, 1232: Caron de Beaumarchais, Le Barbier de Séville, 1775.

149   P a r i s.

Le Barbier de Seville ou la precaution inutile en quatre actes, ist ein Lustspiel, das den 23. Febr. 1775. von den französischen Comödianten aufgeführt worden, und eine Arbeit des Hrn. Caron de Beaumarchais ist. Ruault hat es auf 80 Seiten in groß Octav gedruckt. Es funkelt von Witz, und ist im spanischen Geschmacke. Ein Vormund will eine schöne Fräulein zwingen, ihn zu heyrathen, und bewacht sie aufs sorgfältigste: sie hat aber einen

---

147 [1] Im *Emile*. Vgl. Haller in *GGA*, 1774, 1088: »Ungern sehen wir hier unter den preißwürdigen Arbeiten der Neuern [...] des Rousseau Emile.« (Über Merciers *Du théâtre*.)
[2] *Contes et nouvelles en vers*, 1664–1674, später von La Fontaine selbst widerrufen.

164

Liebhaber, mit dem sie dennoch Briefe zu wechseln Mittel findet, und ob wohl der Liebhaber durch eine übertriebene List sie aufbringt, so daß sie nunmehro in die Ehe sich ergiebt, so klärt sich dennoch alles auf, und endigt wie gewöhnlich. Ein Barbier, fast wie der zu Bagdad,[1] ist die lustige Person.

1775, Zugabe LVI: Goethe, Clavigo, 1774.

150   Frankfurt und Leipzig.

Clavigo, ein Trauerspiel von Göthe, ist eben die spanische Begebenheit des Caron de Beaumarchais, die wir irgendwo angezeigt haben:[1] nur der Ausgang ist tragischer. Ueber der zweyten Untreu stirbt hier Maria. Eben zum Leichenbegängniß kömmt der Ungetreue, und bereuet seine Uebelthat. Der Bruder, der gleich Anfangs bey dem Leichbegängniß seiner Schwester gegenwärtig hätte seyn sollen, kömmt erst dazu, nachdem Clavigo seine ehemalige Geliebte besehen, und vieles geredet hat, und ersticht diesen Meineidigen. Die Schreibart ist witzig und aufgewekt, doch sind einige Auftritte länger, als man sie auf der Schaubühne leicht vertragen kann. Carlos, der Verführer des Clavigo, ist wohl geschildert. Ist 80 Seiten stark.

1775, Zugabe LXIV: J. K. Wezel, Lebensgeschichte Tobias Knauts des Weisen, sonst der Stammler genannt, II, 1774.

151   [Leipzig.]

Der zweyte Band der Lebensgeschichte Tobias Knauts des Weisen, sonst der Stammler genannt, ist noch A. 1774 bey Crusius auf 264 Octavseiten abgedrukt. Nach dieser Maasse wird das Werk viele Bände ausmachen, denn Tobias hat in diesem ganzen Bande wenige Tage gelebt. Alles ist so voll Wiz und Laune, daß man bald wünschen möchte, etwas anders als Wiz und Laune zu lesen: einiger Maassen findet man doch auch etwas, wobey man ausruhen kann, bey dem guten alten Bauer und bey seiner glüklichen Familie. Aber bald kommen wiederum psychologische Betrachtungen, bald sceptisch, bald dahin führend, daß im Körper, und oft in sehr geringen Quellen, die Ursachen aller Handlungen und Tugenden zu finden seyen. Selmann verspricht einen neuen, etwas whimsical, aber dennoch gütigen und fühlenden Character.

149[1] In *Tausendundeine Nacht.*

150[1] Vgl. die vorstehende Rezension.

152   [Leipzig.]

Bey Weygand ist gedruckt: Der neue Menoza, oder Geschichte des Cum-
banischen Prinzen Tandi, Octav auf 132 Seiten. Oft hat uns ein Schriftsteller über die Gränzen des Bathos geleitet, aber niemand hat uns so weit
in dieses finstere Reich hineingeführt, als dieser Verfasser, in dessen Schauspiele aller Plan, aller Zusammenhang, alle Sitten, und alle merkbare Absicht mangeln. Bald hätten wir es für eine Parodie angesehen, aber auch in
diesem Lichte finden wir das hierzu gehörige Salz nicht.

153   Leipzig.

Hier ist bey Weidmann und Reich eine artige Auflage der sämmtlichen
Werke des beliebten Christ. Fürchtegott Gellerts herausgekommen, die zehn
Bände ausmacht. Wir machen uns ein Vergnügen, die Auflage anzuzeigen,
wann es auch nur wäre, eine Gelegenheit zu haben, von einem Manne noch-
mahls zu sprechen, den wir lieben und ehren. Es sey uns erlaubt, sie in der
Ordnung anzuführen, in der wir sie gelesen haben. Also zuerst: die ersten
Briefe, die Hr. G. als ein Muster hatte abdrucken lassen. Seine Vorrede ist
schätzbar, richtig und vernünftig: man sieht aus derselben, wie nöthig es
war, den damals in Deutschland herrschenden Geschmack zu verbessern,
und uns andere Briefe schreiben zu lehren, als diejenigen, die Neukirch
und die Junker schrieb.[1] Hr. G. zergliedert dieser Männer Briefe, und zeigt
Stück vor Stück das Steiffe, das Falsche, und das Unanständige in denselben, und hingegen aus dem Cicero, wie man eben über den Vorwurf, den
ein gemeiner Witz schlecht ausführt, artig und reizend schreiben könne.
Eine Beurtheilung der Briefe anderer Nationen. Wir sehen doch mit Vergnügen, daß des Fontenelle, freylich etwas zu witzige, Briefe vertheidigt
werden: auch des Bussy de R.[2] Briefe beschützt Hr. G. Wir aber können
nicht begreifen, wie Voltaire die Lettres à [de?] Babet[3] hat tadeln können.
Gellerts Briefe sind voll Witz, etwas minder gekräuselt als Popens,[4] und

---

153 * Das Göttinger und das Tübinger Exemplar weisen diese Rez. Haller zu.
      Im Berner Exemplar fehlt jedoch das H am Rand, doch ist hier gerade in
      dieser Zeit der Verfassernachweis nachlässig geführt. S. o. S. 5, Anm. 12.
      Vgl. Tagebuch 5. März 1775: »Ich lese den redlichen Gellert« (Heinzmann
      [s. o. S. 3], II, 294).
[1] Benjamin Neukirch, *Galante Briefe*, 1695; als Muster empfohlen und z. T.
      abgedruckt in Christian Junckers *Wohlinformiertem Briefsteller*, 1708.
[2] Roger de Rabutin, Comte de Bussy (1618–93), *Lettres*, 1697.
[3] In Edme Boursaults *Lettres de respect, d'obligation et d'amour*, 1669.
[4] *Letters of Mr. Pope*, 1735.

wie sie zum Muster geschrieben sind, wohl zu vertheidigen; und doch sehen wir nunmehr aus der Lebensbeschreibung, daß es würkliche, nur durch die Freunde des Hrn. G. ausgesuchte Briefe sind. Ein solider Brief über den Todt eines Freundes, mit den echten Gründen alles wahren Trostes. Das Gespräch mit dem Husaren-Lieutenant ist voll Humour, und die Unterredung mit dem Könige[5] für den freymüthigen Vertheidiger des Vaterlandes, Gellert, recht rühmlich. Man sieht, daß der Glanz eines mächtigen, und eben in Leipzig feindselig herrschenden Königes ihn weder geschreckt noch geblendet hat. Rabener, der deutsche Patriot, wollte sich von keinem Franzosen eben dem Könige vorstellen lassen, und scheint gar nicht vorgestellt worden zu seyn.

Geistliche Oden und Lieder. Dieses war vielleicht eine der schwersten Unternehmungen, an die Hr. Gellert sich wagen konnte. Es ist, unserm Geschmack nach, leichter, epische und lyrische erhabene Hymnen zu schreiben, als natürliche, für jedermann faßliche, und dennoch weder platte noch frostige Lieder. Allerdings hatte Gellert hiezu eine Anlage, seine Poesie war wesentlich natürlich, leicht und herablassend. Auch ziehen wir diese Gedichte andern, auch den erhabensten, vor, wann von dem allgemeinen Nutzen und der Erhaltung des Zweckes die Rede ist. Sollten wir, um unverdächtig unsern Liebling rühmen zu können, nicht einige Kleinigkeiten tadeln? Der Nahmen Zebaoth da, wo der Dichter nicht um ein langes Leben bitten will,[6] ist nicht an seiner Stelle, Hr. G. spricht hier nicht zum Gott der Heerschaaren, sondern zum Vater, zum Versorger der Menschen. Die Gedanken vom Tode,[7] so natürlich sie sind, so nöthig und nützlich sind sie auch; so ist es das natürliche Verderben des Menschen. Wir würden auch lieber in dem Paßionslied die redende Person unverändert sehen: bald spricht hier der Christ, und bald dann der Heiland selbst. Die Warnung vor der Wollust ist vernünftig und wohlgedacht: eben so finden wir den Gedanken von dem Aufschub der Bekehrung: und den Trost des schwermüthigen Christen. Und rührend waren uns die an dem sel. Gellert vermuthlich in der Ewigkeit erfüllten Verse:

O Gott! wie muß das Glück erfreun,
Der Retter einer Seele seyn.[8]

Unter den Lehrgedichten hat uns auch der Christ vorzüglich gefallen.

Die Lustspiele. Lottchen[9] ist ein schöner, und über die nicht verächtliche Julie erhabener Character. Dieser letzten ihre Bedenklichkeiten und die Entwickelung, waren schwer, und die Zweifelhaftigkeiten der Schönen viel-

---

153 [5] Friedrich der Große.
  [6] In dem Gedicht ›Bitten‹.
  [7] ›Beständige Erinnerung des Todes‹.
  [8] In dem Schlußgedicht ›Trost des ewigen Lebens‹.
  [9] In den *Zärtlichen Schwestern,* dort auch der gleich genannte Siegmund.

leicht nicht ganz in der Natur. Siegmund ist ein Ungeheuer. Das Orakel, aus dem Französischen. Wir glauben nicht, daß Gellert so unnöthig in Deutschland gesagt habe:

Du warst als ein Amant [u.] s. w.[10]

Die Betschwester. Man hat oft schon getadelt, daß Hr. G. das Gebet, eine für die Schaubühne fast zu ernsthafte und geheiligte Sache, so oft genannt hat. Allerdings vermuthet man aber von Gellerten keine böse Absicht: er hat geglaubt, eine neue Devote abschildern zu können. Doch hätte er beym Moliere sehen können, daß Tartuffe der geweyheten Wörter sich sorgfältig enthält. Indessen ist der Character einer Betschwester möglich, und auch wohl würklich, und kann also freylich zur Misbilligung aufgeführt werden. Der jungen Christiane nicht leichter Character ist ganz gut ausgeführt, aber auch hier hätten wir die Mäulchen in der vernünftigen Leonore Munde eben nicht erwartet. Das Loos in der Lotterie, ist etwas lang, und das Interesse beruhet auf dem Herumreisen des glücklichen Loosses, das doch endlich aus sehr bösen Händen in die rechten zurück kömmt. Caroline, die man lieben soll, spricht doch etwas in allzu harten Ausdrücken zu dem freylich unwürdigen Simon: wie unverschämt, Sie sind nicht im Stande, diese zu verstehen[10a] u. ist die Sprache eines sittsamen Frauenzimmers nicht. Den allzu späte erscheinenden Anton hätte man vermuthlich entbehren können, und das Schauspiel war ohne ihn zu Ende. Sonst sind die Charactere gut; Frau Damon unsträflich; die abscheuliche Frau Orgon doch nicht unmöglich. In der kranken Frau müssen wir eben wiederum anmerken, daß der Frau Stephan Reden an die, sie dennoch liebende, Philippine, viel zu hart sind, und der letztern nicht zulassen sollten, sich ihrer weiter anzunehmen. Auch der Mann heißt das gute Mädchen unverschämt. Wir wünschten, daß die Deutschen von den Franzosen annehmen möchten, harte Gesinnungen mit solchen Worten auszudrücken, die den Wohlstand nicht verletzen, und in vernünftiger Leute Munde Platz haben können.

Das Leben der Schwedischen Gräfin von G. Freylich hat Hr. G. hier in eine Familie eine Menge schrecklicher Begebenheiten zusammengehäuft, die vermuthlich seit dem Geschlechte des Lajus nicht zusammen eingetroffen haben. In eben dem Zimmer kommen zusammen, der Graf, seine Gemahlin, und seine ehemahlige Buhlschaft, der er die Ehe versprochen, und mit welcher er Kinder erzeuget hat: und denn diese Gemahlin mit ihrem ersten, und auch mit dem zweyten Manne, die beyde lebend sind. Des Grafen Sohn und Tochter heyrathen einander, und die Tochter ehlicht nach ihrem Bruder seinen Mörder, alle beyde kommen gewaltthätig um. Wie hat doch der gutmüthige Gellert so viele gräuliche Begebenheiten auf einander häu-

---

153[10] Band III, S. 143.   [10a] Paraphrase des Schlusses von IV, 3.

fen können? Vielleicht hat er sich nicht zugetrauet, bloß mit den Vorzügen des Vortrages den Leser zu gewinnen: hierinn ist er vermuthlich zu bescheiden gewesen. Die Geschichte des in Rußland und Sibirien gefangenen Grafen, die Liebe der Statthalterin zu Tobolsk und seines Freundes Steeley, und das Buch überhaupt, hätten dennoch gefallen müssen.

Die vermischten Schriften. Zuerst einige Fabeln, und dann des Hrn. G. eigene sehr scharfe Kritiken über dieselben, worinn er kein unnöthiges Wort dulden will. Wir wären minder scharf gewesen. Die Allegorie des Schäfers und der Sirene, ist dennoch natürlich und schön. Die Lerche, die sich den Kopf zerstößt, verdiente noch eher des Verfassers Kritik. Einige ganz angenehme moralische Gedichte, und ein kurzes Schäferspiel.

Moralische Schriften. Sie sind von den nützlichsten unter den Werken, die wir dem Verfasser schuldig sind. Daß es nicht gut sey, sein Schicksal vorher zu wissen, weil alle Industrie durch den vorgesehenen Ausgang gelähmt werden würde, weil die Ungedult die künftigen Freuden uns verbittern und hingegen die Furcht die künftigen Leiden früher würde empfinden lassen. Daß die schönen Wissenschaften in der That das Herz und die Sitten verbessern helfen. Der Geist der Ordnung und der Klugheit macht einen jeden in seinem Beruf geschickter und folglich glücklicher: die Pflichten werden mit einer bessern und ihren Werth vermehrenden Art ausgeübt. Die Gedanken vom Nutzen der Religion. Die Fehler der auf Akademien Studierenden. Der Nutzen der Regeln in der Beredsamkeit und Poesie. Trostgründe eines siechen Lebens, worüber Hr. Gellert aus Erfahrung sprechen konnte. Den wahren Trost giebt nur die Religion mit ihren grossen Hofnungen, die den Werth des kurzen Leidens weit übertreffen. Das Zutrauen auf Gott, daß auch das Leiden eine Gutthat von ihm sey. Warum die Religion nicht alle Menschen im Leiden gleich beruhige: auch wegen des Unterschiedes in der Schärfe der Empfindlichkeit. Daß man bey einem kränklichten Leben dennoch viel Gutes thun könne.

Die beliebten Fabeln, auf welche des Hrn. Gellerts Ruhm sich vornehmlich gründet. Es ist auch in den meisten viel Eigenes, und von Fontainischen doch unterschiedenes so genanntes Naives, und eine Zärtlichkeit und Güte, die den Verfasser auch bey wilden Nationen angenehm gemacht hat. Alle sind die Fabeln freylich sich nicht gleich; und so sind sie es auch beym la F. nicht; aber einige sind ausnehmend neu und schön, wie die Nachtigall und Lerche, der Hut, der Kukuk, der Menschenfreund. Das Gespenst und einige andere, hätte ein Freund vielleicht misrathen sollen.

Wiederum moralische Werke von der Vortreflichkeit und Würde der Andacht. Das Gebet ist nicht nur die natürliche Stellung des Menschen gegen seinen Schöpfer, Vater und Richter; es dient auch wesentlich zu seiner Besserung. Der Umgang mit Gott muß nothwendig unsere Ergebenheit gegen denselben vermehren, und die Macht unserer niedrigen Triebe

169

schwächen. Hr. G. räth an, gewisse Zeiten des Tages für die Andacht frey
zu halten. Lehren eines Vaters für seinen auf die Akademie gehenden
Sohn; tugendhaft und vernünftig. Mit Recht warnt der Vater den Sohn
wider den Umgang mit dem Frauenzimmer, der leicht nach und nach über
die Gränzen der Tugend ihn hinreissen kann, (und der ohnedem nicht der
Zweck der Jahre ist, die man auf der Akademie zubringt, und wo man
seine dringende Geschäfte hat, wo man sich also nicht um eine Frau bemü-
hen soll, die von unsern Eltern selten gern von einer Akademie erwartet
wird). In dieser Absicht warnt Hr. G. auch wider wollüstige Bücher und
Bilder. Der junge Mann soll nicht zu frühe ein Autor seyn wollen. Man
solle niemahls seinen Hauptzweck einiger andern Beschäftigung nachsetzen,
noch ein Dichter oder Mahler werden, wo man sich zum Rechtsgelehrten
oder Arzte bilden solle. Von den Ursachen des Vorzuges der Alten und
Neuern, besonders in der Poesie und Beredsamkeit. Die alten Sprachen
waren freylich zu beyden Zwecken bequemer als die heutigen nur halb
regelmäßigen Sprachen. Die Belohnungen und die Triebräder waren grösser und stärker. Vom Nutzen der Moral, eine in Gegenwart des jetzigen
Churfürsten gehaltene Rede. Sie zeigt uns freylich den einzigen Weg, Gott
zu gefallen und glücklich zu seyn, wo dann Hr. G. die angenehme Zuver-
sicht lebhaft beschreibt, die ein Tugendhafter zu sich selber hat.

Die moralischen Vorlesungen machen zwey Bände aus. Vielleicht ist es
ein besonderer Hang des Verfassers dieser Anzeige: aber seine Liebe und
Hochachtung zeichnet unter den Schriften des redlichen Gellerts diese Arbeit als die vorzüglichste aus.[11] Er findet sie rührend, eindringend, voll des
Feuers, das durch wahre Ueberzeugung sich entzündet, und er erfreuet sich
über die seltene Vereinigung des anmuthigsten Witzes mit der rechtschaf-
fensten Frömmigkeit. Wir wollen uns also von einem überall bekannten
Buche, das so ausnehmend verdient, überall gelesen zu werden, doch noch
in eine etwas umständlichere Anzeige wagen. Die Tugend, ob sie uns wohl
scheint eine Folge der nachdenkenden Vernunft zu seyn, ist doch in der
That nicht eine Frucht dieses allzu kalten Climates: sie ist eine Tochter der
Gottesfurcht, und es ist längst und auf das ausführlichste bewiesen worden,
wie schwankend und unvollkommen die Sittenlehre der scharfsinnigen
Griechen, und wie bloß apathisch und methodisch die Sittenlehre der Chi-
neser ist. Vortreflich sagt Gellert, es ist kein Fall ohne Ausnahme, wo es
nicht besser sey, tugendhaft zu seyn. Die Herausgeber bestärken, was Gellert von dem unzureichenden Vermögen der Vernunft sagt, uns gut zu machen, durch die Geschichte der Philosophen. Wie hart sagt ein Cicero, ich

153 [11] Die moralischen Vorlesungen sind darüber hinaus allerdings auch »eines
der glänzendsten Zeugnisse für den Geist und die Popularität von Hallers
Gedichten. Von Anfang bis zu Ende durchziehen diese Vorlesungen Er-
innerungen an Haller« (Hirzel S. CDXX).

hasse den Mann, und werde ihn immer hassen! Wie schädlich ist die Anpreisung des Selbstmordes bey den tugendhaften Stoikern! Wie anstößig verachtet Aristoteles die Gütigkeit, und die Vergebung der Beleidigungen! Die reinere Sittenlehre, die wir heut zu Tage kennen, haben wir nicht den Alten, wir haben sie dem langwürkenden Eindruck der Offenbarung zu danken. (Und unsere Weltweisen würden einen blossen Menschen anbeten, wann er gesprochen hätte, wie der Heiland spricht). Der grosse Unterschied der bloß philosophischen Sittenlehre und der christlichen. Wie viel stärkere Triebe erweckt die letztere. Eine unfehlbare Unsterblichkeit, eine gewisse Belohnung und Bestrafung, eine Ueberzeugung von unserm Verderben, mit den Mitteln, ewig den Folgen desselben zu entgehen. Die Liebe des Erlösers und sein nach niemanden nachgeahmtes, von niemand nachzuahmendes Beyspiel der Vortreflichkeit des Wohlwollens, das der christlichen Religion erstes Gesetz ist: liebet einander, liebet eure Feinde. Die Tröstlichkeit der Religion, die uns den Armen des weisesten und gütigsten Vaters übergiebt. Die Standhaftigkeit der Glückseligkeit der Christen im Tode. Das moralische Gefühl, welches der wohlgesinnte Gellert vom Hutcheson annimmt. Die Mittel, zur Tugend zu gelangen, und in derselben zuzunehmen. Die Busse, eine natürliche Folge des moralischen Gefühls, wann es sich auf unser Verderben richtet. Die Gellertschen Regeln, »seine Pflichten deutlich zu erkennen, und sich beständig vorzubilden, und dieses Erkenntniß auf das Leben und auf unsere Thaten anzuwenden; Gottes Grösse, Würde, Gegenwärtigkeit und Aufmerksamkeit auf unser Thun, sich lebhaft vorzustellen.«[12] Das Gebet, das unser Verhältniß gegen Gott uns eindrückt, seine Grösse und unsere Bedürfniß seiner Gnade uns täglich wiederholt. Der tröstliche Tod Addisons, dem die Herausgeber dieser Vorlesungen Gellerts ähnlichen Tod zur Seite stellen. Die Blendwerke der Einbildung und die falsche Versprechung des Vergnügens, die unsere Leidenschaften uns täglich geben und niemahls halten, öfters und gründlich zu überdenken; gute Schriften zu lesen. Hier giebt uns Hr. G. eine kleine nützliche Bibliothek. In Basedow's Philalethie misfiel doch schon etwas dem redlichen Gellert. Mit Vergnügen sehen wir unter den Auserwählten den unnachahmlichen Richardson. Gellerts Zeugniß von sich selber, und von der Stärkung, die er oft bey dem nahen Tode einzig im Glauben an den Heiland gefunden hat. Einige Regeln zur Erhaltung der Gesundheit. Hr. G. preiset den Wohlstand und das Angenehme im Aeusserlichen an, als ein würkliches Mittel, die innern guten Eigenschaften brauchbarer und gemeinnütziger zu machen.

Der zweyte Band der moralischen Vorlesungen. Die Pflichten, in Ansehung der Verbesserung unsers Verstandes: und des Widerstandes gegen

153 [12] Paraphrase der vier ersten Gellertschen Tugendregeln (Band VI, S. 141 ff.).

die Laster. Die Kenntniß Gottes aus der Natur. Die Beherrschung der Leidenschaften. Gelassenheit und Gedult. Wider die übermäßige Begierde nach Reichthum, nach Ruhm. Die Demuth, die Menschenliebe. Die Pflichten gegen die Kinder. Einem guten Hofmeister solle man sein Schicksal für sein ganzes Leben versichern, (wie in England wohl geschiehet). Daß man die Jugend nicht durch Ehrgeitz, sondern durch die Kenntniß ihrer Verpflichtung zum Guten aufmuntern solle. Der ehelose G. fühlte dennoch das Süsse im Verhältnisse des Vaters gegen die Kinder, die reinste und uneigennützigste Liebe, deren die Menschen fähig sind. Die Pflichten gegen Gott, als die wahren Quellen aller andern wahren Pflichten, so sehr miskennt und erkaltet als sie sind. Daß nur die Offenbarung uns die Mittel zeige, uns mit Gott zu versöhnen und uns tugendhaft zu machen. Des Hrn. G. feyerlicher Abschied von seinen Zuhörern, worinn der Rechtschafne betheuret, aus Erfahrung und Ueberzeugung betheuret, der einzige Weg zum Guten sey die Religion. Einige moralische Charactere, ähnlicher aber doch einander entgegengesetzter Tugenden und Laster.

Zwey Theile Briefe, die nach dem Tode des Hrn. G. von seinen Freunden herausgegeben worden sind, mehrentheils mit Verschweigung der Nahmen der Personen, an die Hr. G. sie gerichtet hat. Mit wahrem Vergnügen haben wir aus diesen Briefen gesehen, daß Hr. G. in seinem Innern eben derjenige Mann gewesen ist, der er in seinen Büchern war, eben so liebreich, gutthätig, großmüthig, von Gottesfurcht durchdrungen, in seinen Leiden auf die Versprechungen Gottes gestützt. [...]

Einige Kritiken über Gellertsche Schriften, von einem ungenannten Freunde beantwortet. Wir glauben doch überhaupt, man könne fehlen, wann man die lasterhaften Menschen aufgeweckt und scherzhaft schildere, und sie einigermassen liebenswürdig mache, wie es Moliere sehr oft mit den Betriegern, Congreve aber mit dem Manne nach der Welt[13] gethan hat. [...]

Ein Freund bezeugt in einem hier abgedruckten Briefe sein Vergnügen über diese [geistlichen] Lieder, und zieht, wie billig, das Herz dem Witze weit vor: alle Sittenlehre, sagt er, verliert in eines Voltaire Munde ihren Nachdruck. [...]

1775, Zugabe CXCI–CXCII: Breslauische Unterhaltungen (Wochenschrift), 1774.

154   Breslau.

[...] Einige erneuerte Lieder von Minnesingern, die uns in der Meinung bestärken, daß unsre Schwäbischen Dichter die provenzalischen an Natur

---

153 [13] *The Way of the World*, 1700.

weit übertroffen haben.[1] [. . .] Umständlich ist die Vergleichung des Shakespearischen Romeos mit dem von Weißen[2] umgebildeten. Obwohl er weit mehrern Anstand in das unförmliche Schauspiel gebracht, und manches glücklich verändert hat, so findet der Ungenannte den Shakespeare mit allen Ausschweifungen der wilden Natur dennoch an vielen Stellen eindringender und rührender (der Fehler des Shakespeare ist wohl neben den Niedrigkeiten, in die er oft verfällt, der Phöbus[3] und die figurirte Schwulst, die er sich sehr oft erlaubt, und die ihn sehr weit von der Natur entfernt: es war wohl eine Folge des Romanenlesens).

1775, Zugabe CCXXIV: K. F. Kretschmann, Hymnen, 1774.

155   Leipzig.

In der Dyckischen Buchhandlung sind A. 1774 herausgekommen: Hymnen, Octav auf 56 Seiten. Am Feuer, an der Erhabenheit, an der ganzen Manier kennt man den Barden Rhingulph.[1] Mit wahrem Vergnügen sehn wir die Kräfte des Verstandes und das Feuer der Einbildung zu ihrem ächten Zwecke angewandt, zum Preise dessen, der sie gegeben hat. Das Ganze ist voll der kräftigsten Ausdrücke,
            als der Tumult der Elemente gohr.
Eine Kleinigkeit ist die Scansion, die uns zuweilen nicht gerathen will. Du, dessen Gerechtigkeit deiner Gnade – wir wissen es nicht zu lesen. Ueber das Abbrechen
            Und die trägen Meere wieder-
            Glänzten seine Pracht
haben wir uns anderswo geäußert:[2] uns dünkt es ein Widerspruch, das Gedicht in Linien theilen, und dann die Linien wieder in einander fließen zu lassen, als wenn keine Theilung wäre.

---

154 [1] Vgl. Hallers Rez. der *Histoire littéraire des Troubadours* in *GGA*, 1775, 498.
    [2] Chr. F. Weiße, *Romeo und Julie*, vgl. Hallers Rez. in *GGA*, 1768, 198.
    [3] Verworrener, schwülstiger Stil.

155 [1] Kretschmann veröffentlichte 1769 den *Gesang Ringulphs des Barden, als Varus geschlagen war.* Vgl. Hallers Rez. oben 45–46, siehe auch unten S. 178.
    [2] Z. B. 1771, 957. Zitate aus: ›Die Liebe‹, ›Das Lied von der Weihe‹, ›Gott dem Schöpfer‹.

1775, Zugabe CCLXXI–CCLXXII: M. A. J. Rochon de Chabannes,
Les Amants généreux, 1774.

156   Paris.

Doch mit Vergnügen haben wir gelesen les amans genereux, comedie en
cinq actes, imitée de l'allemand par M. Rochon de Chabannes, ist A. 1774.
den 13 Octob. von den Königlichen Schauspielern aufgeführt, und bey der
Witwe Duchesne in groß Octav auf 100 Seiten abgedruckt worden. Es
ist Leßings Minna von Barnhelm, etwas verändert, vieles zum Theil tiefer
komischer, und der falsche Spieler, der kein Bekannter des wackern
Tellheims seyn, und noch weniger des Ministers von demselben bezeigte
günstige Gedanken wissen sollte, ist ganz weggeblieben, hingegen der
Oheim der Minna, ein stürmischer, von seinem Adel eingenommener, der
Welt unkündiger redlich gesinnter Mann zu einem Werkzeuge gebraucht,
die ganze Handlung zu verlängern: er bringt auch seine schöne Nichte
mit Anstand nach Berlin, die als ein Fräulein sonst fast etwas zu frey bey
dem Verfolgen ihres Geliebten scheinen möchte, und wenigstens dem M.
de Ch. zu frey geschienen ist. Die Hauptsache ist einerley und beruht auf
dem Edelmuth des v. Tellheim, der, da er unglücklich und beschuldigt ist,
seine Geliebte nicht mit ihm ins Unglück ziehen will, und ihre Hand aus-
schlägt: bis sie ihn beredet, sie sey von dem Oheim verstossen und selbst
unglücklich, da er dann um ihre Hand begierig anwirbt. Den ehrlichen
Werner hat Hr. R. billig beybehalten. Die Unterredungen zwischen den
einander aus Großmuth nicht verstehenden Verliebten, hat er vermindert,
den Ring weggelassen und um etwas verkürzt. Das Gewirre zwischen dem
Grafen und dem Tellheim hat er eingeführt, das uns fast bey so vielen
edeln Gesinnungen zu komisch vorgekommen ist. Aber manche edle Stellen verzeihen wir dem Uebersetzer nicht, die er weggelassen hat, und
deren Schönheit er nicht gefühlt haben muß.[1] Wie stark und wahr ist der
Minna: ich habe nie fürchterlicher fluchen hören, als Sie lachen.[2]

1776, 7–8: M. F. L. Gand Lebland du Roullet, Iphigénie en Aulide, 1774.

157   Paris.

Der ausserordentliche Zulauf, den die Oper Iphigenie en Aulide gehabt
hat, da man sie den 22. Aprill 1774 zum ersten mahl aufführte, hat uns
vermocht, diese Oper zu lesen, wie sie de Lormel in Quart auf 63 Seiten
abgedruckt hat. Der reiche Beyfall ist allerdings dem Ritter Gluck zuzu-

---

156 [1] Vgl. 1776, Zugabe LXXXVIII: »Eine scharfe Ahndung wider den Nach-
     ahmer unserer Minna: eine Undankbarkeit gegen einen Franzosen, der
     einen Deutschen würdig geschätzt hat, seine Fabel nachzuahmen.«
   [2] IV, 6.

schreiben, von dem die Musik ist, deren neuer Geschmack wenigstens dem mehrern Theile zu Paris gefallen hat. Denn das Gedicht haben wir mit einigem Mitleiden gegen die vortrefliche Racinische Tragödie zusammen gehalten, die hier nachgeahmt worden ist, und davon man auch hin und wieder ganze Verse beybehalten hat. Wir bescheiden uns freylich, daß der Zwang der Opernform, und die erfoderten so genannten Divertissemens bey jedem Aufzug, auch die Unterwerfung des Dichters unter die Vorschrift des Componisten, selbst einem guten Dichter die Flügel niederschlagen können. Hier ist dasjenige fast alles weggeblieben, was uns am rührendesten und schönsten vorgekommen ist. Iphigenia solte sich die Gunst des Zuschauers und sein Mitleiden erwecken. Das wuste, ungeachtet der engen Schranken eines Tages, Racine vortreflich zu bewürken. Die edle Misbilligung ihrer selber, nachdem Iphigenia der Eriphile, wie sie glaubte, unbillig begegnet war, ihre bescheidene und anmuthsvolle Fürsprache bey dem Achilles für eine vermeinte Mitbuhlerinn, die künstliche und dennoch wohlständige Weise, wie sie ihren Vater zu rühren, und von dem Morde abzuhalten trachtet, ohne eine niedrige (im Theaterstil niedrige) Liebe zum Leben zu verrathen; alle diese Züge, die uns Iphigenien werth und schätzbar machen, hat man in der Oper weggelassen, auch dem Agamemnon die Entschuldigung genommen, die er auf die listigen Vorstellungen des Ulysses gründen konte, und er verläßt seine Tochter, ohne weiters, so bald das Heer sich wider sie erkläret hat. Diana, deren Zorn beym Racine durch das vergossene Blut der Helena dem Orakel zur Folge versöhnt ist, hat eine Ursache, den Griechen zu verzeihen: in der Oper hat sie keine, als bloß den blutdürstigen Eifer, den die Griechen bezeigt haben, die Aufopferung der Prinzeßin zu erzwingen u. s. f.

1776, 560: William Congreve, Le Fourbe, übersetzt von J. F. Peyron, 1775.

158   Paris.

Ruault hat A. 1775. in groß Octav abgedruckt le Fourbe, comedie de Congreve,[1] traduite de l'anglois auf 200 Seiten, denn dieses Lustspiel ist ausserordentlich lang. So viel Beyfall Congreve von wegen seiner Kenntniß der Welt gefunden hat, so müssen wir doch gestehen, daß uns diese Welt allzu abscheulich vorkömmt, als daß uns die Schilderung gefallen möchte. Die in diesem Schauspiel aufgeführte Frauen sind alle mehr als liederlich, und im Lustspiel selbst, fast in der Gegenwart der Zuschauer, übergeben sie sich ihren Lüsten mit der grösten Leichtfertigkeit. Lady Touchwood ist ein Ungeheuer, und Maskwell hat eine Zeitlang den Verdienst, daß er drey ganz entgegengesetzte Personen beherrscht, den Lord Touchwood, seine

158 [1] *The Double-Dealer*, 1694.

böse Gemahlin, und den jungen Mellefont. Er läßt sich aber und mehr als einmal behorchen, und durch dieses Mittel löset Hr. C. alle Knoten auf. Im ganzen Schauspiel ist auch nicht eine Person, deren Schicksal uns nicht gleichgültig bleibe; denn Cynthia hat keinen Character, der sie auszeichne.

1776, 1327: Friedrich Müller, Die Schafschur, 1775.

159   Man heim.

Schwan hat A. 1775 in Octav auf 59 Seiten gedruckt: Die Schaafschur, eine Pfälzische Idylle. Ein reicher Bauer schiert seine Schaafe, und läßt dabey sein Hausgesinde alte Lieder und Romanzen singen. Die Schreibart ist eigen, sie mag auf die Pfälzische Mundart anspielen, und die Erzählungen sind in einem älternden einfältigen Geschmacke nachgeahmt. Die eine Tochter, die ihren Liebhaber zu verlieren fürchtet, läßt sich von einem Mährchen rühren, daß sie selbst zu erzählen genöthigt worden ist, sie entdeckt ihre Liebe, der alte Vater giebt in drohenden Worten seinen Beyfall zu der Ehe, und macht der Braut recht gute Gedinge, eben dieweil er sich anstellt, als wann er aufs heftigste zürnte.

1776, Zugabe XXXIX: J. W. L. Gleim, Halladat, 1774.

160   Frankfurt und Leipzig.

Halladat oder das rothe Buch zum Vorlesen in den Schulen, ist eine kleine Reihe von Gedichten, die A. 1775. auf 91 S. abgedruckt worden sind. Man schreibt sie einem durch ganz andere Arbeiten bekannten Dichter zu. Die Manier ist doch, wie es zwar der Plan mitgiebt, ganz verschieden; allemal aber ist es ein Werk eines Mannes von vielem Verstand und Witz. Der Sitz des Dichters, die Berge, Flüsse und Gegenden sind morgenländisch, die Namen auch, die zuweilen ganz nützlich mit Anmerkungen erläutert sind. Aber es giebt doch noch Stellen, die man doch nicht versteht. Z. E. »daß er ein kleiner dummer Meliposier aus Zappoli nicht auch geworden ist.«[1] Was ist ein Meliposier? Sonst ist der Inhalt überhaupt, die Pflichten der Menschenliebe, der Gelassenheit und des dankbaren Wohlgefallens an der Welt, so wie sie ist, und eine Aufmunterung zur Fröhlichkeit einzuschärfen. Die Schreibart ist ganz neu, zwar wie bey vielen heutigen Dichtern, voll an enjambemens, so, daß auch ein Vers mit einem »welcher« aufhört, worin wir uns aber noch immer nicht recht zu finden wissen. Aber es ist überall Energie, und ein Feuer, das den Dichter unterscheidet. Die vielen Wiederholungen sind im morgenländischen Geschmack.[2]

---

160 [1] S. 91 (›Die Todtenköpfe‹).

[2] Vgl. 1750, *632: »Man erkennt leicht die scherzende, ungezwungene und spielende Feder des Hrn. Gleims, bey dem der Reim [...] keinen Zwang, und die Freyheit von demselben keine Kälte verursacht.« (Über die *Lieder*.)

1776, Zugabe LXXIX–LXXX: Bibliothèque universelle des romans (Monatsschrift), I, 1775.

161   [P a r i s .]

[. . .] Aus den Ritterzeiten kömmt die zweyte Klasse der Romane, und
diesesmal die abentheurliche Geschichte Merlin's, und zum Theil des Arthur's, obwohl dieses letztern Geschichte nur sehr überhaupt vorkömmt:
auch in dieser uralten Fabel erkennt man das widersinnige Gemisch von
Religion und von ungezäumten Lastern, das in diesen dunkeln Zeiten
herrschte, so, daß die Thaten unter der Herrschaft des Lasters waren,
dieweil die äusserlichen Feyerlichkeiten und Gutthätigkeit gegen die Kirche, die Religion vorstellen mußten. [. . .]

1776, Zugabe CXI–CXII: P. L. d'Aquin de Château-Lyon, Eloge de Mo-
lière en vers avec des notes curieuses par le petit cousin de Rabelais, 1775.

162   Paris.

Eloge de Moliere en vers, avec des notes curieuses par le petit Cousin de
Rabelais, ein affectirter Namen, da diese Anmerkungen nichts haben, das
Rabelais' Zeiten und Geschmack ähnlich wäre. Dieses Eloge ist zu Paris
A. 1775. auf drey Octavbogen abgedruckt, und ganz enthusiastisch. Mo-
liere ist nach seinem Lobredner le plus grand des François; Menander und
Terenz sitzen zu seinen Füssen, niemand hat ihn ersetzt u. s. f. Ein kurzes
Lob wird über jedes einzelne Schauspiel beygefügt. Der Vetter des Rabelais findet gar nichts daran auszusetzen, daß Betrug und unehrliche
Mittel gerühmt und belohnt, und die Einfalt anstatt der Laster zum Gelächter der Zuschauer aufgeopfert wird. Die Anmerkungen sind vielleicht
das vornehmste. Allerdings hat England, eher als Frankreich, des Shakespears Gedächtniß durch eigene Gesänge und Lustspiele gefeyert. Sublime
ist ein Wort, daß weder für die Scherzspiele überhaupt noch für den Moliere insbesondere angemessen ist: aber die Verdienste des Terenz kennt
der Lobredner wohl nicht, die freylich von einer andern Art sind als die
Molierischen. Corneille habe Nachfolger gefunden, Moliere keinen. Dieses
ist auch zu viel gesagt: die Verfasser des Philosophe marié,[1] des Joueur,[2]
mögen dem Moliere am Geschmacke nicht ähnlich seyn, wie es Racine
auch gegen den Corneille nicht war; sie können aber deswegen doch ihre
Vorzüge behalten, wenigstens haben wir das erstere von diesen Schauspielen mit viel mehrerm Beyfall zu Paris aufführen gesehen als die Schauspiele des Moliere. Eine uns wenigstens nicht bekannte Geschichte des Ur-
sprungs des Comique larmoyant (bey den Franzosen): la Chaussée habe

---

162 [1] Destouches, 1727; vgl. das Judicium oben S. 20.
   [2] Jean François Regnard, 1696.

sein Prejugé[3] fast wider seinen Willen gewagt. Sonst ist aber dieses ernsthafte Schauspiel schon sehr alt. Die Captivi[4] gehören dahin.

1776, Zugabe CCCXCI–CCCXCII: K. F. Kretschmann, Kleine Gedichte, 1775.

163   L e i p z i g.

In der Dyckischen Buchhandlung ist A. 1775. in klein Octav auf 180 S. sauber abgedruckt worden: Carl Friedrich Kretschmanns kleine Gedichte, erste Sammlung. Verschiedene von diesen vortreflichen Gedichten haben wir schon angesagt. Hier findet man sie beysammen, doch ohne die drey Bardiete, davon zwey unter dem Namen Ringulphs Hermanns Lob besingen, und das dritte den Todt des Majors von Kleist.[1] Was man hier beysammen findet, sind kleine Gedichte ganz verschiedenen Inhalts. Zuerst die scherzhaften, mehrentheils anacreontischen Gedichte von Wein und Liebe. Der Geschmack ist vom Gleimischen unterschieden, und mehr mahlerisch. Die Jägerin im Bardengeschmacke. Wir haben ohne Nationalstolz, der eigentlich an uns ungegründet wäre, dieses und mehrere Bardenlieder mit dem französischen Lyrischen verglichen, und mit Vergnügen uns überzeuget, daß die deutschen Gedichte an der Lebhaftigkeit der Farben, am Neuen und am Erhabenen, die gerühmten Franzosen überhaupt übertreffen, da deren Oden bey aller ihrer Sprachrichtigkeit, allemal zu sehr im Allgemeinen (generali) und deswegen kalt bleiben. Und gern übersehen wir, was uns sonst weniger an unsern heutigen Deutschen gefällt, einige enjambemens, oder auch einige Verse, die wir nicht zu scandiren wissen. Die vortreflichen Hymnen haben wir schon angezeigt,[2] von welchen auch den Franzosen das ganze Genus mangelt.

1776, Zugabe CCCXCII: J. A. Leisewitz, Julius von Tarent, 1776.

164   [L e i p z i g.]

In der Weygandischen Buchhandlung ist A. 1776. abgedruckt: Julius von Tarent, ein Trauerspiel auf 109 Seiten. Der uns unbekante Verfasser mag die traurige Geschichte der zwey Brüder von der Familie Medici, den

---

162 [3] *Le Préjugé à la mode, 1735.*
    [4] Von Plautus. Haller erwähnt dieses Stück regelmäßig im Zusammenhang der rührenden Komödie.

163 [1] *Gesang Ringulphs des Barden, als Varus geschlagen war, 1769; Die Klage Ringulphs des Barden, 1771; Der Barde an dem Grabe des Majors Christian Ewalds von Kleist, 1770* (besprochen von Haller in *GGA*, 1771, 247).
    [2] *GGA*, 1775, Zugabe CCXXIV.

Söhnen Cosmi, des ersten Großherzogs, vor sich gehabt haben:[1] sie ist aber verschiedentlich verändert. Die zwey Brüder sind charakteristisch geschildert. Der eine feurig und ehrgeizig: der andere verliebt und nach einem stillen Leben begierig. Die Geliebte des letzteren will der erstere besitzen, nicht eben weil er sie liebt, sondern weil er den Vorzug haben will. Er ersticht über diesem Zwiste seinen Bruder, und ihn ersticht der Vater mit abgewandten Augen: die Schöne verliert den Verstand. Das Trauerspiel ist voll Feuer und Leben, aber gewiß nicht im Costume des des funfzehnten Jahrhunderts, und eines Fürsten von Tarent; es ist voll heutiger deutschen Philosophie: als: alle Möglichkeiten giengen vor mir vorüber.[2] Vieles hat uns gefallen, am besten die Schilderung eines guten und liebenden Sohnes.

1776, Zugabe CCCCLIV: Heinrich Leopold Wagner, Der wohltätige Unbekannte, 1775.

165   [Leipzig.]

Das andre [Schauspiel] hat zum Titel: Heinrich Leopold Wagners wohlthätiger Unbekanter, und ist zu Frankfurt bey Eichenbergs Erben auch A. 1775 herausgekommen: sehr kurz und in einem Aufzuge. Es ist die schöne That, die man dem Hrn. von Montesquieu zuschreibt.[1] Die Robertische Familie erscheint allein auf der Schaubühne, die würdige Mutter, eine ältere Tochter, ein artiges liebreiches wohlgeschildertes Kind, der Sohn, und endlich der wieder freygekaufte Vater. Ihre Reden sind edel, rührend und angemessen, und wann alle Schauspiele von der Art wären, wie die zwey eben von uns angesagten,[2] so würden die Schauspiele eine Schule der Tugend seyn.

1777, 39: F. W. Gotter, Mariane, 1776.

166   G o t h a.

Mariane, ein bürgerliches Trauerspiel, bey Ettinger A. 1776 abgedruckt, zeigt die grausamen Folgen des Zwanges, den viele Eltern anwenden, ihre Töchter ins Kloster zu bringen, um den Söhnen die Erbschaft un-

---

164[1] Die Vermutung stimmt. Vgl. Peter Spycher, *Die Entstehungs- und Text-geschichte von J. A. Leisewitz' »Julius von Tarent«.* Diss. Zürich 1951, S. 81.   [2] Julius in I, 1.

165[1] Wagner gibt im Anhang seine Quelle selbst an, eine damals in Zeitungen bekanntgemachte Marseiller Anekdote um Montesquieu.
  [2] Das andere ist Johann Christoph Kaffkas *Albert der Erste oder Adeline, 1775.*

zertheilt zu überlassen. Diese Mariane ist dem Kloster entgegen, und hat noch dazu einen Geliebten. Sie begegnet ihrem Vater fast um etwas zu männlich. Sie soll das Mitleiden des Lesers sich zuziehen, aber ihre Reden gegen den Vater, sie werde sich bestreben, ihn zu hassen, sie lache über seinen Fluch, sie verfluche die Stunde ihrer Geburt: sind allemahl für eine Schöne unanständig. Zu Athen hätte man einen Schauspieler solche Worte nicht zu Ende bringen lassen, wo man so gar nicht leiden wolte, daß ein Tyrann wie ein Tyrann spreche. Bald darauf heißt diese Mariane ihren Vater einen Wüterich, dem sie nicht mehr zugehört. Zur Entschuldigung könte man vielleicht sagen, sie sey in Verzweiflung und bereit, Gift zu nehmen.

1777, 200: Goethe, Claudine von Villa Bella, 1776.

167   Berlin.

Bey Mylius kam 1776. heraus: Claudine von Villa Bella, ein Schauspiel mit Gesang von F. W. Göthe auf 127 S. in Octav. Der Held ist ein Edelmann, der mit schlechter Gesellschaft auf Abentheuer herumgeht, wie des Moliere Juan in etwas. Aber er behält viel Menschliches und selbst Edles, ein wohlgezeichneter besonderer Character. Er stellt allerley Unheil an, verwundet seinen unerkannten Bruder, ängstigt dessen schöne Geliebte, und scheint sich endlich wieder zu einem bessern Leben zu entschliessen. Viele Scenen sind voll Munterkeit und Leben.

1777, 208: Theatermakulatur: Das Armenhaus, Die Steckbriefe, Das belohnte Almosen, 1775.

168   Preßburg.

Theatermaculatur, drey Schauspiele, das Armenhaus, die Steckbriefe, das belohnte Almosen, sind A. 1775. in klein Octav auf 102 S. herausgekommen. Des gezierten Titels hätte es wohl nicht bedurft. Die Schauspiele sind alle von der rührenden Gattung, und bey vieler Einfalt wirklich zur Erweckung edler Gesinnungen von Mitleiden und Liebe wohl gerathen. Es giebt freylich Leute, die bey einem Schauspiele nichts als lachen wollten. Da aber dieselben, und selbst Voltaire, uns doch Tragödien erlauben, die blos allein die Empfindung erhabener Gefühle zur Absicht haben, so sehen wir nicht ab, warum wir nicht eben sowohl bey den Tugenden, Unfällen und Rettungen von unsers gleichen gerührt werden könnten und sollten, als bey der Liebe, dem Edelmuth und den Unglücken der Fürsten. Im letztern dieser Schauspiele ist doch die Ermordung fast zu tragisch, und wird hingegen auch zu leicht eingestanden, und zu leicht vergeben.

169 Leipzig.

In der Dyckischen Buchhandlung sind 1776. in 4 Octavbänden sauber abgedruckt: C. F. Weisse, Trauerspiele. Im ersten 232 S. starken Bande steht Edward der Dritte und Richard der Dritte. Wir ehren billig den Verf. als einen unserer stärksten Dichter; wir werden auch die Sprache, den Reim und die Harmonie nicht achten, noch, wie oft geschieht, grosse Schönheiten wegen kleiner Mängel mißkennen: aber einige Anmerkungen über die Leitung der Fabel glauben wir dem Besten der Wissenschaften schuldig zu seyn, da ohne eine billige Kritik eine Nation niemals zu einem Uebergewicht in den Werken des Witzes kommen kan; und vielleicht hatte die wenige Aufnahme der Dichtkunst in den hundert nach Opitzen verflossenen Jahren den Mangel der Kritik zur vornehmsten Ursache. Auch gute Köpfe, wie Lohenstein, und Hofmannswaldau, liessen sich durch die Gedult der Leser verleiten, bald hart und schwülstig und zur Unzeit gelehrt und metaphorisch, und bald wieder unkeusch und matt zu seyn. Edward[1] mahlt am Mortimer einen vollkommenen Bösewicht, der seine Clytämnestra, so verdorben sie ist, dennoch zu Greuelthaten zwingt, davor sie einen Abscheu bezeigt. Aber was hat Edward, der junge Held, verschuldet, daß Hr. W. ihm die entsetzliche Schuld auflegt, seines eigenen Vaters und seines Oheims Todesurtheil zu unterschreiben; das erstere zwar, ohne den Vater zu kennen, das letztere aber aus einem blosen Verdachte und wider das innere Zeugniß seines Gefühls, das die Unschuld dieses treuen Verwandten erkannte. Uns dünkt, dem Helden wird eine Last aufgelegt, die sein ganzes Leben unglücklich machen muß: und doch ist er es, der durch seine Tugenden verdienen soll, daß der Zuschauer ihn glücklich wünsche. Richard III. ist ein Beweis der schädlichen Wirkung des Zwanges, den die Einheit einem Trauerspieldichter anthut. Wider allen den genugsam bekannten Character des Wütrichs verweilt er sich bey den Weibern, dieweil sein Heer ohne ihn geschlagen wird, und eilt zu späte, nach verlohrner Schlacht, dahin, blos um den Tod zu holen. Eines solchen Fehlers war der kühne und bey seiner Grausamkeit tapfere Richard unfähig.

Im zweyten 244 S. starken Bande: Crispus. Ziemlich historisch, mit einer Fränkischen Helena[2] etwas verlängert. Die neue Phädra ist weit strafbarer, als die Athenische, deren Verschuldung Racine vortrefflich zu mildern gewußt hat. Faustina ist durch und durch ein Ungeheuer von Bosheit und Betrug. Constantin glaubt doch zu leicht, und Licins, eines

169 [1] *Eduard III.*, Weißes Drama.
  [2] Sie ist die Tochter eines gotischen, nicht fränkischen Königs.

Feindes, Zeugniß sollte ihn nicht verleitet haben, seinen Sohn hinrichten zu lassen. Warum giebt er auch die Krone so leicht diesem Licin, da er einen zweyten Sohn hat, der schon Cäsar ist? Crispus ist wirklich tugendhaft und liebenswürdig. Mustapha hat bey uns einen Vorzug. Es ist an dem, daß Zeangir[3] einen bey den Mahometanern unbekannten Selbstmord aus einer übertriebenen Heldenfreundschaft für seinen ermordeten Bruder begeht, dem er freylich durch einen bösen ihm aufgedichteten Rath zum Untergang geholfen hat: aber dennoch dünkt uns dieser Selbstmord ausser der Natur. Solymans Charakter ist etwas unhistorisch, er war freylich eifersüchtig über seine Gewalt, aber dabey großmüthig, und wirklich als ein Mahometaner fromm: doch diesen Fehler haben sich die größten Dichter erlaubt. Mahomet war auch der Laster unfähig, die Voltaire ihn begehen läßt,[4] und dennoch hat Solyman seinen Sohn hinrichten lassen. Die Fatime anstatt des Mustapha hinzurichten, ist ein unwahrscheinlicher Rath, und im Morgenlande ist eine geliebte Buhlschaft nicht so unentbehrlich, daß ihr Tod ein Aequivalent für den Tod eines künftigen Sultans seyn sollte. Rustan ist gut geschildert. Des Mustapha prophetischer Traum ist etwas lang: daß er sich aber als einen mit Persien im Verständniß stehenden Verräther schriftlich erkennen soll, ist wiederum allzuunwahrscheinlich.

1777, 543–544: C. F. Weiße, Trauerspiele, IV, 1776.

170   Leipzig.

Der vierte Band der Weissischen Schauspiele (s. St. 41. und Zug. 15.) hat 232. S. Rosemunde, die Königin der Langobarden. Hr. W. bleibt mehrentheils bey der Geschichte; doch erweitert er dieselbe mit einer Tochter, die den Statthalter liebt, und von ihm geliebt wird. Die Königin, die eben den Longin liebt, und sich einbildet, von ihm geliebt zu werden, will ihren jetzigen Gemahl vergiften; er fühlt aber das Gift zu früh, und zwingt sie, den Becher auszuleeren. Dieses Trauerspiel hat den Vorzug, daß es nur von vier Personen, und dennoch ohne Zwang, gespielt wird; nur reden die Personen oft zu sich selber: aber das hat auch Corneille seinem Heraclius und andern Helden erlaubt. Die Prinzessin spricht sonst ziemlich wie eine Elektra gegen ihre Mutter; aber da dieselbe stirbt, so zeigt sie doch kindliche Liebe. Ein Paar Ausdrücke hätten wir nicht erwartet. Longin will vermuthlich sagen, die Prinzessin sey zu schön zum Sterben; er sagt: gränzt das Grab so nahe am Himmel an? Noch einige

169[3] In *Mustapha.*
   [4] Voltaire, *Mahomet*, 1742.

künstliche Stellen wünschten wir einfacher. Hellmich will sagen, die Königin sey dennoch schön, ob sie wohl nicht mehr jung sey: er sagt, das Licht der Welt sieht man oft scheidend lieber. Rosemunde ist sonst eine Furie: sie will ihre Tochter tödten, eben da sie selbst sterben soll. Romeo und Julie haben wir ehemals angezeigt:[1] das Trauspiel ist in reimlosen Versen verfaßt.

1777, 559–560: L. S. Mercier, Le Juge, 1774.

171   Paris.

Ruault hat noch A. 1774. in groß Octav auf 103 Seiten abgedruckt: Le Juge, Drame en trois actes, par M. Mercier. Wir sehen nicht, daß dieses Drama oder diese neue Comödie aufgeführt worden sey; und unendlich besser hätte sie es doch verdient, als entweder die Possenspiele, zu denen Moliere sich so oft erniedriget hat, oder die blossen Arbeiten des Witzes, wie die Schauspiele des Marivaux, oder selbst wie die hohen Trauerspiele. Die Tugenden eines Fürsten zu kennen, ist sehr wenigen Menschen nöthig; und zudem hat die Tragödie eine Sittenlehre angenommen, nach welcher man seinen Vortheil und das Leben gering schätzen soll, und nach welcher Kron und Thron der Liebe einer schönen Prinzessin weichen muß: hingegen hat die edle Comödie, die den Griechen sehr wohl bekannt war, wie davon selbst Plautus eine Probe gegeben hat, schimmernde Beyspiele von Tugenden aufzuführen, und nützliche Warnungen gegen das Laster anzubringen Gelegenheit, von denen jene zu unsern Pflichten gehören, wie diese zu den Versuchungen, denen neun unter zehn Zuschauern und Lesern unterworfen sind. Hier hat Hr. Mercier die Würde eines unbeugsam gerechten Richters edel abgeschildert, den weder seine grosse Verpflichtung gegen den einen der Streitenden, noch auch desselben großmüthiges Anerbieten, dreyfach den Werth der streitigen Felder zu bezahlen, wenn die Rechte es ihm nur zusprächen, von dem geraden Wege zu verleiten vermögend gewesen sind. Dieser Richter sucht nichts, als die unleugbaren Rechte des unlenksamen Bauren, den er gerne beredet hätte, das verlangte Stück Land dem freygebigen Grafen abzutreten, zu dessen Verschönerung seines Landgutes dieses Stück wesentlich gehörte. Der Bauer besteht hingegen auf dem Erbe seiner Voreltern, und ist sonst ein dreister, kernhafter Mann, der mehr als ein Helvetier, als wie ein Franzose spricht. Mercier hat ganz gut die Verehrung abgeschildert, die der Richter mit seiner Arbeitsamkeit und Redlichkeit auch seinem Hause und seiner Gemahlin erworben hat; und die allgemeine Liebe, die ihn für alles

170[1] *GGA,* 1768, 198. Zitate: I, 3; II, 4.

entschädiget, was er seiner Pflicht aufopfert. Das Kind ist vernünftig gemahlt; der Graf ist heftig, aber großmüthig, und thut auf eine edle Weise
Verzicht auf seine an dem Besitze des streitigen Landes geheftete Glückseligkeit. Auch die wichtige Zeitung, daß der Richter einen noch lebenden
Vater habe, dessen Bekanntwerdung vom Grafen abhängt, vermag ihn
nicht zu verführen; er ergiebt sich dem Mangel, dem er durch den Verlust
seiner Stelle sich blos setzt. Rührend ist die Rede, in welcher der Bauer
seinen Kindern den gerechten Richter vorstellt, und er berührt glücklich
die zärtliche Seite des Grafen, der sich mit dem Richter versöhnt, und ihm
offenbart, er selbst sey sein Vater; wodurch dann der Richter, anstatt des
gefürchteten Mangels, auf einmal in einen hohen Stand versetzt wird.

1777, 592: L. Ph. Hahn, Graf Carl von Adelsberg, 1776.

172   L e i p z i g.

Weygand hat ein Trauerspiel A. 1776 in Octav auf 110 S. herausgeben;
Graf Carl von Adelsberg. Eine höchst lasterhafte junge Gemahlin eines
alten Herrn verführt, mit den gröbsten Lockungen, einen Secretär ihres
Gemahls, und gewinnt nicht ohne Mühe einen verhafteten Räuber, daß er
den alten Herrn ermordet. Ihr Geliebter, der niemals sich der Nachreu
hat entschlagen können, stürzt sich zu Tode, und sie bringt sich selbst um.
Aber die allzu handfeste Art, wie die Schöne sich aufdringt, die Grobheit
der Ausdrücke, tausend andere Niedrigkeiten, sind uns unerträglich, und
unendlich besser ist der Englische, in der Absicht ähnliche, Barnwell.[1]

1777, 622–624: J. M. Miller, Siegwart, eine Klostergeschichte, I, II, 1776.

173   L e i p z i g.

Im Weygandischen Buchladen ist A. 1776. in Octav auf 442 S. abgedruckt:
Siegwart, eine Klostergeschichte, ein ausnehmend reitzender Roman, der
noch zu verschiedenen Bänden Raum vor sich hat. Diesesmal ist es die
Schilderung eines jungen feurigen enthusiastischen Menschen, der sich durch
die anscheinende Frömmigkeit einiger Mönche so sehr einnehmen läßt, daß
er sich, wider alle Abwarnung, zum Capuciner widmet, eine Lebensart,
die für seine Lebhaftigkeit und heftige Natur nicht gemacht scheint. Dann
lieset man die angehende, aber schon heftige Liebe seiner eben auch sehr
fühlenden Schwester, und eines vorzüglich durch gute Eigenschaften schei-
nenden Edelmanns. Alle sind sie katholisch, sprechen aber wie die Protestanten zu sprechen gewöhnt sind. Andre Nebencharactere übergehn wir.

172[1] Von George Lillo, 1731.

Ueberall zeigt uns aber der ganz unbekannte Verfasser eine ungemeine Geschicklichkeit im Mahlen, natürlich und ohne Uebermaaß, ohne den angenommnen Witz, die metaphorische Ausdrücke, und die nach Marivaux und Crebillon abgezeichneten hervortretenden Gedanken des Verfassers, die anstatt der Personen des Drama sprechen. Dieser erste Band hat, wo wir leben, einen grossen Beyfall gefunden, und bald werden die Deutschen Romanen die allzu kahlen Französischen, und die einander viel zu ähnlichen, heutigen Englischen, Romanen verdrängen.

Ebendaselbst.

Im zweyten Theil Siegwarts geht die Seitenzahl bis 1012., und die Geschichte wird geschlossen. Wir haben diesen Band mit noch mehrerer Rührung, und folglich mit noch grösserem Vergnügen, gelesen, als den ersten. Zuerst stürmt der Vater auf den jungen Kronhelm, dessen bürgerliche Liebe er misbilligt, mit aller Ungezogenheit der wilden und ungebesserten Natur: der Sohn muß nachgeben und nach Ingolstadt gehn, wird vom Vater nach Hause gelockt, und da er zu einer widersinnigen Verheyrathung nicht den Willen geben wollte, verfolget, und sogar auf ihn geschossen: der Vater stürzt aber, eben dieweil er seinem Sohn nachsetzt, in einen Graben, und stirbt: und auf einmal geht Kronhelms Geschichte glücklich zu Ende; er heyrathet seine Therese und liebt sie dennoch. Nun tritt Siegwart ganz auf die Schaubühne. Zuerst verliebt sich eine Sophie in ihn, muß ihre Liebe unterdrücken, da er ihr in Unschuld sagte, daß er geistlich zu werden gesinnt sey; sie geht ins Kloster, stirbt, und hinterläßt Siegwarten rührende Briefe. Dann verliebt er sich selbst in Ingolstadt in eine vollkommene Schöne: seine Liebe geht bis auf den Gipfel der Heftigkeit, und wird lebhaft abgeschildert; er gefällt; der Vater der Schönen aber, der sie einem in Bedienung stehenden Manne zugedacht hat, steckt sie bey erfahrnem Widerstand wüthend ins Kloster, und schlägt sie ungeziemend mit Fäusten, welches vielleicht zu niederträchtig ist. Siegwart sucht sie auf, kann sie nicht entdecken, findet sie endlich aus, will sie entführen, vernimmt aber ihren Tod. Er faßt den unveränderlichen Entschluß, seinen halb vergessenen Vorsatz auszuführen, und in sein erstes Capucinerkloster zu gehen. Zuerst hält ihn ein Novizenmeister unvernünftig hart, er läßt sich dennoch einkleiden, wird Priester und predigt. Er lieset die Schrift, und geräth in viele Zweifel, da er die Sitten und Lehrsätze seiner Kirche gegen dieselbe hält. Plötzlich wird er zu einer sterbenden Nonne abgerufen, es ist seine Mariane, die man mit Fleiß für todt ausgegeben, und in ein anders Kloster gebracht hatte. Sie stirbt nach wenigen Worten, die sie ihm noch hat sagen können. Er wird tödlich krank, will das Kreutz auf ihrem Grabe mit einem Kranze behängen, und

stirbt auf diesem Grabe: ein rührendes Ende. Verschiedene kleine Gedichte, und eine Gärtnerromanze sind voll Rührung, und mit Vergnügen
haben wir das verdiente Lob des Hrn. von Lory[1] hier gelesen. Ist bey
Weygand A. 1776. abgedruckt.

*1777, 652–654: Shakespeare, Theatralische Werke, übersetzt von J. J.
Eschenburg, I, 1775.*

174   Z ü r i c h.

Shakespears Schauspiele. Neue Ausgabe von J. Joachim Eschenburg, Professor im Coll. Carolino zu Braunschweig, ist bey Orell, Gesner, Fueßlin
und Comp. herausgekommen: der erste Band, noch im Jahr 1775. hat 416
S. Die Uebersetzung ist noch von Hrn. Wieland und mit desselben Einwilligung hier wieder aufgelegt. Hr. E. hat also die vielen dunkeln, und selbst
für die Engelländer schweren Stellen des Dichters mit Anmerkungen aufgeheitert, er hat auch critische Nachrichten von jedem Schauspiele, und
eine Nachforschung der Quellen beygefügt, aus welchen Shakespear seine
Fabeln hergenommen hat, und die mehrentheils aus Italiänischen Erzählungen genommen sind. Vieles hat Hr. E. an der Uebersetzung verändert,
und dem Dichter eine deutsche Kleidung zu geben gesucht. Was nur immer
stehen bleiben konnte, ist beybehalten und nur wenige Stellen weggelassen
worden, die unmöglich anders als auf Englisch verstanden werden können,
wie die vielen Wortspiele. Das Innere der Sprache einzusehen, habe dem
Uebersetzer Hr. Ebert[1] geholfen, der erste und größte Kenner der Englischen Sprache in Deutschland, wie Hr. E. ihn nennt. In den ersten Stücken
ist das Metrum weggeblieben, denn die übrigen hat Hr. E. in blanke Verse
übersetzt, wie Wieland den Sommertraum. Im ersten Bande stehen drey
Stücke. Der Sturm, der Sommertraum und die zwey Edeln von Verona. Das
erste Stück ist eines der besten vom Shakespear, so unordentlich es immer
seyn mag, und Hr. E. hat auf verschiedene Schönheiten einen Fingerzeig
gethan. So ist Kaliban eine ursprüngliche und höchst dichterische Erfindung eines neuen Characters. So ist in unsern Augen Ariel. Nur konnte
bey dem Sterbelied des Vaters das Dingdang[2] wohl wegbleiben, und war
eben nicht dienlich, dem Sohne einen Schrecken beyzubringen. Miranda
verliebt sich in einem Augenblicke, welches beym S. sehr gewöhnlich ist:
doch sie ist am ersten noch zu entschuldigen, weil sie das erstemal in
ihrem Leben einen angenehmen und wohlgezogenen Jüngling sieht.

173[1] Wohl J. G. v. Lori, Korrespondent Hallers, Mitbegründer der Akademie
      der Wissenschaften in München. Vgl. Hirzel S. CDXCVII.

174[1] Johann Arnold Ebert, ebenfalls Professor am Braunschweiger Carolinum.
   [2] D. h. der Glockenklang (Engl. »dingdong«) in Ariels Lied (I, 2, 403).

Unerträglich sind hingegen gleich nach der grossen Lebensgefahr, und bey der wenigen Hoffnung zu einer weitern Rettung, der unwürdigen Sebastian und Antonio Wortspiele. Abscheulich ist eben dieser Antonio, der in dem Unglücke, das beyde drückt, ohne Lebensmittel, ohne Hoffnung, von der wüsten Insel wegzukommen, den Bruder des Königs aufmahnt, ihn zu ermorden, und schon waren beyde Degen gezuckt, da der Sylphe den zum Tode ausersehenen König errettete. Theatralisch ist die Großmuth des Prospero, der seinem aufrührischen Bruder nun nach einer noch so frischen Uebelthat, wie die Aufmunterung zum Königsmorde war, verzeiht, ohne daß Antonio einige Zeichen einer Reu oder Besserung gegeben hatte; und allzufrüh entläßt er den getreuen Ariel, den er auf dem Schiffe unter diesen Mördern zu seinem eigenen Schutze schwerlich entbehren konnte, da er zumal den Bruder des unrechtmässig geraubten Mylord wieder wegnimmt. Die Sommernacht besteht aus einem Feyenmährchen, und einem Possenspiel. Das letztere ist so gut, als ein Possenspiel gut seyn kann, und die Urkunde des deutschen Peter Squenz.[3] Die Sitten der Feyen und ihre Lieder sind auch nach dem, freylich nur eingebildeten, aber doch angenommenen Costume gezeichnet; aber das Gewirre der getrennten und wieder vereinigten Verliebten, hat viel Widriges und Unbedeutendes, und das Nachlaufen der ungeliebten Schönen ist unangenehm. Die Anspielung auf die K. Elisabeth ist sehr artig, und mußte gefallen. Aber der Flinten sollte zu des Theseus Zeiten nicht gedacht werden, und eben so wenig hätte S. den zwey Mitbuhlerinnen grobe Scheltworte gegen einander sich erlauben sollen. Eben so unbedeutend sind die Veroneser; und der unwürdige, an seiner Geliebten meineidige, seinen Freund schändlich verrathende, die Tochter seines Herzoges zu nothzüchtigen unternehmende Protheus (Proteus) kömmt ohne alle Strafen davon, und entgeht der verdienten Rache des beleidigten Valentins. Wir wüßten doch nicht, daß auf Englisch Stomach einen Unwillen bedeute, man scheint sich an Stomachus vergessen zu haben.[4] Die besonderen Schönheiten des Wortspiels der von ihr selber redenden Julia können wir nicht einsehen. Die kritischen Anmerkungen. Hr. E. vergleicht den von Dryden und Davenant halb verbesserten Sturm,[5] und setzt ihn der Urkunde weit nach: er hat auch freylich seine Fehler, zumal auch wider die Sitten, ein beym Dryden sehr gemeiner Fehler. Aber die Republik, die einige Matrosen unter einander aufrichten, und wo einer sich zum Könige aufwirft, die andern vier Könige und Herzoge seyn sollen, die aber wenige Augenblicke dauert, und wo gar bald einer der vier Unterthanen den König stürzt, hat des Dryden Absicht wohl ausgedrückt,

---

174 [3] Heute gilt es nicht als ausgemacht, daß Gryphius direkte Kenntnis des *Midsummer Night's Dream* hatte.

[4] Im älteren Englisch kann »stomach« tatsächlich »Unwillen« bedeuten.

[5] Sir William Davenant u. John Dryden, *The Tempest*, 1667.

die Feinde der Monarchie lächerlich zu machen. D. thut doch etwas mehr, den Antonio zu bekehren. Einige Nachahmungen des Sturmes und des Sommertraums. Miß Lenox' scharfe Beurtheilung des Shakespear's.[6] Aus der neuen Auflage des Johnsons[7] bringet Hr. E. einige mehrere Anmerkungen bey.

1777, 738–740: Shakespeare, Theatralische Werke, übersetzt von J. J. Eschenburg, II, 1775.

175   Z ü r i c h.

Der zweyte Theil der vom Hrn. P. Eschenburg übersetzten Werke des Shakespears ist auch noch im Jahre 1775. herausgekommen, und macht 492 S. aus. Er faßt wiederum drey Schauspiele in sich. Das erste, wo Gleiches mit Gleichem vergolten wird, oder Measure for measure, ist ein in der Hauptsache vortreffliches Schauspiel, zwar freylich mit vielen niedrigen und pöbelhaften Stellen verstellt, deren hier noch genug vorkommen, ob wohl der Uebersetzer viele weggelassen hat. Es hat aber viele Kenntniß des menschlichen Herzens, vortreffliche Charactere, und edle Auftritte. Seine Anmerkungen, die er aus den Englischen Auslegungen hergenommen hat, gehen auf die Aufklärung der dunkeln Stellen, davon Shakespear voll ist, und die sehr oft ein Wortspiel zum Grunde haben, oft auch den ungewöhnlichen Sinn, den der Dichter einem sonst bekannten Worte beylegt. Clown, eine ohne Zweifel dem Pöbel angenehme Person, nicht völlig ein Hanswurst, wird hier Rüpel, und auf Lateinisch Rupex, gegeben. S. 85 würden wir genteel lesen, es muß ein Wort seyn, das sich auf vornehme Verwandtschaft schickt. Hin und wieder übersetzt Hr. E. auch die Verse in Reimen. Diese Bemühung hätte vermuthlich der Leser nicht von ihm verlangt. Isabella erfährt die Rettung ihres Bruders auch um deswegen nicht, auf daß ihre Fürbitte für den Angelus desto großmüthiger sey, und ihren guten Charakter erhebe, und sie folglich würdiger mache, des vortrefflichen Fürsten Braut zu werden: ein Antrag, den Shakespear mit vielem Geschmacke die bescheidene Schöne gar nicht beantworten läßt: auch die verzögerte Fürbitte für den Mörder ihres Bruders ist vom besten Anstand. Bernardino ist ein besonderer Character, wie Shakespear sie zu erschaffen weiß. Der Jude von Venedig hat überaus schöne Stellen. Der Character der grausamen Juden ist vortrefflich ausgezeichnet, deren Rachgier im Grunde doch Geitz ist; aber daß Bassiano seinen treuen Freund vergißt, der ihm zu Liebe sich in die größte Gefahr gestürzt hat, und erst sich erinnert, daß Antonio eben wegen seiner Versäumniß sterben muß, das ist ein wah-

---

174 [6] Charlotte Lennox, *Shakespeare Illustrated*, 1753–54.

[7] Samuel Johnson brachte 1765 eine Shakespeare-Ausgabe heraus, 2. Aufl. 1766.

rer Fehler. Es wäre leicht gewesen, diesen Fehler zu vermindern, und des Bassanio Character nicht mit einer Vergeßlichkeit zu beflecken, dabey ein wahrer strafbarer Undank ist. Daß Shylok sein Leben durch die Taufe erkaufen muß, wird wohl in der urkundlichen Italiänischen Erzählung[1] auch stehen, die Shakespear in ein Schauspiel verwandelt hat, sonst wäre es kein rühmliches Verlangen. Die vollkommene Portia: ihr Spielwerk und ihre Drohung, bey dem Doctor zu schlafen, ist auch nicht dem gemeinen Wohlstande gemäß. Wie es euch gefällt, ist ein um sehr viel schlechteres Schauspiel: eine ganze Schaar unzusammenhangender kleiner Geschichten, die Shakespear zusammengezwungen hat. Citronen, Palmbäume und Oelbäume in dem Ardenner Walde, ein Lob einer plötzlichen Sinnesänderung des Brudermörders Olivers, sind Fehler wider das Costume. Das Uebrige sind hauptsächlich Nachforschungen über die ursprünglichen Erzählungen, aus welchen Shakespear die Fabeln zu seinen Schauspielen hergenommen hat.

1777, Zugabe 238–239: J. M. B. Clément, Septième et huitième lettres à M. de Voltaire, 1775.

176   P a r i s.

Im siebenten und achten Briefe des Hr. Clements an den Hrn. von Voltaire, die zu Paris bey Moutard A. 1775. in groß Octav auf 352 S. abgedruckt worden sind, wird die Unterredung auf die wesentlichen Schönheiten im Heldengedichte gerichtet, die in der Henriade mangeln. Der Hr. v. V. hat einen strengen Richter an Mr. Clement gefunden. Er durchgehet das Sujet, die Materialien, den Plan, die Charakteren, und alle Theile des Gedichtes, und findet das Schöne mehrentheils ausgeschrieben: die Schildereyen aber ohne Leben und Kraft, und ohne die glückliche Wahl der Umstände, die einen jeden Theil des Gedichts für den Leser wichtig machen sollten. In jenen Kritiken ist Hr. C. glücklich, und wir sehen mit Verwunderung die vollkommene Aehnlichkeit der schönsten Verse des v. V. mit eben den Worten im Boileau, beym Racine, sogar beym J. B. Rousseau: Wie der schöne Ausdruck, compter ses jours par ses bienfaits, und der mahlerische, les pleurs de l'Aurore für den Thau. Hr. C. überfällt auch seinen Gegner in einigen allzu ungeheuchelten Ausdrücken, mit denen Voltaire sich ohne Bedenken an der connoissance des beautés et des defauts de la poësie et de l'eloquence über den Corneille, Racine, la Fontaine und andre setzt. In den Schilderungen, die Hr. C. mit ähnlichen Charactern grosser Männer vergleicht, die wir von den Alten noch besitzen, findet er zu viel gekünstelte Antithesen und epigrammatische Spitzen. Er wirft dem Dichter vor, sein Herz fühle nichts, und er dichte ohne Empfindung: oft

175 [1] Giovanni Fiorentino, *Il Pecorone*, 1558.

wie ein bloßer Wohlredner, furchtsam und ohne Ueberlassung an eine leb-
hafte Begeisterung; oft sey er matt und platt, seine Schlachten seyen ohne
Hitze, ohne Umstände, weit unpoetischer als die Schlachten im Telemaque.
Es ist richtig, daß C. mehrentheils Grund hat. Aber wehe einem jeden
Dichter, wenn man mit einem solchen Vergrösserungsglase seine Fehler
durchsuchte!

1777, Zugabe 240: C. F. Weiße, Trauerspiele, III, 1776.

177   Leipzig.

Der dritte Theil der Weissischen Schauspiele ist 246 S. stark. Das erste Stück
ist die Befreyung von Theben, in reimlosen zehnsylbichten Versen. Dieses
Stück hat uns vorzüglich gefallen. Etwas zu oft kömmt Arete mit ihren
Weiberklagen: aber der feurige Kallikrates und die edelgesinnte Aspasia
sind sehr schön gezeichnet. Etwas wider die Regel ist es, daß alle Anschläge vor dem Ausgange angezeigt, und dem Leser bekannt gemacht werden,
wodurch er das Vergnügen der Ueberraschung verliehrt. Atreus und Thyest.
Man weiß, wie gern die Republikanischen Dichter von Athen Unglück und
Laster in die Häuser und Geschlechter der Könige zusammenstopften, und
wie insbesondere die Pelopiden und die Lajiden die abscheulichsten Laster
und Unglücke ausstehen mußten. Auch hier beschläft Thyest seine eigene
Tochter, und erzeugt mit ihr den Aegisth, den Atreus für seinen Sohn hält,
und der auf seinen Befehl eben im Begriff ist, den Thyest zu ermorden.
Ein Degen und ein Ring entwickeln in diesem fürchterlichen Augenblicke
die abscheuliche Verwandtschaft beyder und der Pelopia: diese tödtet sich,
und Aegisth den Atreus. Dieser letzte ist mit allen Farben höllischer Bosheit ausgezeichnet, Grausamkeit ohne Scheu, Haß der Götter, Verrätherey,
Meineid und Heucheley. Auch wird er, da er, sich selbst zu entschuldigen,
den blos auf sein Geheiß handelnden Aegisth anklagt und seine Schuld auf
ihn wälzen will, ganz billig von dem aufgebrachten Jüngling ermordet.
Die Geneigtheit Aegisths und der Pelopia für ihren noch unerkannten Vater ist im theatralischen Style. Thyest, dessen grosser Fehler die Unzucht
ist, scheint sonst weit milder als Atreus, und den Haß gegen Atreus kan
man ihm verzeihen.

1777, Zugabe 301–302: H. L. Wagner, Die Kindermörderin, 1776.

178   Leipzig.

Die Kindermörderin, ein Trauerspiel, das Schwickert A. 1776. auf 120 S.
gedruckt hat, legten wir fast mit Unwillen beyseite, da wir in dem ersten
Auftritte uns in einem sehr niederträchtigen Hause fanden, wohin ein

deutscher Lovelace[1] eine junge tugendhafte, ihn aber liebende, Schöne gelockt, und wo er ihre Mutter durch einen Schlaftrunk betrunken hatte, so daß die Unschuldige ein Opfer seiner Brunst wurde. Nachwärts aber reuete es uns nicht, das Schauspiel gelesen zu haben. Freylich sind die Sitten völlig, wie sie bey geringen Leuten zu Straßburg erwartet werden können, grobe Worte, auch Prügel. Aber am Ende hat doch das Ganze viele Natur, und eine nützliche Absicht. Die Unglückliche muß zu einer Waschfrau flüchten, wo die elende Wirthin ihr keine Lebensmittel mehr reichen will. Ihr Liebhaber scheint in einem untergeschobenen Briefe sie zu verlassen. Ihr Vater ist ein harter Mann, den sie aufs äusserste fürchtet. Ihre Mutter hat eben der Kummer getödtet. Sie vernimmt, daß ihre Schande bekannt ist. Aus Verzweiflung, und um ihr Leben abzukürzen, tödtet sie das Kind, da eben der wirklich tugendhafte Verführer wiederkömmt, sie zu ehlichen verspricht, der Vater ihr willig vergiebt, und sie glücklich seyn könnte. Nicht unklug läßt der Verfasser den Vorhang fallen, ohne daß der Leser zuversichtlich das Schicksal der Unglücklichen weiß, für die der Bräutigam um Gnade zu flehen abgeht, und in Ansehung der günstigen Umstände solche zu erhalten hoffen kan.

1778, 311: Shakespeare, Theatralische Werke, übersetzt von J. J. Eschenburg, IV, 1775.

179   Zürich.

Der vierte Band der neuen Auflage des Shakespears durch Hr. Eschenburg ist auch vom Jahr 1775. Wiederum sind es drey Stücke, ziemlich einander ähnlich, und in der Absicht geschrieben, ein Gelächter zu erwecken. Die lustigen Weiber von Windsor, die der Hamburgische Patriot nachzuahmen gewürdigt hat,[1] sollen von der Königin Elisabeth selber verlangt worden seyn. Die Irrungen oder doppelten Menächmen, und die Kunst, eine böse Frau zu zähmen, sind unsere Lieblingsgedichte nicht. Nur beym Petruchio zu bleiben: S. hat gar keine Mühe angewandt, der unerträglichen Catharine Einwilligung zur Heyrath wahrscheinlich zu machen, und eben so wenig gezeigt, durch was für eine Veränderung sie nachzugeben gelernt hat. Auch hier hat der Patriot die Fabel wahrscheinlich gemacht.[2] Petruchios lächelnde Befehle sollten eher die Gallsüchtige zur Wuth gebracht haben. Coxcomb (un fat), das hier geradezu Hannebanne übersetzt wird,[3] hätte einer Erklärung bedurft. Die Menächmen haben eine doppelte Un-

---

178 [1] Der Verführer in Richardsons *Clarissa.*

179 [1] III, 129. Stück.
   [2] III, 124. Stück.
   [3] Nichtsnutz (aus dem älteren Frz.).

wahrscheinlichkeit, nicht nur zwey nicht zu unterscheidende Herren, sondern auch zwey eben solche Diener. Auch hier ist des Prügelns gar zu viel. Ist 415 S. stark.

1778, Zugabe 127–128: Shakespeare, Theatralische Werke, übersetzt von J. J. Eschenburg, III, 1775.

180   Z ü r i c h.

Der dritte Band der Eschenburgischen Uebersetzung der Shakespearischen Schauspiele ist bey Orell, Geßner, Fueßlin und Comp. auch noch A. 1775. in gr. 8. auf 496 S. herausgekommen. Die 3 Stücke dieses Bandes sind von den schlechten. Der Liebe Mühe ist umsonst, hat zur Hauptfabel, daß ein König von Navarra mit wenigen Lieblingen für 3 Jahre allen Umgang mit Frauenzimmern absagt, und diese Verschwörung überaus schlecht durchsetzt, so bald die Prinzessin von Frankreich wegen einiger Staatsabsichten sich ihm nähert und eine Unterhandlung verlangt. Auch die vornehmsten Hofleute sprechen hier pöbelhaft, oder wenigstens sagen sie lauter Wortspiele und pointes. Aber wie kömmt ein Theeschälchen zu früh in dieses Lustspiel? wir haben die Urkunde nicht bey der Hand, aber zu S. Zeiten trank man wohl noch keinen Thee. Hr. E. hält das ganze Stück für das schlechteste im Shakespear. Das Wintermährchen ist weit stärker im Ausdruck, und zeigt die Spuren des Witzes unsers Dichters. Die Einheit ist zwar völlig vernachlässigt; die Schaubühne zuerst in Sicilien und dann in Böhmen; die Dauer über 16 Jahre, so daß eine im ersten Auftritte noch nicht gebohrne Schöne zuletzt eine Braut wird, und sich des Zuschauers Aufmerksamkeit zuzieht, welches der Mutter verdrießt, die freylich indessen von ihren Reizen hat verliehren müssen. Etwas leicht geräth zwar der König von Sicilien in Eifersucht, doch ist diese Eifersucht in etwas auf wahrscheinliche Anmerkungen gegründet: der König kan die Höflichkeiten nicht vertragen, die seine Gemahlin, obwohl auf seinen eignen Befehl, dem König von Böhmen erweiset, ihn zu bewegen, noch etwas länger am Sicilischen Hof zu verbleiben; auch des Böhmischen Königs unschuldige, seiner freundschaftlichen Gastwirthin vorgesagte, Schmeicheleyen können den Dichter entschuldigen. Die Folgen sind schwer: der gewarnte Böhmische König entrinnt, der Sicilische hält nun seine Gemahlin für überwiesen, und will sie vor Gericht gefodert wissen; sein einziger Sohn, bestürzt über seiner Mutter Unglück, stirbt, und der Sicilische König, dem man sagt, seine Gemahlin sey todt, und der vom Orakel vernimmt, sie sey unschuldig gewesen, ist untröstbar. Sie war niedergekommen, eine treue Freundin hatte sie versteckt, das neugebohrne Kind wird zu Wasser nach Böhmen gebracht, wo das ganze Schiff mit allem Volke,

sie einzig ausgenommen, verlohren geht; des Böhmischen Königs Sohn verliebt sich in die unbekannte Schäferin; sein Vater tobt, und der Prinz entflieht mit der Schönen eben nach Sicilien, wo endlich die verstossene Gemahlin als eine Bildsäule ihres Königs Reue anhört, und mit ihm ausge-
söhnt wird. Der Königlichen Schäferin Aufführung ist sehr rein und unta-
delhaft. Shakespear hatte sonst das Lächerliche der langen Dauer seines
Lustspiels selbst eingesehen, und durch die erscheinende Zeit entschuldigen
lassen. Was ihr wollt, ist wiederum von den unbedeutenden Lustspielen,
wo das meiste darauf beruht, daß man einen Gecken zum besten hat: aber
die vielen unwürdigen Personen und ihre Reden sind für unsern Geschmack
zu widerlich. Etwas von den Menächmen[1] ist beygemischt. In diesem
Stücke ist doch eine unnachahmlich schöne Stelle: patience smiling on
grief.[2] Die kritischen Anmerkungen betreffen die alten Erzählungen, aus
welchen Shakespear seine Fabeln zu diesen drey Stücken hergenommen hat.

<hr />

180 [1] Die *Menächmen* des Plautus sind Shakespeares Hauptquelle in der *Comedy
of Errors.* Vgl. die vorige Rez.
[2] *Twelfth Night*, II, 4, 117–118: »She sat like patience on a monument,
Smiling at grief.«

NAMENREGISTER

Ackermann, Konrad Ernst 72
Addison, Joseph 22, 24, 33, 80, 123–125, 128, 171
Aesop 71
Agnesi, Maria Gaetana 42
Aischylos 127
Alembert, Jean Le Rond d' 40, 42, 74–75
Alexander d. Gr. 66, 87
Algarotti, Francesco 113
Anakreon 10, 52, 56, 129, 141, 178
Anson, George 81
Antiochus d. Gr. 87
Antoninus, Marcus Aurelius 109
Aquin de Château-Lyon, Pierre Louis d' 177–178
Aquitanien s. Guilhem
Argens, Jean Baptiste de Boyer, Marquis d' 113
Ariosto, Lodovico 44, 68
Aristoteles 9, 31, 126–127, 135, 141, 171
Arnaud s. Baculard
Avianus 71
Bachenschwanz, J. L. 115
Bacon, Francis 138
Baculard d'Arnaud, François Thomas Marie 130, 157
Balaun, Guillaume de 163
Bandello, Matteo 110
Basedow, Johann Bernhard 171
Batteux, Charles 126–128, 140
Bayle, Pierre 90
Beaumarchais, Pierre Augustin Caron de 11, 112–113, 164–165
Beaumont, Francis 45
Belot, Octavie Guichard, Dame 79
Bentley, Richard 32
Berge, Ernst Gottlieb von 37
Bestermann, Theodore 143
Betteridge, H. T. 57
Biancolelli, Pierre François 27
Bielfeld, Jakob Friedrich Frhr. von 62–64

Billard, François Pierre 143
Bizaro, Pedro (= Pietro Bizzari) 137
Blair, Hugh 99
Blackmore, Richard 32
Blumenbach, Johann Friedrich 2
Bode, Johann Joachim Christoph 151–152
Bodemann, Eduard 19
Bodmer, Johann Jakob 8, 10, 37–38, 55–56, 63–64, 68, 70–71, 78–79, 85–86, 101–102, 107–108, 114–117, 135, 141, 162
Boileau-Despréaux, Nicolas 10, 27–29, 50, 82–83, 113, 126, 128, 130, 133–134, 146, 189
Boissy, Louis de 75
Bolingbroke, Henry St. John, Viscount 119, 125
Bonnet, Charles 3–4
Born, Bertrand de 163
Bouhours, Dominique 148
Bourdaloue, Louis 147–148
Boursault, Edme 28, 166
Boyer d'Argens, s. Argens
Braunschweig, Anton Ulrich, Herzog von 103
Braunschweig, Ferdinand, Herzog von 108
Breitinger, Johann Jakob 8, 10, 55–56, 70–71, 116
Brockes, Barthold Hinrich 19, 22
Brooke, Arthur 110
Brumoy, Pierre 50
Buffon, Charles 61, 119
Bussy, Roger de Rabutin, Comte de 166
Byng, John 77
Cabestaing, Guilhem de 163
Cabos, Alban 35
Cadière, Catherine 68
Caesar, Julius 61, 139, 147
Cailhava de l'Estendoux, Jean François 148–149